A. PRIVAT D'ANGLEMONT

PARIS INCONNU

Avec une Étude sur la Vie de l'Auteur

PAR

ALFRED DELVAU

PORTRAITS ET CARACTÈRES. — LE CAMP DES BARBARES
LE FAUBOURG SAINT-JACQUES
UN AMI TROP BON ENFANT
LE CULTIVATEUR EN CHAMBRE. — LE MARCHÉ AUX JOURNAUX
HISTOIRE D'UNE CHEMISE

Illustré de 63 Dessins à la plume

par

F. COINDRE

PARIS
P. ROUQUETTE, LIBRAIRE
55, passage Choiseul, 57

PARIS INCONNU

Il a été tiré 50 exemplaires numérotés sur papier du Japon.

A. PRIVAT D'ANGLEMONT

PARIS INCONNU

AVEC UNE

ÉTUDE SUR LA VIE DE L'AUTEUR

PAR

ALFRED DELVAU

SOIXANTE-TROIS DESSINS A LA PLUME

PAR

F. COINDRE

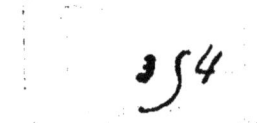

PARIS
P. ROUQUETTE, LIBRAIRE-ÉDITEUR
55-57, Passage Choiseul, 55-57

M DCCC LXXXVI

ALEXANDRE PRIVAT D'ANGLEMONT

Sursum corda!

I

Vous coudoyez tous les jours dans les rues de Paris, des milliers de passants auxquels vous n'accordez pas la moindre attention.

Vous faites très bien ; ils n'en sont pas dignes. Ce sont des physionomies sans physionomie, des médailles sans effigie, des monnaies sans millésime. Ce ne sont ni des pièces de vingt francs, ni des pièces de cent sous, ni même des sous : — ce sont des liards.

Ces passants forment la foule, la tourbe, la masse, le troupeau envoyé sur terre par l'ironique Demiourgos pour y brouter cette luzerne fanée qui s'appelle le Bonheur. Cela naît, cela vit, cela meurt, on ne sait pas comment, — et l'on n'a vraiment pas besoin de le savoir. Ce ne sont pas des créatures humaines, — ce sont des ombres. Cela passe — sans avoir été.

Et cependant, à ce qu'il paraît, ce sont là précisément les favorisés de la Providence, — cette grande inconséquente ! Ce sont là les heureux, les joyeux, les tranquilles, les protégés de la loi, de la vie et du hasard ! Cela a des femmes, des enfants, de la famille, de la propriété, des souliers, des habits, de l'argent, — je ne sais plus quoi encore ! Cela jouit, en un mot.

Mais, à côté d'eux, passent et repassent, — tristes parfois, songeurs souvent, pauvres toujours, — de belles et grandes figures, qui ont une physionomie, une couleur, un relief, une originalité, une date, une signification : ce sont des artistes, des poètes, des penseurs, des chercheurs, des inquiets, — les énamourés de gloire, les affolés de chimères, les assoifés de rêveries. Ce sont les vrais membres de la Burschenschaft, — ce sont des hommes !

Aussi sont-ils, les trois quarts du temps, gueux et souffrants, mal habillés et mal chaussés, — parce que chez eux, tout au rebours des autres, c'est la Belle qui mène la Bête, et non la Bête qui mène la Belle. Ils ont du génie, peut-être, — du talent et de l'esprit, à coup sûr. Ce sont des natures d'élite, des vases d'élection, des intelligences et des cœurs. Ils connaissent l'amour, ils pratiquent l'enthousiasme, ils ont le sens de la vie ; ils ont le sentiment du bon et du vrai, du grand et du beau.

Aussi la foule, — le peuple des ignorants, des imbéciles et des Philistins, — la foule les couvre de mépris, d'injures et de boue, *au lieu de les couvrir de fleurs, de caresses et de billets de banque.*

Mais je vous connais, Madame la Foule, — et c'est une mauvaise connaissance que j'ai là. Je vous connais! Voilà dix-huit cents ans que vous préférez Barabbas à Christ, le coquin à l'apôtre, Jean Hiroux à Jean Journet!

En sortant d'Athènes, Démosthènes se retourna, étendit les mains et s'écria : « O dame Minerve, patronne de cette ville, pourquoi prends-tu plaisir à trois si mauvaises bêtes : au hibou, au dragon et à la foule?... »

Il avait raison, Démosthènes.

II

La foule, — c'est l'éternelle histoire de la cigale et de la fourmi. Elle est toute fière, — parce qu'elle travaille, l'imbécile! — d'avoir à donner sur les doigts à un pauvre diable de criquet qui chantait dans les sillons, en plein soleil et en pleins parfums, pendant qu'elle suait d'ahan à rapporter au logis des provisions à n'en plus finir pour les jours de froidure et de disette.

Sotte et méchante bête!

Eh! fourmi, ma mie, tu ignores, je le vois bien, que chaque créature a sa fonction ici-bas, et que tel qui est si fier d'être attelé à l'arroi et de manier l'aiguillon ne pourra jamais, jamais, jamais être attelé à une œuvre d'imagination quelconque et manier la plume, le crayon ou le burin! Le bon Dieu sait bien ce qu'il fait. Il t'a créée, pécore, pour le travail, et pour l'activité tes pattes : travaille! travaille! travaille! Va, viens deci, delà, par monts, par vaux, à la quête de l'épi, du grain, de la fortune qu'il est dans tes rapaces instincts d'amasser! Thésaurise, accapareuse, thésaurise! C'est dans ton rôle, c'est ta fonction. Mais n'injurie jamais les pauvres chanteurs ambulants qui viennent te demander un morceau de pain lorsqu'ils ont trop faim : tu as le droit de le leur refuser, purement et simplement, comme une bête sans cœur que tu es, — mais tu n'as pas le droit de les injurier et de les gouailler comme tu le fais, bête sans esprit!

Car il ne faut pas craindre de répondre, toutes les fois qu'on en a l'occasion, à cette lâche et misérable leçon de la fourmi, — qu'elle ait des pattes ou des souliers ferrés, c'est tout un ! — par une autre leçon qu'elle ne comprendra probablement jamais, hélas! Il ne faut pas craindre de dire aux ouvriers des champs et des villes, — qui font si peu de cas de l'art et de la poésie, — cette vérité élémentaire, à savoir : que le fonctionnement du cerveau est tout aussi sacré que le fonctionnement des bras, tout aussi méritoire, tout aussi héroïque, tout aussi pénible, — quand il ne l'est pas davantage, — puisqu'il produit des œuvres qui souvent ont la durée de l'airain. Ne vous moquez donc pas si niaisement, — rustres en sabots et en sarrau, — de cet homme pâle et maigre, en habit et en souliers, qui passe tranquillement devant votre ferme : c'est un poète qui fait des livres qui consoleront vos femmes; c'est un artiste qui fait des tableaux qu'admireront vos fils; c'est un savant qui cherche — et qui trouvera — le moyen de vous rendre la vie plus légère à porter, bêtes de somme que vous êtes! Ne vous moquez pas de lui, paysans des villes et des campagnes, et ne lui refusez pas le verre d'eau, le morceau de pain bis, qu'il vous demande parce qu'il a soif et faim, et qu'il a oublié d'économiser les sous nécessaires à ses besoins d'aujourd'hui et de demain. Pourquoi la pelle se moquerait-elle du fourgon, — l'âne, du cheval, — la grenouille, de l'abeille, — le brin d'herbe, de l'étoile, — l'ouvrier, du poète, — le paysan, du chanteur?... Toutes les créatures sont égales devant le Créateur, qui les aime toutes d'un égal amour et qui les regarde toutes d'un égal regard. S'il n'avait pas pitié de vous, comme il vous haïrait, — fourmis besogneuses, — de haïr ainsi que vous le faites les cigales insoucieuses de l'avenir !

De l'avenir ? Elles ont, ma foi, bien raison de ne pas se préoccuper du lendemain, les cigales! Elles ont, ma foi, bien raison de chanter! Chante, chante, chante, insouciante cigale! Danse même, — comme t'y convie si ironiquement la fourmi. Tu vivras toujours autant qu'elle, — que le pied du passant écrasera tout à l'heure. Tu vivras toujours autant qu'elle, et tu auras chanté, dansé et ri, au moins, durant les courtes heures de ta courte existence. Elle, la fourmi, elle aura amassé — pour les autres !...

Alexandre Privat d'Anglemont fut l'un de ces conspués de la foule. A ce titre, — et à d'autres encore, — je le relève de l'oubli où l'on aurait voulu le faire tomber.

III

Où était-il né ? De qui était-il né ?

Il était né à Sainte-Rose, dans le coin le plus poétique de la plus poétique des Antilles, — il y a quelque quarante ans de cela.

Son père... Mais pourquoi ne pas imiter à ce sujet la discrétion dont il faisait si délicieusement preuve lui-même? Lui qui avait le droit de soulever le voile qui cachait son état civil, il ne l'a jamais fait : pourquoi le ferions-nous? Privat avait eu un père, comme tout le monde, parce que, d'après Brid'oison, on est toujours le fils de quelqu'un. Il avait eu un père et une mère, et s'il vénérait l'une, il respectait aussi l'autre. D'où qu'il venait, il se sentait bien né, — cela lui suffisait. Après tout, ce ne sont pas les parchemins qui font les gentilshommes. Heureux ceux qui commencent à eux et qui sont souche au lieu d'être rejeton!

Privat n'avait pas de nom : il s'en fit un, et, pour le porter plus à son aise, il vint à Paris, où il fit ses humanités, ayant pour compagnons d'études deux des fils du roi Louis-Philippe.

Ses études terminées, son diplôme de bachelier en poche, il songea d'abord à obtenir celui de médecin. Mais « l'art est long, et la vie est courte ». Privat comprit que sa voie n'était pas là, et il jeta la trousse aux orties.

Il était jeune alors, très jeune, et il ne savait guère encore quelle branche de l'Y de Pythagore il devait prendre. L'Inconnu a des séductions pour les imaginations vingtenaires; on aime à se laisser aller à la dérive, sans rame et sans boussole, au fil de l'eau et du hasard : Privat, créole insoucieux, esprit aventureux, alla où le vent parisien le poussait.

C'est ainsi qu'il devint homme de lettres.

IV

On ne s'attend pas, sans doute, à me voir suivre Privat pas à pas dans sa carrière littéraire : il allait trop vite, d'ailleurs, avec ses grandes jambes, pour que cela me soit possible. Il avait l'esprit : il le dépensait sur son chemin, avec son argent, les *jetant l'un et l'autre par toutes les fenêtres, — et en inventant même, lorsqu'il n'y en avait pas assez à son gré.*

Il y a eu une grande quantité de ses articles éparpillés ainsi, — c'est-à-dire presque impossibles à retrouver aujourd'hui. Ceux que son éditeur, M. Delahays, a rassemblés, ne l'ont été que très péniblement et après de laborieuses recherches. Il y en avait dans le Magasin pittoresque, *dans le* Corsaire, *dans le* Magasin des familles, *dans la* Gazette de Paris, *dans le* Figaro, *dans le* Siècle, *dans le* Messager, *etc., etc., etc., — et Privat ne s'amusait pas à en faire collection, je vous prie de le croire. Il ne travaillait qu'en vue de ses contemporains, et non de la postérité. Les contemporains, c'est à deux pas de vous; la postérité, c'est à quelques mille lieues devant vous, et c'est trop loin pour ceux à qui les longs voyages font peur.*

Cette indifférence à l'endroit de ses œuvres s'explique par l'indifférence de Privat à l'endroit même de sa vie. Il vivait gaiement et insouciamment, tantôt riche, tantôt pauvre, écrivant là où il pouvait, causant plus encore qu'il n'écrivait, encourageant les autres et ne se décourageant jamais lui-même. Quant à s'intéresser outre mesure à ce qui constitue le bien-être, le bonheur, il n'y songeait pas, — heureux qu'il était à sa façon, comme les oiseaux le sont sur leurs branches. Les oiseaux chantent : Privat chantait, c'est-à-dire causait et écrivait. Je ne l'ai jamais surpris en train de se plaindre, — jamais non plus en train de médire du prochain et de la prochaine. Pourquoi les gens d'esprit ne seraient-ils pas des gens de cœur ?

Comme Mercier, Privat a écrit des livres avec ses jambes.

Car, héritier de Pierre Gringoire et de François Villon, il déambulait à travers Paris et battait de sa semelle infatigable ce *vieux pavé de nos vieilles rues, qu'il connaissait si bien. Lui aussi, vagabond involontaire ou volontaire, bohème « sans croix ne pile », il explorait vaillamment les dessous de Paris. Lui aussi, — tout en rimant des ballades à la lune et des sonnets « aux gentes saulcissières », — trouvait moyen d'apporter sa part de découvertes aux Alexis Monteil du présent et de l'avenir, en écrivant au jour le jour ses Petits Métiers et ses Industries inconnues, qui resteront comme de précieux documents à consulter pour les futurs bénédictins qui auront à écrire l'histoire de Paris du XIXe siècle.*

V

Faire l'éloge d'un livre que le lecteur tient dans sa main me paraît inutile, — et en outre injurieux. Le lecteur est le meilleur juge en pareil cas. J'ai dit ce que je devais dire, laissant aux autres le soin de me compléter.

Mon but, en venant inscrire mon nom côte à côte avec celui d'Alexandre Privat d'Anglemont, a été d'inscrire le témoignage de fraternelle sympathie d'un vivant envers un mort. Ce n'est point orgueil, c'est devoir.

On a peu connu Privat, — bien qu'il ait été connu de tout Paris. On s'est obstiné à ne voir en lui que le bohème, l'homme sans feu ni lieu, le noctambule incorrigible, le Juif errant littéraire, comme s'il avait eu cette douloureuse spécialité.

Souvent, il est vrai, il a couché à l'auberge de la Providence après avoir soupé à la table d'hôte du Hasard; mais j'imagine que cela peut arriver aux plus honnêtes gens du monde, et que le brevet de propriétaire n'est pas précisément indispensable pour obtenir l'estime de ses concitoyens. Nul n'a encore songé de reprocher à Gérard de Nerval de n'avoir pas eu pignon sur rue ; nul n'a fait un crime à Diderot de n'être pas mort millionnaire : pourquoi a-t-on été plus sévère envers Privat ?

Pourquoi ? On ne sait pourquoi. Le public a de ces sévérités-là à de certains jours, et, une fois qu'il a jugé un homme, il ne revient pas sur son jugement, — se croyant sans doute infaillible.

Le public s'est trompé sur le compte de Privat, voilà tout. Il s'est trompé parce qu'il ne le connaissait pas assez, je le répète, tout en le connaissant beaucoup. Peut être, après cela, qu'on n'aime pas, à Paris, les gens qu'on y voit trop longtemps : vieilles figures, figures désagréables. Les Athéniens s'étaient bien lassés d'entendre appeler Aristide le Juste ! Les Parisiens se lassaient d'entendre parler sans cesse de Privat ; ils se lassaient aussi de l'entendre parler lui-même, — bien qu'il eût toujours le même esprit et le même cœur, le même sourire et la même jeunesse.

Lui, Privat, ne se lassait pas, parce qu'il était, avant tout, spectateur de la vie, et que, la trouvant toujours amusante, — cette farce étrange, — il trouvait toujours un nouveau plaisir à la voir jouer devant lui. Ses condisciples du collège Henri IV étaient devenus hommes ; Privat était resté enfant.

VI

Je donnerai la raison des méfiances d'une certaine portion du public à son endroit, en disant qu'il était pour ce public-là une sorte de personnage légendaire sur le dos duquel on mettait des charretées d'inepties, d'extravagances et de folies. Beaucoup de *ceux-là mêmes qui parlaient de Privat ne l'avaient jamais vu, mais ils en parlaient, lui prêtant des vices en se vantant de lui avoir prêté de l'argent, — probablement parce qu'ils savaient qu'il ne possédait ni les uns ni l'autre. Honnêtes imbéciles!*

De son côté, le petit journal avait contribué à cette légende de Privat. Chaque fois qu'un chroniqueur dans l'embarras avait besoin d'un nom pour désigner un bohême, il prenait sans plus de façon celui de Privat d'Anglemont — qui ne réclamait jamais. A quoi bon réclamer, en effet? Ne faut-il pas laisser couler la malignité humaine comme on laisse couler l'eau?

Hélas! cher mort, la malignité humaine, en réunissant ses mille et un ruisselets, a formé torrent, et elle a failli te noyer!

Par bonheur, Privat était un excellent nageur, et sa réputation est sortie saine et sauve des périls où elle était engagée par la niaiserie des autres et par son insouciance propre. Toutes ces petites fumées qui obscurcissaient son nom aux yeux de la portion saine du public se sont évanouies au jour de sa mort, devant son cercueil, auquel tant d'amis ont fait cortège, — des amis honorables, des illustrations artistiques et littéraires!

VII

Car la mort est venue vite pour lui. On ne descend pas impunément dans les profondeurs du gouffre parisien. On n'explore pas impunément ces bas-fonds sociaux où grouillent tant de monstruosités. Privat d'Anglemont vivait du Paris inconnu, et le Paris inconnu l'a tué.

Malgré son organisation vigoureuse, malgré sa nature forte-

ment trempée, qui lui permettait de braver toutes les giboulées et toutes les averses, Privat devint victime des habitudes meurtrières qu'il avait contractées petit à petit, et qu'il ne pouvait plus quitter désormais : je veux parler de ses nuits passées à errabonder dans les rues de la grande cité, à la recherche de l'impossible, de l'étrange et du nouveau. Lui qui marchait sans cesse, honnête vagabond, il dut un jour s'arrêter; lui qui était libre comme un moineau franc, il dut un jour se laisser emprisonner dans cette cage sinistre qui s'appelle l'hôpital.

Ne croyez pas que sa gaieté et son esprit l'avaient abandonné avec la santé. Tout au contraire : malgré la maladie, malgré l'atmosphère de l'hospice, malgré les cris des souffrants, malgré les râles des mourants, il chantait et riait, ce charmant bohémien littéraire. Internes et malades, il réjouissait tout le monde par son esprit — qui flambait pour la dernière fois.

Après avoir passé un hiver à la Charité, il voulut sortir, ragaillardi par les odeurs de printemps qui lui arrivaient des jardins voisins. Il sortit, mais pour retomber malade encore. La mort l'avait déjà marqué de sa craie comme un homme à abattre, comme une intelligence à éteindre. Il était phtisique.

Il entra à l'hôpital Lariboisière.

Chacun de nous, ses amis, croyait qu'il n'en sortirait pas vivant. La nouvelle de sa mort nous fut même apportée un matin par un interne qui l'avait quitté agonisant. Il n'en était rien, pour cette fois-là encore; mais le pauvre et cher Privat n'en valait guère mieux. Sa riche organisation de créole, — disons de mulâtre, — luttait énergiquement contre les envahissements de la mort, et, par moments, on pouvait espérer qu'elle en triompherait.

Privat l'espérait aussi, et il faisait des projets de voyage à n'en plus finir. Quand on touche au tombeau, on aime à toucher son berceau. Il songeait à aller à Sainte-Rose, par delà l'Atlantique!

Il y songeait si bien, il le voulait si fortement, qu'il força la mort à lâcher prise un instant, et qu'il sortit un matin de l'hôpital Lariboisière.

Un autre n'eût pas hésité, un autre eût profité de ce répit que lui accordait la maladie pour fuir Paris, cette ville meurtrière, et s'en aller tout droit là-bas, vers ces pays bénis du soleil, vers ces paradis des Antilles d'où l'homme se chasse et s'expatrie lui-même, l'ingrat!

Mais Privat était trop Parisien pour quitter ainsi Paris. Il n'y était pas né, mais il comprenait qu'il y devait mourir.

Il était sorti depuis quelques jours à peine de l'hôpital Lariboisière, qu'il fut forcé d'aller frapper à la porte de la maison de santé Dubois, — l'hôpital des membres de la Société des gens de lettres.

C'était la dernière halte avant le départ suprême.

VIII

La maison municipale de santé ne ressemble pas à un hospice. C'est comme une cité ouvrière, — habitée par des gens qui ne sont pas des ouvriers, car le logis y coûte cher. Grâce à la bienveillance du Directeur, Privat eut une chambre pour lui tout seul, — une chambre propre, aérée, gaie et ensoleillée au possible.

Jamais il ne s'était trouvé aussi bien logé, jamais il ne s'était senti aussi bien soigné. Le bohème allait mourir dans le lit d'un bourgeois!

« Cher enfant, c'est fini ! » *me dit-il un matin, au moment où j'entrais.*

Je n'essayai pas de consolations banales. Je venais de jeter un rapide regard sur le visage du pauvre Privat, — *et ce regard avait suffi pour me confirmer dans mes appréhensions. Privat avait raison : c'était fini, bien fini!*

Que lui aurais-je dit? On essaye de consoler les enfants et de les tromper; mais on ne trompe pas un homme, et Privat avait une admirable sérénité d'esprit qui prouvait qu'il avait conscience de son état désespéré.

Je lui serrai la main et le laissai parler ses dernières paroles.

« *Tout le monde est parfait pour moi, ici, reprit-il. J'y serais vraiment très bien, si je ne me sentais pas si mal... Je n'ai qu'une peur, c'est de m'en aller dans la nuit... La nuit, seul, sans un ami autour de moi, c'est horrible! Tandis qu'en plein soleil, comme maintenant, avec des visages et des cœurs connus près de moi, c'est bon et réconfortant : il semble qu'on ne part pas seul...* »

Il s'arrêta, épuisé par les efforts qu'il venait de faire. Puis, comme il voyait poindre ma tristesse sous le masque de tranquillité que je m'étais imposé, il causa avec enjouement de toutes sortes de choses; mais, quoi qu'il fît, sa bouche ne savait plus sourire.

La mémoire ne l'avait pas encore abandonné, — *non plus que le cœur. Il se ressouvint de François Villon et m'en répéta quelques pages,* — *celle-ci entre autres :*

> « ... Mon corps j'ordonne et laisse
> A notre grand'mère la terre;
> Les vers n'y trouveront grand'graisse,
> Trop lui a faict faim dure guerre :
> Or lui soit délivré grand'erre.
> De terre vient, en terre tourne;
> Toute chose, si par trop n'erre,
> Voulentiers en son lieu retourne... »

Puis :

> « Où sont les gracieux gallans
> Que je suyvoye au temps jadis?
> Si bien chantans, si bien parlans,
> Si plaisans en faicts et en dicts?
> Les aucuns sont morts et roydiz.
> D'eux n'est-il plus rien maintenant?... »

IX

Il mourut le lendemain, comme il avait désiré mourir, — en plein soleil, avec des amis autour de lui.

« Ses bottes étaient graissées » pour le grand voyage. Il emportait pour viatique une conscience pure de lâchetés et de trahisons. Cependant, malgré cela, éprouvant le besoin de se sonder les reins avant de partir, il demanda à rester seul un instant. On lui obéit.

Quand on rentra dans sa chambre, Privat s'était retourné sur le flanc, et — il avait vécu.

C'était le 18 juillet 1859.

Alfred Delvau.

FRAGMENT D'UN ARTICLE

PUBLIÉ PAR M. VICTOR COCHINAT

AUSSITOT APRÈS L'ENTERREMENT DE PRIVAT D'ANGLEMONT [1]

Alexandre Privat d'Anglemont naquit à Sainte-Rose, village situé à la Guadeloupe, colonie française, vers l'an mil huit cent quinze, d'une famille de couleur riche et considérée.

Ayant perdu tout jeune son père et sa mère, il resta sous la tutelle de son frère aîné, qui gérait alors une sucrerie laissée à Sainte-Rose par le chef de la famille. Ce frère, qui tenait lieu de père au jeune Alexandre, l'envoya à Paris, selon l'usage des familles aisées de l'île, afin que l'enfant reçût une éducation purement française.

Alexandre Privat fut placé au collège de Henri IV, et, après l'achèvement de ses humanités, prit ses inscriptions à l'École de médecine.

Mais un ardent amour pour les arts et la littérature, la fréquentation des gens de lettres et des artistes, pour lesquels, jusqu'à son dernier moment, il se passionnait encore, ne retinrent pas longtemps le jeune étudiant en médecine sur les bancs de l'amphithéâtre. Il se lança à plein collier dans la littérature romantique, et mena grand train dans la république des lettres.

Il y allait même un peu trop vite, si l'on en croit son frère : car, à chaque bâtiment qui faisait voile de la Guadeloupe pour la France, le tuteur éloigné ne manquait pas de prêcher la modération à ce cadet qui courait à grandes guides vers le plaisir.

---

1. Notes tirées de la *Causerie* du mois de juillet 1859 (24 juillet). Victor Cochinat, rédacteur en chef.

Mais, en l'absence de tout Mentor et de toute direction à l'âge où la raison et la dure expérience sont reléguées dans l'ombre, que peuvent de froids conseils épistolaires sur les natures ardentes, les passions fougueuses et l'esprit fantasque, vaniteux et hardi de ces jeunes gens dont le soleil des Antilles brûle en naissant le cerveau !

Alexandre Privat d'Anglemont était, à l'âge de vingt ans, un cavalier plein d'élégance et de distinction. Sa taille grande, mince et élancée, un grand air de planteur américain, des vêtements coupés à l'anglaise, — chose rare alors, — qui lui donnaient une tournure tout à fait britannique, des yeux gris et pleins de feu rayonnant sur un visage que des taches de rousseur ne déparaient même pas, attiraient sur lui l'attention même des indifférents ; enfin, pour couronner cet ensemble peu commun, surmontez-le d'une chevelure plantureuse, crépue et tirant sur le roux, et vous n'aurez pas de peine à vous figurer quelle figure originale et fantasque avaient sous les yeux, en l'an de grâce mil huit cent trente-quatre, les dames qui s'épanouissaient à la Chaumière et les jeunes hommes qui campaient au café Procope. Aussi Privat d'Anglemont était-il, à cette époque, le lion roux de ces deux établissements presque universitaires, ce qui ne l'empêchait pas de trôner despotiquement à l'hôtel Corneille, cette Babel d'étudiants de tous les pays et de tous les accents.

Mais ce n'était pas seulement au quartier Latin que Privat passait ses jours, il faisait aussi « de l'autre côté de l'eau » de fréquentes excursions, et se liait avec tout ce que le quartier Saint-Lazare, alors perdu aux confins de Paris, renfermait d'artistes et de gens de lettres.

Le divan de la rue Le Peletier s'installait à peine, qu'il abritait déjà sous ses plafonds toute une horde de romantiques barbus ; Privat d'Anglemont, fraîchement incorporé parmi ces iconoclastes des œuvres classiques et poussant à outrance le zèle du néophyte, démolissait avec la verve pittoresque d'un enfant « des pays chauds » tout ce qui tenait de près ou de loin à l'Académie. En déifiant Hugo, il rêvait d'ailleurs le bûcher qui devait dévorer les tragédies des Arnault, des de Jouy, des Briffaut et autres Viennets ; mais heureusement que la victoire empêcha les fanatiques de se hisser au niveau de l'intolérance de leurs adversaires.

Pendant que Privat vivait ainsi, son frère, resté à la Guadeloupe, avait quelque peine à maintenir l'ordre dans les revenus et les dépenses de la famille, et à satisfaire aux exigences réitérées du cadet. Il l'invita donc à venir juger par lui-même de la situation des choses ; mais Alexandre, qui s'était amolli aux délices de Capoue, ne voulait même plus passer la barrière, et jugez s'il désirait retourner en Amérique !

Il fut obligé de s'y rendre cependant ; mais, arrivé le matin même à la Pointe-à-Pitre, il descendit avec son frère chez un notaire, approuva un compte de tutelle que celui-ci avait fait dresser, le signa et se rembarqua le lendemain matin à bord du packet à voiles qui retournait en Angleterre.

Il passa en tout vingt-trois heures à la Guadeloupe. A cette époque, on mettait de trente-cinq à quarante-cinq jours pour aller aux Antilles.

Ce séjour à la Pointe est une des plus grandes excentricités de la vie de Privat d'Anglemont.

Le voilà de nouveau à Paris, butinant les fleurs du jardin poétique, comme on eût dit il y a quarante ans, s'enivrant du bruit que faisaient à ses côtés toutes les renommées, faisant des mots et éditant ceux d'autrui, s'extasiant sur un vers, colportant un triolet, propageant une ode, vantant le livre ou le drame encore inédit d'un ami, ébranlant le piédestal d'un homme *arrivé* pour y placer le buste d'un lutteur pauvre, inventant des anecdotes et des nouvelles : — car c'était surtout un inventeur que notre Privat !

Et tout cela, il le faisait sans intérêt, sans calcul, et surtout sans profit : car il était essentiellement bon, serviable, sympathique, et désintéressé comme un cénobite.

Lorsque la pauvreté succéda pour lui à ces splendeurs quelque peu éphémères, il résolut de travailler un peu plus. Et alors, que croyez-vous qu'il fit ? Il fit des vers, le malheureux ! Il en fit de charmants dans l'*Artiste* et la *Revue de Paris* ; il collabora à tous les petits journaux ; il fit force nouvelles à la main, force physiologies pour le *Paris* du marquis de Villedeuille, pour le *Corsaire*, pour le *Mousquetaire*, le *Figaro*, et que sais-je, moi ? car il est plus difficile de dire où

Privat ne laissa point les traces de sa verve vagabonde que de connaître les feuilles où il n'écrivit point.

Cette vie d'abeille littéraire ne rassurait point sa famille. On l'adjura encore de retourner à la Guadeloupe, mais c'en était fait! Privat avait trop pris racine à Paris pour pouvoir se détacher de ce sol si ingrat cependant aux insulaires. Il répondit à toutes les prières de son frère par ce billet imité d'un testament fameux :

« J'ai planté ma tente sur les bords de la Seine ; je veux mourir au « milieu de ce peuple français que j'aime tant. »

Hélas! c'était sa destinée ; il la connaissait, et n'en désirait pas d'autre.

Dans *le Siècle*, seul grand journal qui lui ouvrit ses colonnes, Privat explora tout un côté inconnu, sous-marin et presque fantastique de Paris. Il nous initia aux mystères de ces existences problématiques, aux secrets de ces industriels qui luttent avec l'impossible, et qui en vivent ; il nous fit la monographie du *boulanger en vieux*, du *marchand de fer*, et de tant d'autres hommes de génie qui ont bâti leur fortune sur le hasard et l'impalpable, et dont les mœurs sont aussi ignorées du Parisien de la Chaussée-d'Antin que celle des anciens Caraïbes ou des Ioways.

C'est là le seul livre que Privat ait laissé ; mais ce volume restera, car il porte, comme style et comme pensée, l'empreinte d'une véritable originalité.

Si Privat avait su s'atteler, s'il n'avait pas eu ce vilain défaut des créoles, blancs ou mulâtres, l'horreur de l'embrigadement, l'amour exagéré de l'indépendance, et le penchant invincible à ne combattre qu'en volontaire, il eût, comme on dit, « fait son chemin ». Mais, quoique son nom fût très populaire, peut-être même un peu trop, il ne vécut pas heureux. Il fut même malheureux, et s'il mourut en paix, et avec tous les soins nécessaires au moribond, c'est grâce à la Société des gens de lettres.

Il a succombé mercredi dernier, à la maison de santé du docteur Dubois, aux suites d'une phtisie pulmonaire.

Essentiellement *noctambule*, Privat passait volontairement trop de nuits à expérimenter Paris, et ne se ménageait pas assez. Du reste, seul, absolument seul à Paris, il souffrait énormément, malgré son scepticisme affecté à ce sujet, de l'absence de la famille ; trente mille amis ne valent pas une mère !

Selon les recommandations expresses et dernières du défunt, son corps a été transporté tout droit de la maison de santé du faubourg Saint-Denis au cimetière Montmartre ; une assistance nombreuse et sympathique suivait le poète inoffensif et bien-aimé. Parmi les bons amis et les confrères de celui dont la mort a surpris presque tout le monde, sans étonner personne, on remarquait MM. Édouard Fournier, Philoxène Boyer, Édouard Plouvier, Frédéric Thomas, Watripon, Melvil-Bloncourt, Guichardet, Henry Murger, Roger de Beauvoir, Charles Haëntjens, Michel Masson, Delvau, Gustave Mathieu, Fernand Desnoyers, Lerminier, le bibliophile Jacob, etc.

Sur la tombe de Privat, M. Édouard Fournier a prononcé un discours plein de justesse et de cœur.

PARIS INCONNU

PORTRAITS ET CARACTÈRES

I

Les écrivains moralistes et les philosophes, les écrivains graves et les provinciaux jaloux, les misanthropes et les imbéciles, c'est tout un, demandent tous dans leurs écrits la *destruction de Paris*.

Ils devraient cependant savoir que lorsque Ithuriel voulut détruire Persépolis, il y envoya Babouc. Celui-ci, après avoir tout vu, tout examiné de près, tout jugé par lui-même, craignait que Persépolis ne fût condamnée; il craignait même le compte qu'il allait rendre.

En effet, ces messieurs ont beau représenter Paris comme le réceptacle immonde de tous les vices, de toutes les passions honteuses, de tous les crimes infâmes, ils trouveront toujours des gens qui ne les croiront pas, des écrivains qui leur prouveront qu'ils ne savent ce qu'ils disent. Car Paris est aussi la ville dont le peuple est poli, doux, bienfaisant, quoique léger, médisant et plein de vanité. A côté des sombres tableaux dessinés par ces écrivains rageurs et envieux, on peut leur tracer les esquisses les plus douces, les plus charmantes ; ils voient crimes, vols, brutalités ; nous voyons charité, bonté, naïveté.

C'est l'histoire de toutes les discussions : on parle chacun deux heures, on se retire chacun avec l'opinion qu'on avait avant de discuter.

Pour nous, les habitants de Paris sont naïfs, bons, secourables, ils ne se passionnent que pour ce qui est juste, inoffensif et plaisant.

Voici mes preuves.

II

Au milieu du quartier Popincourt, dans ce centre si bruyant, où l'on n'entend que chœurs et chansons accompagnés du bruit des marteaux et des enclumes, il existe, au fond d'un long couloir terminé par un immense jardin, une ancienne petite maison du XVIIIe siècle; elle a appartenu à la fameuse Duthé. Aujourd'hui elle est occupée par un ancien militaire officier de la Légion d'honneur.

Ce vieux brave s'est constitué la providence des chiens vagabonds; dès qu'il rencontre un de ces pauvres animaux efflanqué, maigre, errant, il le choie, le soigne, le caresse, lui donne à manger, et finit par conquérir ses bonnes grâces et s'en faire suivre. De ce moment, le sort du quadrupède est assuré : il prend place au foyer, il est de la famille, il a le manger et le coucher pour le reste de ses jours ; il peut donner congé à toute inquiétude.

Mais aussi il contracte un engagement ; pour jouir de la plénitude de ses droits, il a des devoirs à remplir ; il doit être obéissant, docile ; il lui faut suivre avec assiduité les leçons de son bienfaiteur, écouter ses conseils et faire preuve de bonne volonté : car le commandant, entrepreneur des éducations, ne veut pas d'insubordonnés, de récalcitrants parmi ses élèves.

C'est un homme réellement curieux, il a l'air d'un personnage de Charlet ; à le voir passer dans la rue, suivi de son escadron d'éclopés, de boiteux, de poussifs, marchant roide, droit et boutonné dans sa redingote de drap bleu, portant son jonc comme un sabre au port d'armes, on rêve le temps, déjà si loin de nous, des brigands de la Loire ou des colonisateurs du Champ d'Asile. C'est quelque personnage de l'épopée impériale oublié par la *Camarde*. Il est fantastique : le meneur de loups de nos légendes du centre de la France ne doit pas être autrement fait. Long, sec, maigre, le visage anguleux, la moustache épaisse, grisonnante, les cheveux rares et plaqués sur les tempes comme s'ils y avaient été collés ; toujours propre, brossé, ciré, astiqué, il marche comme un césar, ne s'inquiétant ni des rires ni des quolibets. C'est un homme convaincu qui accomplit un devoir.

A partir de quatre heures du matin l'été, à six heures l'hiver, le commandant bat la diane et passe la revue de sa troupe, composée de quarante roquets, plus laids les uns que les autres. Il les examine, les fait mettre en rang deux par deux, et les conduit sur les bords du canal pour leur faire prendre un bain de propreté. Les deux plus anciens galopent en tête et se jettent à l'eau pour donner l'exemple aux autres. Les récalcitrants y sont précipités par le commandant ; l'ordre porte qu'on doit nager trois fois après un morceau de bois et le rapporter au maître, qui le lance le plus loin possible. Après ces soins d'hygiène, avant le déjeuner, on se rend à l'escrime, qui se fait le long du mur de ronde de la barrière des Amandiers. C'est là qu'il faut suivre le commandant et sa compagnie ; c'est véritablement un spectacle à voir. Jamais ni M. Corvi, le propriétaire du théâtre des chiens et des singes savants, ni aucun des autres montreurs d'animaux instruits, n'est arrivé à ce degré de perfection. L'escadron manœuvre comme une compagnie de hussards ; il se forme par pelotons, par divisions ; il exécute des charges par deux, par quatre et de front ; il avance, il recule, il court, il s'arrête à la voix et au geste.

« Allons, par quatre là, guide à gauche, alignement, pas accéléré, marche ! — Voyons, Cartouche, un peu plus d'ensemble dans le mouvement. — Recommençons ça, et prenez garde à ce que vous ferez. »

Et l'on recommence jusqu'à ce que tout soit exécuté avec précision. Si le commandant n'est pas content, il met ses soldats à la salle de police. Cette punition consiste à les placer les deux pattes de derrière élevées contre le mur. Deux vieux caniches, Bataillon et Mousqueton, sont chargés de monter la garde devant eux et de les tenir en respect. Tout cela dure deux heures au moins, puis on rentre au quartier, où bientôt on sonne à la soupe, puis chacun va dans le jardin vaquer à ses affaires. Ce temps de repos dure jusqu'à deux heures de l'après-midi, une heure avant le dîner, et le soir, à six heures, avant le souper, où l'on recommence l'exercice, qui se fait ainsi trois fois par jour. Mais on ne sort plus qu'une fois, parce que, les voisins s'étant plaints de ce que ce régiment de chiens effrayait les femmes et les enfants du quartier, M. Dagnèse, commissaire de police de la section, a dû mettre ordre aux promenades militaires du vieux commandant.

Cependant les voisins, que les jappements continuels incommodaient, ont encore porté plainte; le magistrat a dû faire comparaître le vieux brave à son bureau. Il voulait le prévenir que s'il ne se défaisait pas volontairement de la plus grande partie de son escadron, il se verrait forcé d'en ordonner la destruction complète. Mais il fut touché par la douleur de cet excellent homme, qui lui dit :

« Monsieur, j'ai servi trente-cinq ans mon pays; j'ai fait les campagnes de l'Empire en Espagne, en Russie, en Allemagne, en France. J'ai été en Algérie; partout je me suis conduit avec honneur. J'ai eu la douleur de voir mourir sur le champ de bataille tous mes amis, tous ceux que j'aimais et qui m'aimaient. Aujourd'hui, je n'ai plus que ces pauvres bêtes qui me soient attachées; si vous me les retirez, vous m'ôterez ma seule consolation. Si vous saviez comme elles m'aiment! »

M. Dagnèse serra la main de l'ancien militaire et lui laissa ses bêtes.

Dans l'origine, le commandant n'avait qu'une dizaine de chiens; mais ils ont peuplé, et cet homme qui a vu tant de champs de bataille, qui a entendu autour de lui les cris des blessés, les râlements des mourants, qui a passé des nuits au milieu des morts sur le champ de carnage, n'a pas le courage de tuer un seul des petits que lui donne sa famille canine. Il les garde tous, de façon que, pour peu qu'il vive encore cinq ou six ans, il aura réellement tout un régiment autour de lui.

Déjà sa pension de retraite suffit à peine à la nourriture de son escadron; comment fera-t-il donc pour donner la pâtée aux conscrits qui viendront renforcer son corps? C'est ce à quoi pourvoira la Providence; si pleine de sollicitude pour les petits oiseaux, elle n'oubliera sans doute pas les petits chiens et le vieil officier.

III

Le plus cruel persécuteur de notre commandant, celui qui lui donne le plus de *tintouin,* qui dépose le plus de plaintes contre lui, c'est un original qui habite le jardin contigu. Celui-ci est un ancien employé retraité, gros, petit, court, une espèce de boule posée sur deux jambes rendues inutiles par la goutte. C'est un homme quinteux, grognon, maussade, qui porte avec peine ses soixante-cinq ans, qui en veut à l'humanité depuis que l'humanité ne veut plus de lui. Il est furieux d'avoir des voisins, furieux d'être seul, furieux de ne voir personne, et furieux contre tous ceux qui, par hasard, lui font visite; au demeurant le meilleur homme du monde, au dire des gens du quartier, où l'on n'est pas difficile, comme vous pouvez le voir.

Cet homme se nomme M. Antheaume. Jadis, lorsqu'il pouvait encore marcher, il se levait à trois heures du matin ;

à quatre, il était sur les bords du canal, au-dessus de la Villette, près d'Aubervilliers, dans un pays perdu, où il n'y a qu'une maison, un cabaret tenu par le père Pape, célèbre parmi les amateurs de matelotes et de friture, qui y font leurs parties fines à la sourdine. Là, il s'établissait, une ligne à la main, jusqu'à huit heures, où il s'arrachait à cette paisible occupation pour aller prendre sa place sur un grand fauteuil de cuir du ministère et y rêver en paix à la friture qu'il devait toujours prendre dimanche prochain. Trente années s'écoulèrent ainsi, amenant chacune leurs cinquante-deux dimanches et leurs trois cent soixante-cinq jours, sans compter les bissextiles ; la friture seule n'arriva pas. Toutes celles que mangeait M. Antheaume, — il en mangeait beaucoup, les aimant à l'adoration, — étaient pêchées par le père Pape. Il crut au mauvais œil, aux sorciers, aux jeteurs de sorts, il leur attribua tous ses mécomptes de pêche ; il prit une moitié de l'humanité en haine, celle qui aimait la pêche et prenait des goujons, et l'autre en mépris, parce qu'elle ne comprenait pas la poésie de la ligne de fond et de la ligne dormante.

Il prit sa retraite après trente ans de service. N'ayant plus rien à faire, il se consacra tout entier à la poursuite de son projet de friture. Hélas ! espérance illusoire : l'été, l'automne, l'hiver et le printemps, le soleil, le froid, la pluie, la grêle, la neige, le trouvèrent toujours fidèle à son poste, la ligne en main ; mais il n'attrapa que des rhumatismes à cette fidélité.

Aujourd'hui, vieux et cassé, l'âme aigrie, rêvant toujours et plus que jamais la fantastique friture, il s'est retiré des bords du canal, ne pouvant plus se bouger, perclus, goutteux, impotent, mais pêcheur endurci. Pour satisfaire sa passion, il s'est fait creuser un petit bassin au milieu de son jardin; il y a mis une douzaine de petites carpes, et chaque jour il fait pousser son fauteuil jusqu'aux bords de sa pièce d'eau, et là il se livre à son goût favori. Il amorce, il prépare ses lignes et ses hameçons : car jamais pêcheur affermant un bras de rivière, pêcheur livrant chaque jour sa vie aux caprices de l'Océan, n'a possédé une collection aussi complète d'instruments de pêche que ce pêcheur pour rire.

Lorsque tous ses préparatifs sont très consciencieusement faits, qu'il a bien jugé, d'après le temps, si un côté du bassin est plus favorable que l'autre, il jette sa ligne, et il attend patiemment que cela morde. Enfin, après une heure, — car les pauvres carpes sont presque apprivoisées; elles ont deviné par instinct la passion de leur propriétaire; elles folâtrent avec des grâces charmantes autour de sa ligne, se gardant bien d'y toucher, — une plus imprudente que les autres, ou plutôt une carpe adulatrice, qui désire flatter la manie de ce monsieur, finit par gober l'hameçon. Alors, il faut voir la joie de M. Antheaume; il appelle sa gouvernante, il fait des cris d'aigle et s'écrie : « Marguerite, Marguerite, viens donc voir, mais viens donc; c'est Catherine! Oh! comme elle est engraissée! on ne la reconnaîtrait plus. Est-elle belle! vois donc. Je voudrais bien voir Michel, pour savoir s'il a autant profité que cette pauvre Catherine. Et Céleste, il y a bien longtemps qu'elle n'a mordu, n'est-ce pas ? »

Marguerite répond oui d'un air distrait et retourne à son travail. M. Antheaume détache son hameçon avec un soin extrême, et remet Catherine à l'eau, puis poursuit Michel ou Céleste : car il a donné un nom à tous ses poissons. Il les connaît, il les soigne comme le commandant soigne ses chiens. Cependant, un jour du printemps dernier, il s'aperçut un matin que ses chères carpes semblaient tristes ; elles ne mangeaient plus ; elles dédaignaient l'asticot et le ver rouge ; le seigle bouilli dans la graisse n'avait aucun charme pour elles. Le chagrin le prit à son tour, il devint soucieux. Il lut deux ou trois brochures sur la pisciculture ; il ne fut point satisfait. Les carpes mouraient de gras fondu. Notre homme s'avisa d'un moyen nouveau pour les forcer à prendre de l'exercice. Il fit emplette de trois petits brochets qu'il nomma Voltigeur, Chasseur et Dragon, et les jeta dans le bassin. Ces requins d'eau douce, en mordillant, asticotant les malheureuses carpes, les mirent en fureur ; elles nagèrent tant et si bien qu'elles en moururent.

M. Antheaume en fut si désespéré que, n'ayant plus rien à tourmenter, il fit dresser cinq ou six procès-verbaux contre son voisin le commandant, ce qui provoqua une enquête *de commodo et incommodo* et valut au vieux brave la visite du commissaire dont nous avons parlé.

Aujourd'hui, ces deux hommes sont ennemis mortels ; ils ne parlent l'un de l'autre qu'en grinçant des dents.

IV

Quant à M. Bournier, c'est autre chose : celui-ci aime la table et les gens maigres. Mais, pour que M. Bournier adopte un client, il faut qu'il soit bien étique, bien décharné ; plus il approchera de l'état de squelette, plus il aura de chances à l'amitié sincère de M. Bournier, qui veut engraisser ceux qu'il chérit.

Tout Paris connaît M. Bournier ; c'est un homme qui a ce que le peuple nomme un petit gros ventre, c'est-à-dire que sur de petites jambes grêles il lui a poussé une rotondité énorme qui s'arrête à l'estomac. C'est ce que nos aïeux désignaient dans leur langage énergique sous le nom de gras-boyau. Sa tête est énorme, réjouie, et s'attache à ses épaules par un triple menton canonical. Il a la bouche, l'œil, le nez, les joues, sensuels ; son aspect général est pantagruélique. De cette réjouissante encolure il sort une petite voix flûtée, qui ne s'anime jamais. M. Bournier ne fait qu'un repas, mais il est bon. Il ne peut manger seul, il lui faut un commensal auquel il fasse partager ses joies du bien-vivre.

« Allons, s'écrie M. Bournier, mange donc, pauvre diable! mange! allons, bois, pauvre malheureux! il y a longtemps que tu n'as fait un si bon dîner. — Tiens, encore ce morceau. — Va, va, ça me fait plaisir. Dans ton état, on ne mange pas tous les jours, pauvre artiste que tu es! — Je veux te faire mourir de gras fondu, pauvre décharné! — Ne me remercie pas, je suis généreux, va, va, pauvre abandonné! — Veux-tu des perdreaux, pauvre petit? — Tu ne sais peut-être pas ce que c'est, mon pauvre ami? — Tu dîneras tous les jours à présent. — Je te prends en amitié jusqu'à ce que tu sois gros et bien portant, mon pauvre ami. — Tu remplaceras ce pauvre Barthélemy qui est mort : il n'a pu y résister. — Tu seras le troisième que j'aurai vu mourir de bonne nourriture, mon pauvre garçon. »

Et M. Bournier de bourrer son protégé d'un amas incroyable de victuailles; il le fait boire à coupe pleine, comme on dit à l'Opéra-Comique. Il n'y a jamais rien d'assez bon pour lui et pour son ami. C'est effrayant de les voir absorber, on croirait à un défi de Gargantua père et fils. M. Bournier ne sait rien refuser au pauvre misérable. D'ailleurs il lui fait bien payer sa nourriture : car enfin, le pauvre malheureux est obligé de tenir compagnie à son nourrisseur, de passer la soirée près de lui, de subir ses manies et sa conversation; rien que cette dernière circonstance est déjà, à elle seule, presque un brevet de léthargie. Il faut entendre vingt fois par jour toutes les combinaisons par lesquelles M. Bournier a fait sa fortune; combien il a vendu de bouteilles vides, et combien il en a vidé de pleines. Il faut le suivre depuis son arrivée à Paris, avec les fameux trois livres dix sols que possédaient tous les millionnaires à leur commencement, jusqu'à ce qu'il quitte les affaires.

Ceci n'est rien, ou peu de chose; mais le chapitre des amours! Ah! grand Dieu! quel don Juan! quel Lauzun que ce M. Bournier! Auprès de lui, Richelieu n'est qu'un petit garçon, le chevalier de Grammont un polisson et Bassompierre un écolier. Brunes et blondes, châtaines et rousses, grisettes et grandes dames, bourgeoises et femmes à la mode, n'avaient point de résistance à ses charmes, à son aimable conversation, à sa galanterie chevaleresque. A l'entendre, César n'aurait prononcé le fameux *Veni, vidi, vici,* qu'en prévision de ses conquêtes.

Après un tel récit, dont la durée est ordinairement de deux ou trois heures pour le moins, vous croyez peut-être que la pauvre victime en est quitte, qu'elle est libre enfin? Oh! que non! M. Bournier prend du café après son repas. C'est le moment difficile, c'est là que l'homme se dessine tout entier.

M. Bournier ne veut pas passer sur le boulevard du Temple, parce que, le passage Vendôme se trouvant en face du passage des Folies, ça fait un courant d'air : on peut s'enrhumer.

M. Bournier veut qu'on lui ouvre la porte du café, parce que les boutons sont de cuivre. Il ne veut pas de tasses dorées ni peintes en rouge, cela se fait avec du mercure; ni peintes en vert, le vert-de-gris forme la base de cette composition, et tout cela peut nuire à sa chère santé.

Enfin, M. Bournier aime à ce qu'on l'entretienne de propos gais, agréables et légers ; cela aide à sa digestion.

Pendant nombre d'années, le malheureux attelé aux fantaisies culinaires de M. Bournier jouait la comédie ; c'était le pénultième ; chaque soir, il était obligé, pour un maigre salaire, de se déguiser en général, en caporal ou en amiral, sur la scène militaire ou féerique du Théâtre-National, car M. Bournier *paye* à manger, à boire, tant que l'on peut en porter, mais il n'offre jamais un franc : il ne veut pas qu'on entretienne des filles d'Opéra.

M. Bournier donc, n'ayant plus d'amuseur, tuait son temps tous les soirs au petit théâtre des Délassements-Comiques. Il prenait toujours la même stalle, la dernière de l'orchestre, afin de ne pas être dérangé. Il s'y installait commodément, et là *il piquait son chien*, comme nous disions au collège ; *il cassait sa canne,* comme nous disons aujourd'hui ; *il jouait de l'orgue,* comme disent les titis ; *il ronflait,* selon l'expression vulgaire ; *il roupillait,* selon les linguistes ; *il dormait,* selon le langage des épiciers... qui ont fait leurs études. L'ouvreuse était chargée de lui garder sa stalle.

Un soir, M. Bournier arrive à son ordinaire ; il pousse un cri, il est furieux, il bouscule l'ouvreuse, il l'interpelle :

« Ah ! misérable, coquine, carogne ! tu veux ma mort ! tu t'entends avec mes héritiers pour m'empoisonner ! »

La pauvre femme reste ébahie ; elle veut protester ; M. Bournier ne l'écoute pas, il passe devant le contrôle et dit :

« Jamais on ne me verra dans votre baraque ; on en veut à mes jours ! »

Il sort. M. Bournier était une excellente pratique. On s'inquiète, on cherche, on fait venir l'ouvreuse qui n'en peut mais. On provoque une enquête.

C'était le municipal qui avait posé son casque de cuivre à la place de M. Bournier. Et M. Bournier a horreur du cuivre à cause du vert-de-gris qui peut l'empoisonner, puisqu'il a connu quelqu'un qui s'est fait mourir en en avalant.

Voilà l'homme. Mais aussi il faut dire que M. Bournier a une très nombreuse famille, qu'il leur distribue généreusement la plus grande partie de sa fortune, et qu'il rend tout le monde heureux autour de lui. Nous pouvons bien, en considération de ses bonnes actions, lui passer quelques petites manies.

« Et, nous diront les moralistes, les philosophes, les graves et les provinciaux, ce sont là ces gens que vous nous présentez comme bons, généreux, loyaux, etc., etc., ne se passionnant que pour les grandes et belles choses, etc., etc. ?

— Hélas ! oui ; comparez-les à vos petites passions de province, à vos petites idées de clocher, à toutes les petites manies de tous les endroits possibles, et vous verrez que le commandant aux chiens, l'homme aux poissons et le vieux rentier aux bons dîners sont les meilleures gens du monde, et que ce ne sont que de grandes douleurs, de grands ennuis et une excessive générosité qui les ont rendus maniaques. Et puis, Babouc avait raison.

« Souvenez-vous que lorsque Ithuriel... etc., etc. Voici comment Babouc s'y prit pour rendre ses comptes à son maître.

« Il fit faire par le meilleur fondeur de la ville une petite statue composée de tous les métaux, des terres et des pierres les plus précieux et les plus vils ; il la porta à Ithuriel. « Casserez-vous, dit-il, cette jolie statue, parce que tout n'y « est pas or et diamant ? » Ithuriel comprit à demi-mot, il résolut de ne pas même songer à corriger Persépolis, et de laisser aller le monde comme il va : « car, dit-il, si tout n'est « pas bien, tout est passable. »

Ithuriel n'avait pas tort.

Moralistes, philosophes et provinciaux, briserez-vous la statue ? Serez-vous plus sévères qu'Ithuriel parce que Paris gêne vos petites... etc., etc.

LE CLOITRE SAINT-JEAN DE LATRAN

Notre ami Duchâtelet s'est chargé de vous dire ce que fut Saint-Jean de Latran, sa fondation, son histoire et ses privilèges jusqu'à la grande révolution de 1789. Il vous a raconté les mystères de cet asile parisien où se retiraient banqueroutiers et faussaires, ouvriers insoumis aux maîtrises et parjures des jurandes, débiteurs insolvables et libellistes poursuivis. Il vous expliquera pourquoi les quatre cours figurant la croix se nomment le Père, le Fils, le Saint-Esprit, Ainsi soit-il.

Quant à nous, notre rôle est plus modeste; nous ne vous parlerons que de ce que nous avons vu, nous vous mettrons de moitié dans nos observations; nous vous conduirons par la main dans ce dédale, dans cette Cour des miracles du Paris moderne; nous vous ferons toucher du doigt toutes les misères de ce repaire; nous vous initierons à la vie de ses habitants, personne n'aura de secrets pour nous; nous monterons ensemble les marches délabrées de l'*Escalier noir,* et là nous aurons sous les yeux toutes les douleurs, toutes les souffrances, toutes les résignations.

Le cloître Saint-Jean de Latran est situé vis-à-vis du Collège de France; une de ses entrées fait face à la porte de ce monument. C'est un cloaque, une immondice, tout ce qu'on voudra; mais des hommes y vivent, des êtres humains y respirent l'infection et la peste : c'est assez, nous devons dire ce que nous avons vu.

L'emplacement connu vulgairement à Paris sous le nom de cloître, ou plutôt d'enclos Saint-Jean de Latran, est un vaste terrain composé de plusieurs cours, des restes d'une vieille église, de jardins et d'une quantité innombrable de maisons; nous nous trompons, c'est une seule maison avec beaucoup d'escaliers, derrière lesquels sont des espèces de puisards ignobles, sordides, puant l'humidité, qu'on décore du nom de cours. Ce cloître a trois entrées principales, l'une sur la place Cambrai, vis-à-vis du Collège de France, et les deux autres communiquant par de longs et dégoûtants passages à la rue Saint-Jean-de-Beauvais, l'une des plus pauvres et des plus malsaines de Paris. Ces trois passages s'ouvrent sur un emplacement qui, jadis, au temps où Saint-Jean de Latran dépendait du bénéfice des religieuses du couvent du Val-de-Grâce, servait de cour d'honneur et de promenoir aux habitants qui venaient réclamer le bénéfice des franchises du lieu. Aujourd'hui la cour d'honneur est occupée par un chantier de falourdes et de petits bois. Cependant les quatre ailes ont encore conservé leurs noms, qui rappellent le signe de la croix : le Père, le Fils, le Saint-Esprit, Ainsi soit-il.

A peu près du côté du Fils, se trouve la célèbre tour Bichat, dont notre collaborateur vous a fait l'histoire ; elle donne aussi sur la cour de la Vacherie, espèce d'oasis champêtre égarée au milieu de ce cloaque. On y voit de beaux arbres, un jardin charmant tout plein d'ombre, qui dernièrement a été distrait de Saint-Jean et réuni aux maisons de la rue des Noyers qui servaient anciennement de demeure aux prieurs de l'ordre, puis aux dames du Val-de-Grâce.

Malgré les révolutions, Saint-Jean de Latran semble avoir conservé ses anciens privilèges, ses anciennes coutumes et ses franchises. Les souvenirs du moyen âge et du droit d'asile s'y sont perpétués. Il est toujours occupé par une population obéissant beaucoup plus aux lois du royaume de Bohème et de l'empire d'Égypte qu'à celles de la République. Les garnis abritent toute la bohème vagabonde, musiciens ambulants, chanteurs des rues, avaleurs de sabres, danseurs d'œufs, équilibristes, arracheurs de dents, mâcheurs de feu, qu'enferme Paris. Outre cette classe intéressante, on trouve dans ces murs à peu près tous les petits métiers inconnus qui s'exercent sans patente : on y rencontre des fabricants de choses fantastiques, d'objets incroyables, des hommes qui vivent d'états prodigieux, qu'on ne soupçonne pas ; en un mot, tous les vices et toutes les misères.

Ainsi, nous y avons vu des gens qui passent leur vie à couper du poil de lapin pour en faire des feutres ; des marchands de verre cassé, ce qui est commun ; des femmes qui mettent des mèches aux veilleuses, d'autres qui ne sont occupées qu'à décoller la soie des chapeaux d'hommes. Nous ne parlerons pas des marchands de coco et des pâtissiers et confiseurs *en commun*; c'est vulgaire. Mais ce que nous avons rencontré de plus curieux, c'étaient deux pauvres femmes qui vivaient ensemble dans un petit cabinet de 40 francs par an : l'une était *réveilleuse*, et l'autre tenait un *estaminet des pieds humides*. Ceci demande quelque explication, car la plupart de nos lecteurs ne nous comprendraient pas.

L'état de *réveilleuse* consiste à prévenir, pour cinq centimes par nuit, les marchands et revendeurs de la halle ou des marchés, qu'on réveille à l'heure de leur travail. Généralement on se met en fonctions vers minuit jusqu'à quatre heures du matin. Presque tous les gens qui travaillent la nuit, les porteurs et plieuses de journaux, les forts de la halle, beaucoup de fruitières, ont leurs réveilleurs. Il y a des réveilleuses qui ont jusqu'à trente et quarante pratiques; ce sont les millionnaires du genre; pour peu qu'elles joignent à cet emploi quelque petite industrie, elles vivent fort à l'aise. Celle que nous avons rencontrée dans Saint-Jean de Latran confectionnait des couronnes mortuaires avec de la raclure de corne. Elle avait formé une société avec la propriétaire de l'estaminet des Pieds humides. Elle nous a dit que certaines de ses couronnes, celles sur lesquelles il y avait écrit *souvenirs* ou *regrets* en lettres noires, se vendaient jusqu'à quinze sous aux bouquetières qui avoisinent les cimetières. Elle pouvait gagner vingt-cinq à trente sous par jour avec cette profession annexe. Aussi son cabinet était-il proprement meublé; il y avait des ustensiles de cuisine, ce qui est excessivement rare, car la plupart de ces pauvres diables ne mangent que rarement de la viande; ils vivent de friture, de fromage, de légumes et de poissons grossiers. Les hommes se nourrissent encore plus mal que les femmes : ils vont à la gargote, où ils payent cinq sous un *ordinaire,* c'est-à-dire du bouillon, du bœuf et des légumes. Généralement ils logent dans des garnis épouvantables, ou bien, s'ils ont quelques meubles, leur logis est toujours d'une malpropreté dégoûtante.

Un estaminet des pieds humides consiste en une table et un fourneau, une cafetière en fer-blanc, quelques vases écornés, et quelques petits verres ébréchés, placés au coin des rues, dans les environs de la Halle; la nuit, on y vend pour deux sous une demi-tasse de café, sucre et eau-de-vie compris. Les propriétaires de ces établissements achètent aux garçons de laboratoire des grands cafés leur marc, et avec cela ils font une espèce d'eau noire, qu'ils donnent pour du café à ceux qui ont une foi robuste. Celles qui font leur métier en conscience, qui désirent donner une grande vogue à leur commerce, ont un seau d'eau pour laver les vases et un torchon pour les essuyer. Le torchon est souvent considéré comme un objet de luxe.

Il y a pourtant des gens qui ont fait fortune à tenir de pareils établissements; la limonadière de Saint-Jean de Latran nous a cité plusieurs personnes aujourd'hui établies à la Halle, tenant comptoir de marchand de vin ou de rogomiste, qui avaient commencé par un estaminet de pieds humides. Elle nous a dit le nom de l'inventeur de ce genre de commerce; nous croyons que la postérité ne sera pas fâchée de le connaître : il se nomme Napoléon Richard, il a été hussard dans la garde de Charles X; il fut réformé du service à la suite d'un coup de pied de cheval qu'il reçut au genou un jour de revue. A sa sortie de l'hôpital, n'ayant ni gîte ni argent, il entreprit le métier qui devait faire sa fortune. Aujourd'hui, ce modeste inventeur est retiré dans sa propriété, près de Crécy, route de Meaux.

L'intelligence est représentée dans ce pandémonium par deux ou trois ouvriers poètes, de ceux qui font des chansons de circonstance pour les bardes de carrefour, par des auteurs dramatiques, ou *coupeurs de pièces*. Leur métier consiste à abréger les mélodrames en vogue : *Héloïse et Abailard, Geneviève de Brabant, la Tour de Nesle,* la plupart des *empereurs, Empire, Bonaparte, Murat,* toutes les gloires de la grande armée du Cirque, et à les mettre à la portée des théâtres de marionnettes qui courent les foires. Il y a plusieurs de ces dramaturges expurgateurs qui se sont fait une espèce de réputation dans le genre : ce sont ceux qui retranchent le plus de scènes en laissant la donnée du drame intacte. *La Tour de Nesle* est le chef-d'œuvre des scènes de fantoccini; celui qui l'a coupée a su garder toutes les principales situations, en réduisant l'œuvre d'Alexandre Dumas à quatre tableaux. Cette mutilation se paye 10 francs par pièce.

Ces ateliers d'habilleuses de poupées, ces fabricants de boîtes d'allumettes, de boîtes à joujoux, de parachutes, ces laveurs de chiffons, ces nourrisseurs en chambre, qui ont deux ou trois chèvres dans un taudis, au quatrième étage, tous ces mystères de l'industrie parisienne ne sont rien auprès des mystères de l'industrie savoyarde. Celle-ci est presque entièrement reléguée dans le fameux *escalier noir*.

Le fameux! En effet, même dans Saint-Jean de Latran, lorsqu'on parle de l'escalier noir, tout le monde vous regarde avec effroi ; n'y pénètre pas qui veut ; il faut être doué par la nature de l'*æs et triplex robur circa pectus* dont parle Horace pour y rester une demi-heure sans accident d'asphyxie. L'imagination la plus déréglée ne peut inventer cet horrible ; il n'y a que la réalité qui puisse atteindre à ce paroxysme de laideur. Dante, dans son *Enfer,* n'a rien trouvé de comparable ; les sept cercles du Ténare sont des villas italiennes auprès de cela.

Aussitôt qu'on pénètre dans l'allée sombre qui sert de péristyle à l'escalier, on est saisi au nez, aux yeux, au cœur, par des émanations infectes, qui n'ont de pareilles nulle part. C'est une odeur qui appartient à l'endroit, c'est une puanteur *sui generis*. Il fallait de toute nécessité jeter le marteau dans ce séjour abject. Les constructions agglomérées les unes sur les autres ont intercepté les rayons du soleil, barré le passage aux vents chauds et secs ; enfin, au lieu d'habitations espacées, largement ouvertes à l'air et à la lumière, on ne voit là que des maisons étroites, percées à peine de quelques cours tellement profondes et obscures qu'elles méritent tout au plus le nom de puits.

On comprend facilement que le prix des loyers dans de pareils bouges devait tomber au taux le plus bas. Nous empruntons à M. Quatrefages, professeur d'histoire naturelle, quelques lignes de son premier rapport sur l'état physique du douzième arrondissement :

« La population compte un grand nombre de chiffonniers des deux sexes. Ces malheureux vivent le plus souvent dans une chambre unique, qui sert en même temps de magasin. Or, depuis quelques années, les fabricants de papier n'achètent le chiffon que lorsqu'il a subi un premier nettoyage. Les chiffonniers sont obligés de laver et de sécher leur récolte journalière dans la pièce où ils couchent avec femmes et enfants; pour peu que la vente de leur marchandise s'arrête, comme on l'a vu pendant presque toute l'année 1848, cette même chambre s'encombre rapidement de chiffons mal lavés, entassés encore humides. Une fermentation putride ne tarde pas à s'établir dans ces monceaux d'ordures, et ni les odeurs de l'amphithéâtre, ni celles de l'abattoir, ni celles de la voirie, ne peuvent donner une idée des exhalaisons méphitiques au milieu desquelles vivent des familles entières. Aussi, lorsque vient à éclater quelqu'une de ces épidémies qui déciment les populations, elle trouve dans ces quartiers une foule de foyers tout préparés, qui ne tardent pas à étendre leur influence pestilentielle. On sait malheureusement que ce ne sont pas là de simples présomptions : 1832 et 1849 n'ont que trop montré que ce sont bien de redoutables réalités. »

Maintenant voici de la statistique, copiée dans un rapport. Un des hommes les plus savants du parquet de Paris, M. Dubarle, magistrat aussi distingué par ses travaux que par son esprit, s'exprime ainsi :

« Les habitations, mal construites, mal distribuées, privées d'air, malsaines, n'offrent aucune des conditions du bien-être en rapport avec toutes les exigences de toutes les classes de la génération actuelle; là, enfin, il y a urgence d'améliorer les voies anciennes, et d'en ouvrir de nouvelles ; cette urgence est commandée par les plus graves considérations, par des considérations qui n'admettent pas de retard, par la santé publique. Il est incontestable que la mortalité sévit habituellement avec plus de rigueur dans les quartiers pauvres, mal bâtis, mal aérés. Dans ces quartiers et aux époques d'épidémies, cette mortalité doit atteindre et atteint des proportions effrayantes. Deux fois le douzième arrondissement en a fait la cruelle épreuve ; à deux reprises différentes, en 1832 et 1849, il a payé un large tribut au fléau qui a ravagé Paris. En 1832, le choléra lui enlevait 1 habitant sur 58 ; en 1849, la proportion était encore plus affligeante, car il comptait 1,753 décédés à domicile, 1 sur 48 habitants, tandis que par tout Paris entier la proportion n'était que de 1 décès sur 91 habitants, et même, pour certains quartiers, 1 sur 127. » (*Rapport sur l'état actuel du douzième arrondissement*, page 7.)

Ces chiffres, quelque affligeants qu'ils soient, ne forment encore qu'une partie de ce funèbre tableau : aux 1,753 décès à domicile, il faut ajouter 860 habitants de l'arrondissement décédés dans les divers hôpitaux civils de Paris dans la période du choléra, ce qui donne un total de 2,613 morts, et abaisse la proportion à 1 sur 32 habitants. (*Rapport sur les épidémies cholériques de 1832 et 1849, par M. Blondel, inspecteur de l'administration générale de l'assistance publique*, page 193, tableaux III et IV ; Paris, 1850, Dupont.)

Enfin, dans une lettre adressée aux membres de l'Assemblée nationale le 30 juillet 1851, le général Jorry nous fait cette triste révélation : « En juin 1849, l'épidémie emporta une si forte partie de la population du douzième arrondissement qu'elle égala un quart de la mortalité de tout Paris.

Ce même arrondissement compta *plus* de décès en un jour (27 juin 1849) que les *onze autres réunis.*

Quelque effrayant que soient ces chiffres, nous avouons qu'après avoir vu les logements de l'escalier noir et l'état de misère des habitants, une seule chose nous a surpris : c'est que la mortalité n'ait pas été double de ce qu'elle fut. En effet, nous avons visité tous ces taudis, nous avons parlé à beaucoup de leurs habitants, et nous en sommes sorti le cœur navré.

Les Savoyards, qui forment la majeure partie des locataires de cette partie de Saint-Jean de Latran, exercent presque tous les métiers de ramoneurs, étameurs de casseroles, carreleurs de souliers; ils joignent à cela le commerce des peaux de lapin et celui de la suie ou noir de fumée, car tout se vend à Paris. C'est de là que vient cette dénomination lugubre d'escalier noir. Là, en effet, tout est noir : le sol, les murailles, le plafond, les portes et même les draps de lit. Quand on pénètre dans une de ces chambres ou chambrées, où logent huit, dix et même jusqu'à vingt individus, il est impossible de se figurer l'horreur qu'on éprouve. Nous avons pu apprécier nous-même que rien n'est exagéré dans les paroles de M. Quatrefages, rapportées plus haut, ni l'insalubrité de ces taudis, ni l'air impossible à respirer, ni les exhalaisons cadavéreuses qui émanent des peaux de lapin encore sanglantes, pendues au plafond pour y être séchées. La science n'a pas encore donné à la langue un mot nouveau pour désigner cette odeur répugnante.

Les escaliers sont effondrés; les murs crasseux, squalides, suent la misère et la moisissure par d'immenses crevasses qui serpentent jusqu'au plafond; en grimpant ces marches tremblotantes, on a toujours peur qu'elles ne s'abîment sous vos pieds. Mon compagnon, M. Duez, avocat, qui avait bien voulu me guider dans cette excursion dans les bas-fonds du monde civilisé, manqua trois ou quatre fois de se briser les jambes en glissant dans de grandes flaques d'eau : car là, il n'y a rien, c'est la barbarie dans tout son épanouissement. Les conduits pour l'écoulement des eaux y sont inconnus, les fosses sont en plein escalier, sans porte, et entretenues Dieu sait comme !

Il y a du monde partout, jusque sous la charpente des toits; nous y avons vu des gens qui habitent littéralement sous les tuiles; c'est là ordinairement qu'on relègue tous ces pauvres petits ramoneurs qui parcourent nos rues en demandant un petit sou. Nous devrions accuser ici le propriétaire d'inhumanité; tous ces gens doivent payer très exactement leurs loyers, car nous avons rencontré un pauvre ménage de coupeur de poil de lapin qui y habitait depuis vingt-six ans.

On sait que les gens qui ne payent point, ou qui payent mal, ne font jamais de long séjour dans les maisons. Mais, sur d'aussi faibles revenus, comment le propriétaire parviendrait-il à faire exécuter les réparations nécessaires ? Par bonheur, l'expropriation par la ville de Paris enlèvera bientôt ces malheureux à ces chenils insalubres.

Les chambrées sont ainsi composées : il y a quatre, cinq, jusqu'à huit lits dans une seule pièce. Ces lits sont des espèces de boîtes carrées, montées sur des pieds d'un mètre de haut, où couchent tout habillés deux, trois et quatre individus jeunes et vieux; ils payent le loyer en commun, de façon que, la chambre étant louée vingt-quatre francs, chacun se trouve avoir cinq ou six francs de loyer par an. Leur part de propriété consiste dans le dessous de leur lit; là ils mettent tous leurs instruments de travail, car de linge et d'habits il n'en est pas question. Ils arrivent à Paris avec une chemise, une paire de souliers et des bas, vers le mois d'octobre; ils en changent en retournant dans leur pays, à la fin de mai ou au commencement de juin. Voilà pour les gens *dans leurs meubles*.

Quant aux garnis dans les quartiers qui nous occupent, le propriétaire honorable et honnête reste parfois des années entières sans toucher le prix de ses loyers. En revanche, des spéculateurs sans moralité font payer étrangement cher à la classe ouvrière les apparentes facilités qu'ils lui accordent. Dans ces demeures hideuses qui portent le nom de *garnis*, nous avons trouvé des chambres étroites et basses renfermant jusqu'à huit lits. Une chaise par lit formait d'ailleurs tout l'ameublement accessoire, et séparait seule les grabats, dont la vue et l'odeur révoltaient nos sens. Eh bien, chaque locataire payait 30 centimes par jour pour ce logement en commun. La chambre entière était donc louée 2 fr. 40 par jour, ou 72 francs par mois, c'est-à-dire 864 francs par an, ou, en d'autres termes, le prix d'une jolie habitation bourgeoise dans un des quartiers moyens de Paris. Dans ce même garni, nous avons vu ce qu'on appelait une *chambre* habitée par un seul locataire. C'était un espace d'environ 2^m50 de long sur 0^m50 de large. Un grabat, une chaise, une table de nuit convertie en armoire, composaient l'ameublement; une lucarne étroite, fermée par un volet de bois, servait de croisée. Ce taudis se payait 50 centimes par jour, 15 francs par mois, c'est-à-dire le prix d'une chambre propre, aérée et meublée comme en ont beaucoup d'étudiants lorsqu'ils logent ailleurs que dans les hôtels.

Voilà ce qu'a vu et décrit avant nous M. Quatrefages; mais ce qu'il ne dit pas, c'est l'horrible pêle-mêle de femmes, d'hommes, d'enfants des deux sexes, qui se rencontre là; c'est le vice le plus effronté coudoyant des misères imméritées, c'est cette terrible débauche si précoce qu'elle répugne à tous les cœurs honnêtes.

Espérons que la commission des logements insalubres en finira bientôt avec le cloître Saint-Jean.

LE CAMP DES BARBARES DE PARIS

RUES TRAVERSINE ET CLOS-BRUNEAU

Dans une charmante comédie intitulée *Luxe et Indigence*, un homme de beaucoup d'esprit, M. d'Épagny, nous a montré un de ces ménages parisiens qui, par une vanité absurde, s'astreignent au jeûne le plus ascétique chez eux, et apparaissent aux yeux des autres sous les dehors du luxe le plus insolent. Notre bonne ville de Paris ne dédaigne pas ce système ; elle le met même assez souvent en pratique, et cela avec l'aplomb d'un banquier à la veille d'une faillite. Ainsi, ce pauvre douzième arrondissement, les étrangers doivent le trouver superbe. La ville leur a fait des voies magnifiques pour les conduire à tous ces monuments qu'ils doivent visiter.

Le Panthéon a la rue de l'Odéon, la place Saint-Michel et la rue Soufflot pour avenues; le Jardin des Plantes a des quais splendides et les plus beaux boulevards du monde.

Les piétons arrivent au Val-de-Grâce par l'incomparable jardin du Luxembourg, et les gens en voiture par des boulevards plantés d'arbres gigantesques ou par les rues larges et très aérées de l'Est et de l'Ouest. Les collèges eux-mêmes ont été traités avec une sorte de prodigalité : Henri IV, aujourd'hui lycée Napoléon, jouit des mêmes bénéfices que le Panthéon, Louis-le-Grand, la place de la Sorbonne et la rue nouvelle qui porte son nom. Chaque année amène à Paris des Anglais jacobites qui vont faire un pieux pèlerinage aux tombeaux de leurs rois, dans la rue des Fossés-Saint-Victor, à l'ancien collège des Écossais. La ville leur a donné la rue Clovis pour faciliter l'arrivée de leurs équipages. Oh ! notre vieille cité s'est faite coquette; elle ne veut pas que les étrangers voient ses misères; elle est pimpante, gracieuse, avenante, toutes les fois qu'il s'agit de leur plaire.

Mais ces rues larges, ces quais magnifiques, ces boulevards ombragés d'arbres centenaires, tout cela ne forme, pour ainsi dire, qu'une reliure dorée contenant les pages d'un vieux et terrible livre.

Suivez-nous un instant dans les rues Traversine et Clos-Bruneau. Nous y sommes allé seul; à toutes les heures du jour et de la nuit, nous avons vu, sondé toutes ces places, pour vous les décrire, pour tâcher de sauver encore quelques-uns de ces malheureux de l'asphyxie qui les menace.

Voici ce que M. de Quatrefages, membre de l'Institut, rapporte sur la situation topographique de ce malheureux quartier : « Prise dans son ensemble, la montagne Sainte-Geneviève forme une espèce de mamelon allongé de l'est à l'ouest, entouré partout de pentes rapides et se rattachant aux collines, aux plateaux plus éloignés de la Seine, par une sorte d'isthme dont le faubourg Saint-Jacques occupe à peu près l'arête. De cette configuration générale des lieux, de leur orientation, résultaient forcément des conséquences bien graves pour la population agglomérée d'une ville : d'une part, la viabilité de ce vaste espace présentait des difficultés très sérieuses ; et d'autre part, bien des points se trouvaient placés dans des conditions hygiéniques déplorables ; plus que tout autre, le versant qui regarde la Seine présentait ce double inconvénient. Ici, les pentes étaient beaucoup plus abruptes et se changeaient parfois en véritables précipices. De plus, ou bien elles avaient le nord en face, ou bien elles inclinaient légèrement vers l'ouest ; ainsi ces plans recevaient en pleine face les vents froids et humides, tandis qu'ils échappaient complètement à l'action des vents chauds et secs. Pour contre-balancer ces influences fâcheuses, pour sécher ces infiltrations, qui leur arrivaient d'en haut, ils ne pouvaient compter que sur des rayons de soleil obliques et affaiblis ; par suite de ces diverses causes, le versant septentrional de la montagne Sainte-Geneviève était d'un accès plus difficile, et présentait des conditions de salubrité plus mauvaises que tous les autres. »

Le savant naturaliste tire nécessairement de cet état de choses les conséquences suivantes : « Dès que les grandes communautés religieuses eurent forcément abandonné ce quartier, la misère et le vice souvent vinrent chercher un refuge dans ces lieux où rien n'appelait les heureux du monde ;

et voilà comment le versant septentrional de la montagne Sainte-Geneviève se couvrit de ces habitations étroites, entassées sans ordre et sans but apparent que d'aggraver encore des conditions d'existence déjà si désastreuses ; voilà comment il est devenu le centre de ces industries errantes ou criminelles qui ne s'exercent que la nuit ; voilà pourquoi le commerce et l'industrie n'ont jamais pu s'y acclimater ; voilà pourquoi le bourgeois possédant quelque fortune ne vient jamais s'y fixer et le quitte ; enfin, voilà pourquoi le prolétaire lui-même, une fois arrivé à l'aisance, s'en va chercher ailleurs un ensemble de circonstances plus agréables pour lui, plus favorables pour son industrie. »

En abandonnant ces rues pour des quartiers plus favorisés, les habitants qui se rattachent à la société entière par leurs habitudes, par leur éducation, par la possession d'une fortune héréditaire ou acquise, sont remplacés par de nouveaux hôtes, qui trop souvent ne leur ressemblent en rien. Ainsi s'accumulent peu à peu sur un même point ces existences irrégulières ou hostiles que renferme toujours une capitale. Le mal grandit rapidement ; il sera bientôt à son comble. Quelques années encore, et le versant septentrional de Sainte-Geneviève aura reçu presque tous les bohémiens de tous genres que recèle Paris ; il sera devenu une *immense Cour des miracles*.

Si nous examinons de près les différentes races de chiffonniers, nous y rencontrerons des types curieux à étudier, des délicatesses de sentiment et de cœur qui feraient honneur aux classes les plus élevées de la société, et qu'on ne soupçonnerait jamais rencontrer en un pareil lieu. Le mot de Molière :

« Où la vertu va-t-elle se nicher ? » sera éternellement vrai, comme tout ce qu'a dit cet immortel poète.

La grande famille des chiffonniers se divise en trois genres. Le vieux chiffonnier, l'abruti, celui qui ne parle que par axiomes; qui, sa journée finie, s'enivre chez le rogomiste du coin avec cette horrible liqueur qu'il s'est plu lui-même à baptiser du nom de *poivre,* de *casse-poitrine* et de *camphre.*

Celui-ci est arrivé on ne sait d'où; il apparut un jour dans le quartier, il était ivre; depuis ce jour on ne l'a jamais revu à jeun. Aussitôt qu'il a vendu sa hottée de chiffons et de débris d'os et de verres cassés, il s'attable dans un coin avec un morceau de pain et de l'eau-de-vie; bientôt il tombe appesanti, ivre-mort, sous la table, et s'y endort. Le cabaret et la rue lui servent de domicile. Quelquefois, par hasard, dans les grands froids, il donne deux sous pour passer la nuit dans la chambrée d'un garni; mais, le plus souvent, sa nuit est consacrée à chiffonner dans les tas de balayures. Dès huit heures du matin, il s'est défait de sa récolte de la nuit; il a donc dix heures devant lui pour se griser, car sa nouvelle journée ne commencera guère qu'à cinq ou six heures du soir. C'est une existence déclassée, une faillite dans la vie qui l'a conduit à cet état d'abrutissement. Il boit, il boit toujours, parce qu'il veut oublier, et sa raison ne serait peut-être pas assez forte pour résister à l'amertume de ses souvenirs.

La seconde classe est bien différente : c'est le chiffonnier moderne, le sauvage de Paris, qui aime le clinquant, la verroterie, tout ce qui brille; il porte des boucles d'oreilles, il a des boutons de nacre à son bourgeron. Le dimanche, il met la chemise blanche, le pantalon de couleur bizarre ; il va danser au *Grand Vainqueur*, à la barrière des Deux-Moulins. Celui-ci est né chiffonnier. Il avait à peine un mètre de haut que déjà, en guenilles, le bonnet de police sur l'oreille, la pipe à la bouche, la hotte sur le dos, il attaquait, crochet en main, toutes les immondices que les agents de l'édilité parisienne lui permettaient d'aborder. C'est une espèce de génération spontanée, venue à la surface du pavé de la grande ville ; c'est le voyou insolent, sceptique, plus ignorant, plus crédule, aussi superstitieux, mais beaucoup plus méchant que le sauvage des grands lacs du nord de l'Amérique. Sans état civil, il ne connaît jamais son père ; la famille, les parents, sont pour lui des mots vides de sens ; il connaît sa mère, mais il la dédaigne. Il a trop vécu dans sa confidence pour lui garder même un simulacre de respect ; il a assisté pendant toute sa jeunesse à des scènes de désordre incroyables. Il ne sait pas lire ; il voit bien la ville toute parsemée d'églises, de temples, il ne soupçonne pas à quoi ils peuvent servir ; jamais on ne l'y a présenté, ni au jour du baptême, ni au jour de la première communion. La mort viendra le surprendre dans un lit d'hôpital, et son corps servira de sujet d'étude aux jeunes étudiants de Clamart.

Arrivé à l'âge d'homme, il prendra une concubine, la première venue ; il la rencontrera sans amour et la quittera sans regrets. Il habitera la même chambre que le père et la mère de cette fille, qui toléreront la conduite de leur enfant si celui qu'elle a choisi est adroit, intelligent, et peut porter quelque adoucissement à leur sort. Il n'a qu'une qualité qui fait toute sa force et qui le laisse tolérer par la civilisation : il est honnête et probe, il méprise les voleurs, et la plus grande injure qu'on lui fasse est de le traiter de mendiant : car il travaille, lui, l'enfant du hasard, que la société semble avoir rejeté de son sein, auquel on n'a rien appris ; il a bien été forcé pour vivre de prendre le seul état que lui a offert le hasard, un crochet de chiffonnier. Il ne fait pas d'économies, parce qu'il a une entière confiance dans la divinité qui a présidé à son enfance, à sa jeunesse, le dieu Hasard, qui lui a toujours donné le pain quotidien.

La troisième classe est le chiffonnier artiste, le bohème du genre, le philosophe, l'homme qui fut jadis quelque chose, et que des malheurs quelquefois, l'inconduite presque toujours, ont fait rouler de chute en chute jusqu'aux plus bas fonds de la société. Celui-ci parle latin ; il s'embarrasse rarement d'une hotte, il a un simple bissac jeté négligemment sur son épaule ; il marche roide et fier dans son indépendance et dans sa liberté. La société l'a repoussé, il l'a prise en mépris ; il nargue les heureux du monde : il fait chaque matin un repas de roi avec la desserte de leur table, il s'habille de leur défroque et se chauffe des débris de leur feu. Le monde lui a nié sa position sociale : il l'abandonne volontiers, mais, en revanche, ce monde devra lui payer en détail tout ce qu'il lui a pris en un jour. Il vivra inconnu sans doute, mais il mettra en œuvre toute son intelligence pour garder sa place au soleil. Il s'est fait philosophe à la manière de Diogène, seulement il a nom Billard ou Vilain ; il a été professeur dans un collège ou beau fils sur le boulevard de Gand. Aujourd'hui, revenu des erreurs de la jeunesse, il vit au milieu de la grande famille des déshérités ; il lit ses chiffons, et explique ce que peut être une mairie, une justice de paix, un tribunal; il connaît sur le bout du doigt ses droits et ses devoirs, et pratique avec amour son droit d'électeur.

Cet homme sait appliquer les bribes d'intelligence qui lui restent encore à exploiter son état; il a, pour ainsi dire, renouvelé l'état de chiffonnier; il a élargi la sphère d'exploitation; il est inventeur d'un nouveau genre beaucoup plus productif que tous ceux employés jusqu'à ce jour par ses confrères. Chassé publiquement du monde et du lieu où se passèrent ses premières années, il y est rentré subrepticement; ne pouvant plus être l'ami des maîtres, il s'est fait l'ami des valets. Dans les temps de son ancienne opulence, il avait remarqué la grande quantité de débris que chaque matin les concierges des grandes maisons déposent au coin des bornes. Ces débris appartiennent au premier occupant, au plus matinal. Il faut souvent livrer combat pour obtenir d'y prendre part. Lui, qui, avant tout, est homme d'imagination et de savoir, il est arrivé par son intrigue à se faire une part de lion, et à exploiter même quelques-uns de ses collègues.

Voici comme il s'y prend : soit par la recommandation de quelque laquais d'un ancien ami, soit en faisant pathétiquement le récit de ses malheurs, soit même en produisant des certificats de *bonne vie et mœurs,* il parvient à capter la confiance du concierge d'une grande maison, et se fait accorder, ou plutôt affermer, le balayage des escaliers, cours et antichambres d'une maison, à condition que les débris, ordures, chiffons et immondices de tous les paniers de cuisinières lui appartiendront. Cette faveur lui est facilement octroyée, car il s'adresse à la paresse, un des vices caractéristiques de la gent portière. Dans les rogatons de cuisine il trouve sa nourriture, dans les immondices de quoi alimenter son commerce, et, dans la défroque de rebut de la valetaille, tout ce dont il a besoin pour se couvrir. Outre cela, de pauvres ménages lui achètent des débris de charbon de terre pour allumer leur poêle, et les blanchisseuses les cendres de bois pour couler la lessive. Bientôt les autres concierges, voyant un des leurs dormir la grasse matinée, ayant pour ainsi dire un domestique à ses ordres, s'arrangent avec notre chiffonnier, et, pour peu qu'il ait ainsi deux ou trois maisons bourgeoises ou hôtels garnis dans sa clientèle, sa fortune est faite. Les hôtels d'étudiants sont très recherchés, à cause de la grande quantité de papiers, de journaux et de loques de toute espèce que ces jeunes gens jettent chaque jour.

On cite dans le quartier trois ou quatre rentiers ; ce sont des chiffonniers heureux auxquels des concierges ont confié le balayage de toute une rue, et qui sous-louent ces escaliers à d'autres moins chanceux. Ceux-là aussi dorment la grasse matinée : ils ont des ouvriers qui travaillent pour eux.

On comprend facilement que les rues Traversine et Clos-Bruneau, qui servent de refuge à toutes ces industries errantes, leur servent aussi de magasins, et que de tous ces dépôts il se dégage des miasmes pestilentiels qui en rendent le séjour impossible à tout être humain auquel l'habitude n'a pas encore atrophié le sens de l'odorat.

Après 1848, les idées d'association pénétrèrent jusque dans ces bouges ; les chiffonniers errants formèrent des sociétés ;

ils louèrent des locaux afin d'y déposer en commun leur récolte de chaque jour, pour en avoir un meilleur prix en les vendant directement aux fabricants. Ces magasins, où ils couchent pour la plupart, ne tardent pas à devenir de véritables foyers d'infection qui empestent le quartier. Les jours où l'on remue ces amas d'os et de chiffons, soit pour la vente, soit pour y faire passer l'air, les habitants des maisons voisines en sont incommodés pendant vingt-quatre heures.

Nous l'avons dit, les chiffonniers ne constituent pas à eux seuls toute la population de ces rues; c'est un amalgame étrange de gens venus des quatre coins du monde, on ne sait comment, ni pourquoi. On y rencontre depuis le nègre des côtes du Congo, venu marron à Paris, jusqu'aux habitants des pôles. Dernièrement, il est mort dans un des plus sordides garnis de la rue d'Arras un pauvre sauvage de l'Amérique du Sud. C'était un grand chef, un roi. Il avait été amené à Paris par un de ces spéculateurs qui exploitent la curiosité publique. Après avoir traîné cette pauvre majesté déchue de foire en foire, après lui avoir fait manger toute une volière de pigeons crus, cet homme, voyant la curiosité publique émoussée, abandonna un jour le malheureux descendant des Incas, sans même lui laisser de quoi se vêtir. La charité publique s'en émut, on en parla. Un missionnaire évangélique de Londres apprit enfin, on ne sait comment, l'existence de ce sauvage au milieu de Paris; il devait aller porter la parole du Christ dans les savanes du nouveau monde pour convertir les sauvages. Il trouvait son affaire à Paris; il y resta, et fit tranquillement ses conversions dans une triste maison de la rue d'Arras. Tout le monde gagna à ceci : le missionnaire n'affronta pas les dangers de l'apostolat dans les Cordillères, et le sauvage eut au moins un morceau de pain, quelques vêtements et un toit où mourir.

Dans ce pandémonium de tous les déchus, où vivent côte à côte les races les plus opposées, où les chiens et les chats semblent avoir formé un traité d'alliance indissoluble, où tous les mangeurs de fortunes, les gens perdus de réputation, viennent prendre leurs invalides, on trouve même des nobles, et des nobles portant les plus grands noms qu'on nomme. Un certain comte de *** s'y est retiré après tous les débordements d'une jeunesse plus qu'orageuse ; repoussé du monde, il est venu chercher un refuge où se cacher. Presque toujours ivre, il tend la main, et se sert de son nom pour exciter la pitié des rares passants vêtus d'habits qui traversent ces rues. Malgré toute sa misère, il a encore conservé quelques-unes des manières de sa caste. En voyant ce front ravagé, cette tournure appesantie par la débauche, on reconnaît encore je ne sais quoi d'aristocratique. Jamais ses habitudes de grand seigneur ne l'ont abandonné : l'hiver dernier, il abordait un riche propriétaire du douzième arrondissement, qu'il a connu jadis aux jours de sa splendeur. Après lui avoir fait un tableau de sa misère, il le priait de lui avancer quelques louis, et lui disait : « Enfin, croirais-tu que nous sommes aujourd'hui au 5 mars, et que je n'ai pas encore mangé de primeurs ! » Le propriétaire se laissa attendrir, il fit l'aumône demandée. Le lendemain, notre gentilhomme faisait dresser une table au milieu de la rue Traversine, sous les terrasses de l'École polytechnique, et régalait en plein air deux Phrynés des environs; il leur servait des petits pois à 10 francs le litre et toutes les primeurs de la saison; ce fin repas de gourmet était arrosé de vin au litre, parce que ces dames n'aimaient que celui-là.

RUES TRAVERSINE ET CLOS-BRUNEAU

A LA vue de ces rues, on ne se croirait jamais à Paris. Elles ont l'aspect des villes du Midi. C'est partout des bancs et des chaises devant les maisons, des hommes, des femmes, des enfants couchés, endormis devant les boutiques, des ateliers entiers de couturières travaillant sur le seuil des portes, et les galants du lieu folâtrant auprès de ces demoiselles.

Ceux-ci se recrutent en partie dans la population la plus dangereuse de l'arrondissement; ce sont généralement de jeunes filous qui essayent là leurs tours et se réfugient dans ces oasis en attendant qu'ils aillent exploiter leur coupable industrie dans les quartiers riches.

Ils séduisent les jeunes filles, les entraînent dans le vice, et souvent en font leurs complices.

On ne voit presque jamais de chiffonniers sur les bancs de la cour d'assises; mais, en revanche, combien n'y rencontre-t-on pas de naturels de la place Maubert et des rues environnantes!

Ils commencent par fuir l'atelier, ils exercent les mille petites industries du vagabondage parisien; peu à peu la paresse, les mauvaises connaissances, le besoin d'argent, les entraînent au vol, et ils finissent la plupart dans les maisons centrales ou aux bagnes, quand leurs méfaits ne les poussent pas encore plus loin.

Les musiciens errants, les joueurs d'orgue, les montreurs de singes et d'animaux vivants (il y a là des maisons qui sont de véritables ménageries), les impresarii de marionnettes, etc., y établissent leur quartier général. Ceux-ci ont importé toute une industrie dans la rue Clos-Bruneau. Ils y font vivre toute une population, population curieuse, douce, bonne, presque artiste, qui rappelle de loin certains personnages des contes fantastiques d'Hoffmann. Elle est toute employée à la fabrication des fantoccini. — Il y a d'abord le sculpteur en bois qui fait les têtes; il est à la fois peintre et perruquier : il travaille dans le commun et dans le *soigné*. Il vend ses têtes jeunes, dans le *soigné*, de 2 à 4 francs, celles de vieillards à barbe et cheveux blancs, de 10 à 15 francs; une perruque simple, douze sous; avec agréments et frisure, pour femmes ou pour chevalier Louis XIII, 2 francs. A côté de lui se trouve l'habilleuse qui fait les costumes. On lui fournit les étoffes. Lorsqu'elle travaille pour un spectacle bien établi, comme celui de M. Morin, rue Saint-Jean-de-Beauvais, elle gagne 2 francs par jour *sans se donner trop de mal.* — Puis, viennent les cordonnières, celles qui font les souliers de satin pour les marionnettes dansantes, et les bottes en chamois pour les chevaliers. Les souliers se vendent quatre sous la paire, les bottes quinze sous. — Enfin le véritable magicien de ce monde, celui qui *ensecrète* les *bouibouis*. *Ensecréter un bouiboui* consiste à lui attacher tous les fils qui doivent servir à le faire mouvoir sur le théâtre. C'est ce qui doit compléter l'illusion. Il faut une certaine science pour bien ensecréter : car celui qui est chargé de faire danser les marionnettes doit ne jamais pouvoir se tromper, et ne prendre jamais un fil pour un autre, ni faire remuer un bras pour une jambe. La disposition de l'ensecrètement doit être telle qu'en voyant les fils détachés celui qui a l'habitude de ces exercices puisse dire : « Celui-ci sert aux bras, celui-là aux jambes, etc., etc. »

Nous avons dit que nous avions rencontré dans ce monde-là des vertus touchantes, des délicatesses exquises. Laissez-nous vous raconter l'histoire du chef d'orchestre du théâtre de M. Morin. Cet homme est âgé de cinquante et quelques années : c'est un petit homme au visage triste et réfléchi, plein de résignation. L'œil est doux et intelligent. On voit que M. Morin pense et qu'il est bon. Il est toujours vêtu de noir. Les habits, quoique vieux, sont d'une propreté militaire. Il fait peu de gestes, il parle bas, et semble écouter avec plaisir son interlocuteur, tout en donnant audience à ses pensées. Il est d'une politesse méticuleuse. Il a plutôt l'air d'un homme de spéculation et de calcul que d'un homme d'inspiration. Il est né en Savoie, il se nomme Brosset. Il partit de son pays à l'âge de huit ans pour venir chercher fortune à Paris. Il était avec son frère. Tous deux jouaient de la vielle en demandant un petit sou le long de la route. Après un voyage qui dura bien longtemps, hélas! pour de pauvres petites jambes de dix ans, ils entrèrent dans la grande ville. Là leur sort changea, car, à peine la barrière franchie, la première chose qui se présenta à leurs yeux fut un portefeuille bien ventru, bien rebondi, ayant tous les airs d'un meuble de bonne maison. Nos deux petits Savoyards s'empressèrent de cacher leur trouvaille à tous les yeux. Retirés dans un coin, ils l'examinèrent ; il contenait dix beaux mille francs en billets de banque, et d'autres papiers, tels que lettres de change, billets à ordre, etc., etc., toute une série de papiers timbrés paraphés de noms solvables. « Ah! mon Dieu! s'écria Brosset, aussitôt qu'il eut apprécié la valeur de sa trouvaille, il doit être bien malheureux, celui qui a perdu un pareil trésor! il faut le retrouver et lui rendre son bien. »

Les deux frères ne prirent aucun repos qu'ils n'eussent trouvé le propriétaire du portefeuille perdu. C'était un riche commerçant; ce beau trait de probité le toucha : il prit les deux enfants, leur fit faire des études et apprendre la musique, et leur procura ainsi tous les moyens de gagner honorablement leur vie. Il ne voulut pas que ce trait demeurât inconnu; il le fit raconter dans tous les journaux du temps, en citant l'âge et le nom des deux frères. Brosset, depuis lors, eut bien des succès, car il est excellent musicien ; il a couru le monde d'un bout à l'autre; mais il a toujours conservé le journal qui relate ce fait, encadré dans sa chambre, parce que, dit-il, il lui rappelle le temps de sa misère et le souvenir de la reconnaissance qu'il doit à son bienfaiteur. Malheureusement le nom de ce dernier nous échappe, nous ne pouvons le joindre à celui de l'obligé.

Le moment le plus curieux où il faut visiter ces rues abandonnées est le soir, vers sept heures dans cette saison, ou à la tombée de la nuit en été. On ne peut se figurer le grouillement qui s'y fait : c'est partout un bourdonnement, un cliquetis de souliers et de sabots à rendre sourdes les oreilles les plus intrépides. Les petits marchands crient les légumes de la saison, les femmes se querellent, les enfants crient, les hommes rient et causent de façon à se faire entendre une lieue à la ronde : c'est de la grosse gaieté, c'est du tapage; les ouvriers quittent leur travail ; il se répand dans l'air une odeur insupportable de friture, car à peu près toutes les ouvertures des boutiques de marchands de vins et de rogommistes sont occupées par un friturier, et presque toutes les maisons sont accaparées par ces industries. Il s'organise de tous côtés des parties de main chaude. Les hommes sont là, plus que partout ailleurs, de grands enfants; ils s'amusent de tous les jeux du jeune âge. En effet, ils ne pensent pas, ils ne savent pas plus que les enfants des autres quartiers; ils n'ont donc pour distraction que les jeux bruyants de l'enfance, qu'ils ne quittent jamais pour entrer dans l'âge viril. Cooper, dans ses romans, nous montre les habitants des forêts de l'Amérique, toujours jeunes et sans soucis, se livrant à des passe-temps que dédaignerait un enfant de dix ans dans les pays civilisés. Le même fait se rencontre ici chez ces sauvages de Paris. Les jeunes filles et même les femmes d'un certain âge dansent des rondes en chantant : *Nous n'irons plus au bois, les lauriers sont coupés.* Toutes ont un aspect champêtre et candide à l'extérieur : c'est la loi des contrastes qui le veut ainsi, cette loi qui faisait que Lacenaire se trouvait mal en voyant tuer un poulet.

La misère est plus horrible, plus hideuse et moins touchante ici que partout ailleurs. Elle y a des aspects repoussants et terribles, qui font qu'on craint toujours que celui qui vous implore le jour d'une voix mielleuse ne vienne la nuit exiger l'aumône le couteau à la main. Enfin le cœur s'endurcit au contact de tant de misères et d'abjection ; on est tenté de se laisser prendre un moment à l'inhumaine doctrine des philosophes qui admettent l'expiation ici-bas. Lorsqu'on pénètre la première fois dans cet enfer où tourbillonnent tous ces damnés de Paris, on se sent pris d'une immense pitié ; mais peu à peu ce spectacle fatigue, et l'on finirait par trouver que beaucoup d'entre eux méritent leur sort, si l'on y restait longtemps. Ce serait injuste.

La ville de Paris a abandonné ce quartier depuis des siècles. En effet, l'agglomération de la misère se fait toujours de plus en plus sur la rive gauche. Aussitôt que le marteau municipal, en démolissant les vieux quartiers pour faire des rues nouvelles, chasse les vagabonds et les mendiants d'un endroit, ils viennent se réfugier à la montagne Sainte-Geneviève. Il est temps qu'on s'en occupe ; autrement le douzième arrondissement, que le peuple nomme déjà le *Faubourg souffrant,* pourrait changer son nom pour prendre celui de *Cité des misères*.

Voici, à l'appui de ce que nous avançons, quelques chiffres. C'est un état officiel publié par le bureau central de l'administration de l'assistance publique en 1847. Les indigents inscrits et secourus par les bureaux de bienfaisance de l'arrondissement étaient au nombre de 6,191 ménages composés de 14,301 individus. Ces chiffres, d'après l'administration des hospices, donnent un rapport de 1 indigent sur 6 habitants, tandis que dans d'autres arrondissements on ne compte que 1 indigent sur 40 habitants.

Ces nombres sont ceux de la population indigente constatée; mais, à côté de cette population, vient se placer la population nécessiteuse, dont le chiffre est bien autrement considérable. Il résulte des documents authentiques émanés de l'administration elle-même que dans le douzième arrondissement, à une époque bien voisine de nous, au 1er janvier 1849, le nombre des individus de ces catégories s'est élevé à 50,283 personnes représentées par 21,033 ménages, et qu'on leur distribuait 191,222 kilogrammes de pain.

Dans une période de six mois, du 1er juillet au 31 décembre 1848, les dépenses faites pour venir au secours tant des indigents que des nécessiteux du douzième arrondissement, se sont élevées à la somme énorme de 1,183,345 fr. 65 c. Dans cette même période il a été distribué 2,353,281 kilogrammes de pain, et 335,433 kilogrammes de viande, représentant, le pain, une somme de 661,684 fr. 31 c., et la viande 300,077 fr. 60 c. Enfin, du 1er août 1848 au 31 juillet 1849, il a été distribué par le bureau de bienfaisance 5,840,864 kilogrammes de pain.

Voici d'ailleurs un chiffre beaucoup plus éloquent que tout ce que nous pourrions dire; nous le copions dans les tableaux publiés par l'administration de l'assistance publique.

Chiffre général des indigents de Paris : 28,724.

Douzième arrondissement, indigents : 14,301.

Ainsi donc le douzième arrondissement renferme, à lui seul, juste la moitié des indigents de tout Paris! Maintenant y a-t-il un moyen de remédier à ce déplorable état de choses? Oui.

Le moyen est trouvé, il est indiqué dans tous les écrits que publie la commission centrale des propriétaires et habitants du douzième arrondissement; il faut percer la rue des *Écoles,* il faut la percer, non pas par tronçons, comme le veut l'administration municipale, mais d'un seul coup, d'un bout à l'autre; il faut non pas la commencer par le bout du côté de l'École de médecine, mais par le centre; faire disparaître immédiatement les rues infectes qui ont noms Traversine et Judas en Clos-Bruneau, le petit passage hideux qui communique de la rue des Carmes à la rue Saint-Jean-de-Beauvais, et le cloaque de Saint-Jean-de-Latran, dont nous avons entretenu nos lecteurs. Il faut donner de l'air à ce quartier, y faire passer une rue large qui remplacera le fleuve pour balayer les écuries d'Augias. Il faut y attirer du monde, faire passer des étrangers au centre du quartier. Si la misère ne disparaît pas tout à fait, elle perdra du moins sa livrée de loques et de haillons. Elle se civilisera, pour ainsi dire.

En effet, les habitants de ces rues vivent là entre eux, sans quitter jamais leurs tanières qu'à la tombée de la nuit; ils ne voient jamais d'étrangers, ils sont tous vêtus de même; pourquoi feraient-ils des frais de costume pour rester dans un lieu où tout le monde se ressemble, où ils pourraient même se passer de vêtements? Mais, lorsqu'il y aura des passants, lorsqu'ils se trouveront en contact avec la civilisation, qu'ils habiteront des maisons aérées, bien construites, ils seront bien obligés de se mettre à l'unisson. Depuis qu'on a détruit les horribles cabarets qui peuplaient la barrière Montparnasse, qu'on y a construit de grandes et belles maisons, presque des palais, les disputes et les luttes sont devenues moins fréquentes ; on n'y voit plus de ces scènes de sauvagerie à coups de dents et de couteau qui jadis ensanglantaient si souvent cette barrière. Les habitants de ces endroits sont restés les mêmes ; mais ils sont plus proprement vêtus, ils crient et se querellent moins. Ils n'oseraient plus se présenter chez Richefeu, par exemple, avec le costume qu'ils portaient jadis, ni tenir les propos qu'ils y tenaient quand cette maison n'était qu'un cabaret enfumé. Cela se conçoit, le laid appelle le mal.

Voici un fait qui vient à l'appui de ce que nous avançons. Lorsqu'on ouvrit l'école Cochin, dans la rue Pascal, au faubourg Saint-Marcel, les enfants y arrivaient en guenilles ; ils ressemblent aujourd'hui aux écoliers des autres quartiers, et l'on a pu remarquer que la condition des parents s'est améliorée avec celle des enfants. Quand Valence, cet autre Saint-Jean-de-Latran de la rue Mouffetard, existait, les habitants étaient presque aussi déguenillés que ceux de la rue Traversine. On a percé une rue sur cet emplacement ; or, la population n'a pas changé : ce sont toujours les mêmes habitants ; mais quelle différence ! Ce sont maintenant des ouvriers laborieux. Leur santé s'est améliorée ; on n'y voit plus se rouler dans la boue des enfants hâves et rachitiques : ils sont beaux et joufflus, pleins de sève et de vie.

La rue des Écoles est donc une nécessité immédiate. On

doit la donner au douzième arrondissement en compensation d'un trop long oubli. Il ne peut, il ne doit y avoir qu'un seul plan adopté : c'est celui qui passe au nord, et, pour mieux préciser, au-dessous de l'École polytechnique, et vient rejoindre la rue Saint-Victor dans le voisinage de l'Entrepôt des vins, courant toujours à mi-côte du versant septentrional de la montagne Sainte-Geneviève. Qu'importe le contre-projet consistant à faire une rue qui aura l'aspect d'un Z colossal? Est-ce que les rues Judas et Traversine n'existeront pas toujours? Et c'est là qu'est le danger, c'est là qu'est le mal ; c'est là qu'est la peste, le choléra, la mort. Ainsi, au point de vue de l'hygiène, le projet de la rue des Écoles sous l'École polytechnique est bon; le contre-projet, qui consiste à prolonger la rue Clovis, est insignifiant; au point de vue de la sécurité générale, il en est absolument de même. « Consultez les dossiers de la Préfecture de police, dit M. Quatrefages (*Réponse à M. Boniface*), vous vous convaincrez que le versant septentrional de la montagne Sainte-Geneviève est devenu le refuge de tous les hommes dangereux traqués de toutes parts par les démolitions. Vous y apprendrez notamment que les tapis francs de la Cité, qui ont fourni à nos romanciers des tableaux si tristement vrais, se sont réorganisés dans ces rues réservées jusqu'à ce jour à la population pauvre mais laborieuse et généralement honnête des chiffonniers. »

Le Conseil municipal de la Seine devrait visiter la localité en personne : lorsqu'il verrait ces maisons fatiguées, crevassées, se supportant l'une l'autre avec peine et d'où suinte une humidité verdâtre qui répugne; ces longues perches s'avançant de toutes les fenêtres sur la rue pour y faire sécher des haillons multicolores, tristes étendards de la misère, nous sommes certain qu'il s'empresserait de commander des travaux, et qu'il viendrait les surveiller régulièrement toutes les semaines pour en activer l'achèvement. En cela il agirait comme un ancien magistrat, messire de La Michodière, prévôt des marchands en 1772, qui parcourait deux fois par semaine les rues de Paris pour s'assurer de la bonne exécution de ses ordres. Ce magistrat eut l'honneur d'avoir Buffon pour ami, et le grand naturaliste disait en parlant du prévôt : « La Michodière me réconcilie avec l'humanité. » Les optimistes prétendent que la rive gauche n'a pas été négligée le moins du monde. C'est une erreur. En effet, du 16 septembre 1807 au 1er janvier 1847, c'est-à-dire en l'espace de quarante et un ans, la ville a payé pour terrains livrés à la voie publique 16,088,685 fr. 55 c. Or, la part de la rive gauche a été de 2,767,444 fr. 5 c. — De l'an VI à 1849, pendant une période de cinquante et un ans, l'élargissement de la voie publique, par mesure d'expropriation ou d'acquisitions amiables, a coûté la somme de 65,495,535 fr. 66 c. Or, la rive gauche étant le tiers de Paris par sa population, son étendue, l'impôt qu'elle paye, elle devait recevoir 21 millions au moins d'améliorations, et cependant sa part n'a été que de 9,685,544 fr. 85 c. Il est vrai de dire, pour justifier une partie de cette disproportion, que les terrains sont de beaucoup moins chers sur la rive gauche que sur la rive droite.

Ajoutons que l'église Saint-Nicolas du Chardonnet, par exemple, qui fut commencée en 1641, sur les dessins de Lebrun dont elle renferme le tombeau, cette charmante église, par ses heureuses dispositions, son élégante ornementation, est une de celles dont l'achèvement, réclamé et attendu depuis un siècle et demi, ferait honneur à l'administration, en même temps qu'elle dégagerait et embellirait la rue la plus importante du quartier du Jardin des Plantes. Cet achèvement est réclamé avec instance, et M. Heuqueville, curé de la paroisse, possède un curieux document, qui est une lettre adressée au roi Louis XV par le clergé et les marguilliers (en 1763) pour solliciter l'achèvement du portail; cette lettre est signée : Hilaire (curé), le maréchal de Tonnerre (marguillier d'honneur), etc., etc. Eh bien! quatre-vingt-six ans se sont écoulés depuis, et rien n'a été fait, quoique le conseil de fabrique ait offert de céder une maison, située rue Saint-Victor, qui lui appartient.

Une dernière particularité sur cette rue : au coin de la rue du Paon-Saint-Marcel, une des plus dangereuses ruelles de Paris, celle où il arrive le plus d'accidents aux hommes et aux chevaux à cause de la rapidité de sa pente, on voit encore les anneaux qui servaient à attacher les chaînes que le quartenier faisait tendre chaque soir pour la sûreté publique, ce qui prouve du moins qu'on n'y a pas fait beaucoup de réparations depuis le XVe siècle.

Maintenant, il ne nous reste plus, en finissant ce long article, qu'à rendre hommage à MM. Quatrefages, Dubarle, Prault, Vautier, Portret, Duez, dont les éminents écrits nous ont si souvent servi dans le cours de ce travail. Et nous serons heureux si, en joignant nos faibles forces aux généreux efforts qu'ils font depuis si longtemps, nous parvenons à faire disparaître ce camp des Barbares de Paris, en faisant percer, selon le vœu exprimé par la Commission des logements insalubres, une large et grande rue à la place de Saint-Jean-de-Latran, du passage Judas, et des rues Traversine et Clos-Bruneau.

PARIS EN VILLAGES

I

COUP D'ŒIL GÉNÉRAL

Connaissez-vous rien de plus mortellement ennuyeux qu'une ville alignée au cordeau, régulière, aux rues droites, aux maisons toutes semblables, comme Carlsruhe, Lorient, Nancy, ou Boston et la plupart des villes du nord de l'Amérique, et Versailles, qui ne manque pas aussi d'un certain charme dans ce genre? Nous ne savons pourquoi ces villes nous rappellent la tragédie ; leurs rues nous font l'aspect d'alexandrins symétriquement rangés à la queue leu leu. Il nous semble que leurs habitants doivent aimer les Grecs et les Romains, qu'ils parlent en vers et s'appellent seigneurs. La vue du papier à musique doit faire leurs délices; ils naissent sans doute fanatiques de la ligne droite, et le plus petit événement qui vient déranger la symétrie de leur existence doit les mettre au désespoir.

Ces gens-là ne peuvent jamais se permettre la moindre fantaisie; toute leur existence doit être réglée par heure et par minute; ils doivent avoir tous dans leur poche des carnets sur lesquels ils inscrivent l'emploi de leur journée, toujours uniforme, sous peine de mentir à la régularité de leur cité. Ils finissent par avoir tous la même tournure, par marcher de la même manière, par parler de la même façon. Une seule chose étonne, c'est qu'ils n'aient pas tous le même visage, de sorte qu'un peintre qui, par hasard, oserait braver la monotonie de cette existence végétalique, n'aurait qu'une tête à faire pour que tous les habitants eussent leur portrait ressemblant. Avec le temps et la patience ils y arriveront sans doute, car il ne faut désespérer de rien.

A Paris, nous avons plusieurs exemples de l'influence des rues droites, alignées, aux maisons égales, bâties sur le même plan, sur la manière d'être des habitants. Voyez la rue Mandar : vous n'y trouverez ni un artiste, ni un poète, ni un homme exerçant une profession de fantaisie où il faut du goût, de l'imagination, de l'inspiration; mais vous y verrez force Allemands flegmatiques, des fabricants d'instruments de précision, des horlogers, des garnisseurs, tous les métiers où il faut une attention soutenue, une idée fixe, une main sûre, et qui occupent les hommes méticuleux. Les graveurs seraient les seuls de tous les artistes qui pourraient soutenir quelque temps l'influence de la ligne droite sur l'imagination, dont elle est l'ennemie jurée, parce que les graveurs sont les seuls artistes auxquels la fantaisie peut être complétement étrangère ; pourvu qu'ils aient la main sûre, le modèle fait le reste.

Mais si vous pénétrez de l'autre côté de la rue Montorgueil, dans cet îlot mêlé, enchevêtré, ici les rues se croisent, tournent, reviennent sur elles-mêmes et semblent avoir été percées au hasard, vous trouverez une autre race de Parisiens, des chants, des rires, des cris, du bruit, la vie, en un mot. Le caractère des habitants a changé comme l'aspect de la ville ; ce n'est plus le même peuple, les gens n'ont plus la même physionomie. Ceux-ci respectent infiniment Corneille, Racine, Voltaire et même Crébillon ; mais ils se gardent avec un soin particulier d'aller applaudir à leurs chefs-d'œuvre ; ils les laissent en paix, parce que ce sont des chefs-d'œuvre ; ils aiment mieux le croire que d'y aller voir. En revanche, ils aiment le drame, les pièces militaires, les féeries, Pierrot et les vaudevilles extravagants. Ils ne reculent pas devant la comédie en prose ; mais, quoi que vous fassiez, vous ne parviendrez pas à leur faire avaler une chose en vers. Ils croient, et je partage un peu leur avis, que cette belle langue, qu'on est convenu d'appeler la *langue des dieux,* a été inventée pour être chantée, ou pour être lue au coin du feu pendant les longues et ennuyeuses soirées d'hiver, qui leur forment naturellement un cadre parfait. Ils croient les vers une espèce de littérature de chambre.

Si le village Mandar ressemble si peu au village Saint-Sauveur, quoique situé à quelques mètres l'un de l'autre, que serait-ce donc si nous comparions les mœurs de ces pays avec celles du quartier Latin, du boulevard du Temple ou du faubourg Saint-Germain ?

Paris a cela de merveilleux qu'il est toujours nouveau, toujours différent, toujours curieux, toujours admirable, et qu'il ne se ressemble jamais : car le Parisien du faubourg Saint-Antoine n'est pas plus le Parisien du faubourg Saint-Marceau que le Français de Perpignan n'est le Français d'Amiens, et c'est pourtant partout le même peuple. La langue même diffère : les mots usités parmi les ouvriers d'un quartier ne sont pas ceux dont ont fait choix les ouvriers de l'autre quartier.

C'est une chose remarquable que le mot, et qui mérite presque une histoire. Les mots ont leur vogue, ceci est un fait connu et qui a souvent été dit ; mais ce qu'il y aurait de curieux à savoir, c'est le nombre de jours, de mois, d'années, qu'ils mettent à parcourir leur carrière, à accomplir leur révolution autour de Paris.

Généralement le mot nouveau, le néologisme, comme on dit de l'autre côté du pont des Arts, prend naissance dans un atelier de peintre, dans une réunion de jeunes apprentis ou dans un cercle de bohèmes plus ou moins lettrés. De là il prend son vol, il s'abat dans un café d'artistes, et il commence son tour de France.

Un jour, un écrivain lui donne droit de bourgeoisie dans les colonnes d'un petit journal, et il passe dans les magasins, chez les commis, les étudiants, grands lecteurs de petits et de grands journaux ; puis il descend d'un cran et tombe dans le domaine populaire ; il court les cabarets, les bals, les lieux publics ; alors il a perdu toute sa fraîcheur : il est flétri, vieilli, diminué ou bien allongé suivant la fantaisie de ses pères adoptifs. Ceux-là qui, les premiers, l'ont mis au monde, l'ont depuis longtemps oublié : en le voyant galvauder en si mauvaise compagnie, ils l'ont abandonné à son malheureux sort ; enfin, il se traîne dans la boue, il devient la proie des journaux de tribunaux, il comparaît devant la police correctionnelle. On n'en entend plus parler.

Vous le croyez mort, bien mort, enterré ; vous lui chantez un *De profundis*. Oh ! que vous connaissez peu notre Paris et la difficulté du mélange des races dans cette ville où l'on se lie si facilement, où il suffit que deux hommes prennent une demi-tasse en face l'un de l'autre dans un café et qu'ils lisent chacun leur journal pour cimenter un commerce d'amitié. Votre mot n'est pas si mort que vous croyez : il se passe dix ans, quinze ans ; un soir, vous allez voir un vieil ami de famille au fond du Marais ou du faubourg Saint-Germain, et vous trouvez tout le monde en gaieté ; on rit à gorge déployée : c'est votre vieil ami, votre pauvre mot, qu'un hardi novateur, un satané farceur qui a toujours le mot pour rire, vient d'introduire dans le cercle. On le répète à tout propos ; on l'arrange à toutes sauces, et il a encore le privilège d'exciter l'hilarité de ce petit peuple, comme aux beaux jours de sa jeunesse. C'est qu'à Paris il y a certains mondes qui sont, par leurs préjugés, leurs façons de vivre, beaucoup plus séparés du reste de la population que s'ils étaient entourés des murailles de la Chine.

Après ce cercle-là, votre mot a accompli sa révolution parisienne, il est tout honteux, il part pour la province avec les beaux jours ; il mène la vie de château, et il se perpétue dans les aristocraties de Henrichemont, Blois, La Charité et autres villes incommerçantes. C'est ainsi qu'on retrouve dans le fond de nos départements de l'Ouest de ces mots du XVIIIe siècle qui ont dû régner en même temps que Mme de Pompadour et Mme du Barry, et que nos grand'mères répètent pour les avoir appris de leurs bisaïeules. .

Ceci nous remet en mémoire une petite anecdote de la cour de Russie; elle nous a été contée par un homme digne de foi, qui en fut témoin auriculaire. Lorsque le capitaine P... fut chargé par le gouvernement français d'aller, sur la demande de l'empereur Nicolas, organiser un corps de pompiers à Saint-Pétersbourg sur le modèle de celui de Paris, il emmena avec lui un sergent, un vrai Parisien, un homme d'une adresse incroyable; le capitaine P... voulait en faire un instructeur pour les Cosaques et le leur donner comme un modèle à suivre.

Notre sergent fit des prodiges, il travailla devant les *têtes couronnées* avec un aplomb, une agilité, une souplesse, une dextérité à nulle autre seconde. *Les têtes couronnées furent contentes,* et, pour le récompenser, elles lui firent cadeau d'une montre en or enrichie de diamants; trois jours après ce don, le duc de *** rencontra le pompier dans une rue et voulut savoir s'il était satisfait du présent; il lui dit :

« Bonjour, mon brave! quelle heure est-il?

— Ma foi, mon prince, il doit être sur les onze heures, onze heures et demie.

— Regardez à votre montre.

— Ma foi, mon prince, je l'ai *lavée.* »

Le prince s'éloigna en disant : « Que diable! il a lavé sa montre, mais pourquoi cela? »

Il soupçonna bien qu'il n'avait pas compris; il rentra au palais, il se fit porter un dictionnaire de l'Académie; il chercha *laver*, et il trouva : « Action de mouiller le linge ou tout autre objet pour le rendre propre »; ce qui est, ma foi, bien expliqué. Ce ne pouvait être cela. Il prit Boiste, Napoléon Landais et celui que messieurs les Russes portent toujours avec eux, qu'ils croient l'œuvre du célèbre M. Poche; tous, croyant ne pouvoir mieux dire que l'Académie, l'avaient religieusement copiée. Le prince ne fut pas satisfait, il fut inquiet et tourmenté toute la journée; enfin, le soir, il aborda un des artistes nouvellement arrivés de France et lui dit : « Le pompier m'a dit aujourd'hui qu'il avait lavé sa montre ; je ne l'ai pas compris.

— C'est-à-dire, prince, qu'il l'a vendue. »

Jamais peut-être, depuis qu'il y a altesses royales ou impériales, homme ne rit d'aussi bon cœur que cette altesse-là. Il se tint les côtes, comme un simple mortel à une pièce jouée par Grassot, Ravel, Sainville, Levassor, Alcide Tousez et tous les comiques passés, présents et futurs de la salle de M. Dormeuil. Il courut toutes les loges en répétant le mot du pompier, et de ce moment on lava des serfs, des Cosaques, des chevaux. Dans cinquante ans on lavera encore à Saint-Pétersbourg, et déjà, à Paris, on ne lave plus guère, on revend.

C'est la grande diversité de sites, de mœurs, de langages, qui fait de Paris une source inépuisable d'études, et du Parisien le premier peuple du monde, le peuple par excellence, celui que rien ne peut étonner : car il a tant vu de coutumes, de façons de vivre différentes, en visitant les nombreux petits villages qui forment ce grand tout qu'on appelle Paris, que n'importe où il arrive, devant ce qui ébahit les autres, lui, il peut dire son mot favori : « Connu. »

Cette agglomération de petits villages se touchant du

coude, ce kaléidoscope changeant au détour de chaque rue, rend Paris un objet de surprises incessantes, d'enchantements incompréhensibles pour les étrangers ; ils ne peuvent se lasser d'admirer. Aussi, dès qu'ils ont compris un peu notre vieille cité et les ressources immenses qu'elle renferme, ils ne peuvent plus la quitter. Ils font des folies pour y rester, et beaucoup d'entre eux, plutôt que de s'en éloigner, préfèrent prendre un parti violent, et se faire Parisiens comme nous autres. Ils y jouissent d'une liberté immense, ils y rencontrent des plaisirs faciles, des gens d'esprit à chaque pas, une aménité charmante de la part des habitants, toutes denrées fort rares, pour ne pas dire inconnues dans les autres pays. Aussi, finissent-ils presque tous, après avoir dit un éternel adieu à leur sol natal, par préférer à toutes richesses l'hôpital, ainsi que le *Jean de Paris* de Béranger, ce type immortel de l'enfant de Paris.

C'est donc vers tous ces petits villages parisiens que nous dirigerons nos promenades, en ayant bien soin de consigner tout ce qui pourra intéresser nos lecteurs. Puissent-ils prendre goût à nos excursions, et nous accompagner avec autant de plaisir que nous ferons d'efforts pour les intéresser à nos études !

II

UN QUARTIER CALOMNIÉ

Il en est des villes et des pays comme des hommes : on leur fait des réputations qu'ils ne méritent pas, on leur impute des actions qu'ils n'ont jamais faites, on leur prête des mots même qu'ils se seraient bien gardés de dire ; car dans la légende populaire les villes parlent, on les calomnie, on les tue de réputation, et l'on rit ; et, tant que le monde sera monde, de génération en génération, on rira toujours.

Pourquoi, toutes les fois qu'un vaudevilliste a quelqu'un de ridicule à faire entrer en scène, le fait-il venir, selon les besoins de l'accent, de Pézénas, de Carpentras, de Landerneau ou de Brive-la-Gaillarde ?

Pourquoi, toutes les fois qu'un homme dit une naïveté un

peu bien conditionnée, s'écrie-t-on : « Il revient de Pontoise ? »

Est-ce que la masse des citoyens français nés à Pézénas, à Brive-la-Gaillarde ou à Landerneau, est plus ridicule qu'une autre masse de citoyens français nés au Havre, à Toulouse ou bien à Bagnères-de-Bigorre?

Est-ce qu'en somme les habitants de Pontoise sont, disons le mot, plus bêtes qu'une égale somme d'habitants d'Étampes, de Saint-Denis ou de Rambouillet?

Non, certainement non! et j'avoue même qu'à nombre égal j'oserais presque certainement parier pour les citadins des villes calomniées contre les superbes habitants des villes flattées : car, par la même raison qu'il y a des cités qu'on calomnie, il y en a d'autres qu'on adule, qu'on choie, qu'on courtise, comme de jolies femmes ou des puissants de la terre.

Pourquoi, par exemple, prête-t-on à la Divinité ce goût bizarre de vouloir absolument quitter son paradis pour venir habiter Béziers, une ville où l'on est toujours obligé de monter des rues à pic? Pourquoi dit-on Pau la Saine? Est-ce que Pau ne fournit pas son contingent de poitrinaires, de rachitiques à la mort, aussi bien que toutes les autres cités du *beau pays* de France?

Pourquoi Toulouse la Savante, Bourges la Fidèle, Péronne la Pucelle, et tant d'autres qualifications injustifiables accolées au nom des bonnes villes; et tout à côté : Domfront Ville de malheur, Melun la Bavarde, Moulins la Ribaude, Tours la Gourmande? pourquoi ces injustices?

Je ne cesserais pas de citer, si je voulais consulter un tout petit volume que j'ai sur ma table, et qui est intitulé : *Géographie burlesque, amusante et facétieuse, des villes du royaume, avec les appellations bizarres et singulières des habitants et du pays de France. Paris, 1605, à l'image du grand saint Nicolas, rue Saint-Jacques, près de la parcheminerie.*

Que dites-vous de ce titre? En fait de titre, nos aïeux étaient de la même opinion qu'en fait de galon : quand ils en prenaient, ils n'en savaient trop prendre.

Maintenant nous ne prenons, malheureusement, plus de galon ; mais nous prenons encore des titres, et surtout ce que nous avons eu bien garde de laisser aller à vau-l'eau avec tant de bonnes choses qui ont suivi le cours de la rivière et se sont perdues dans l'océan de l'oubli : c'est la calomnie.

Jamais on n'a si bien calomnié que dans le temps où nous sommes. Le moindre petit cercle, la plus petite réunion de café, rendraient des points à Basile lui-même. Seulement cela a changé de nom. On est trop poli pour appeler aujourd'hui les choses par leur nom ; on sait trouver des biais : cela se nomme médisance quand on est sévère, esprit quand on est agréable, blague quand on est facétieux.

Lorsqu'on ne peut plus blaguer des hommes, on blague des quartiers, des rues, des maisons; on se plaît à les gratifier d'exécrables réputations.

Ainsi, qu'est-ce que le quartier Notre-Dame de Lorette a pu faire à ces messieurs, pour qu'ils l'aient doté d'une si riche réputation d'immoralité? Ils ont tant fait, tant dit, qu'ils ont fini par donner des bases solides à l'édifice de leurs calomnies.

On ne peut plus voir une femme aux allures légères, à la marche frétillante, balayant insoucieusement le macadam du boulevard avec sa robe Pompadour, sans dire : « C'est une lorette ! »

Dès qu'au bal une danseuse se laisse aller à une cachucha un peu trop vaporeuse, qu'elle lève le pied à la hauteur de l'œil et le bras à la hauteur du lustre : « C'est une lorette! » s'écrie-t-on.

Si dans un théâtre une personne du sexe timide élève la voix bruyamment au moment pathétique, bâille aux mots spirituels, ce qui n'est pas rare, le parterre, presque toujours composé de Français galants, ne manque jamais de pousser ce cri où se reconnaît l'exquise politesse qui caractérise notre nation policée : « A la porte, la lorette! »

Toutes les fois qu'on parle de plaisirs, d'amours interlopes, de liaisons éphémères, de fils de famille ruinés, de folles dépenses, de punch, de jeux, de champagne, de verres brisés, de chants érotiques, de vie de carnaval, de nuits passées *inter pocula,* malgré soi l'imagination se tourne du côté de Notre-Dame de Lorette.

Il semblerait que l'air de ce quartier est imprégné de parfums enivrants, qu'on y danse au souffle des soupirs, et que les mesures de cette polka fantastique se battent au bruit des baisers.

Le collégien rêve, pendant ses nuits solitaires, la demeure des plaisirs et des amours; le provincial y voit le séjour des houris de Mahomet; la douairière s'imagine l'enfer avec ses démons femelles placé au quartier Notre-Dame de Lorette.

Dès qu'on prononce ce nom en province, les jeunes filles baissent les yeux, les mères se signent, les demoiselles à marier vous regardent d'un mauvais œil. Si vous avez le malheur de dire dans la conversation : « J'allais voir un ami demeurant rue Notre-Dame-de-Lorette », vous êtes un homme perdu, un débauché, un sacripant sans foi ni loi, un panthéiste égaré par les idées modernes, un infâme démagogue, ennemi de toute famille, de toute propriété et de toute religion. Le sous-préfet vous ferme sa maison; le maire ne vous salue plus; le curé ne vous accepte jamais pour son quatrième au reversi; le juge de paix défend à son fils de chasser avec vous; il n'est pas jusqu'à la servante de votre vieille tante qui n'oublie de faire votre chambre.

Mais, en revanche, à ces mots, les jeunes gens vous entoureront, rechercheront votre amitié, tâcheront de vous faire parler, seront à votre dévotion, espérant que vous leur lirez en cachette quelques pages de ce livre mystérieux qu'on nomme Notre-Dame de Lorette.

Et tout cela parce qu'il a plu un jour à un homme d'esprit, dans une boutade, de baptiser quelques pauvres filles maigres, édentées, ennuyeuses, ennuyées, du nom de lorettes.

Le néologisme fit fortune, le quartier fut déshonoré. Il est des mots qui déshonorent, comme des gens auxquels on ne peut plus faire amitié ni accueil. Ainsi, depuis qu'un spéculateur a affiché dans tout Paris le mot *inodore* sur la vitre de certaines boutiques, ce mot a été chassé du domaine verdissant de la poésie, et exilé dans les landes de la science, qui n'a pas de pudeur. C'est ce qui arrive pour lorette; seulement la science n'en veut même pas. C'est un mot perdu; il faudra changer le nom de la rue, comme on a changé celui de la rue Tire-boudin en Marie-Stuart.

La lorette n'existe pas; elle a fait son temps; elle est passée de mode; la chamade a battu pour elle dans le quartier; elle a plié bagage, elle est allée prendre ses logements d'hiver autre part, sécher des murs neufs dans de nouvelles rues. Son rôle est joué ; elle a dû quitter la scène. La grisette, pendant deux ou trois siècles, a amusé nos compatriotes ; elle était leur compagne de jeunesse, la confidente de leurs folles amours, l'amie de leurs vingt ans, le regret de leur maturité, le souvenir de leur vieillesse. Ils l'aimaient, ils lui gardaient la place la plus chaude de leur cœur, le coin le plus poétique de leur tête, parce que la grisette existait, la grisette avait sa raison d'être ; c'était une figure charmante, toute pétrie de jolis défauts ; il a fallu des siècles et sept ou huit révolutions pour la détrôner. Encore la retrouve-t-on parfois, dans quelque quartier éloigné, chantant, picorant, riant sous la treille, entre un jeune commis et un jeune ouvrier ciseleur. C'est que la grisette existait de son existence, vivait de sa vie.

Mais la lorette, cette plante exotique, cette fleur artificielle sans éclat, cette fille sans âme, cette gaieté sans rire, cette amoureuse sans amour, cette jolie monstruosité de serre chaude, sans vie et sans parfum, la lorette a dû disparaître un matin avec la mode qui l'avait importée. Elle n'avait pas de racines dans le sol, elle est séchée sur pied ; on l'a vue tomber sans regret ; mais, en partant, elle a laissé au front du quartier qui lui avait donné asile un stigmate infamant.

Maintenant on n'habite plus ces rues, les plus jolies et les plus tranquilles de Paris, qu'avec la plus grande circonspection ; les femmes les évitent comme des rues maudites ; elles défendent à leurs fils d'y louer ; il faut être vraiment philosophe pour oser s'y loger avec sa famille ; une jolie femme ne consent jamais à faire cette concession à son mari. Et cependant ce quartier, nettoyé depuis longtemps déjà de sa population interlope, est appelé à remplacer le paisible Marais, qu'envahissent chaque jour la petite fabrique et le commerce en gros, chassés par les démolisseurs des quartiers Saint-Martin et de la Verrerie. Il est habité par des employés, des gens de lettres, des peintres, des rentiers. On n'y souffre dans les maisons ni chiens, ni enfants, ni pianos. On y rentre à neuf heures, on s'y couche à dix; à onze heures les rues sont aussi désertes, aussi tristes que celles du faubourg Saint-Germain. On n'y rencontre ni chanteurs, ni ivrognes, ni noctambules; tout y est calme, silencieux, sévère, et d'un bout à l'autre de Breda-street on peut entendre le galop des rats qui jouent dans le ruisseau, et les ébattements des chats amoureux.

Et pourquoi ce pays virginal, ce pays puritain par excellence, jouit-il d'une mauvaise réputation? Sans doute au même titre que Carpentras, Landerneau, Pézénas, Pontoise et Brive-la-Gaillarde.

On n'a jamais su pourquoi !

III

LE CALME ET LA TRANQUILLITÉ

Écoutez, gens de province, et gens de Paris aussi, vous, gens de tous les pays, gens du gros et gens du mince, le conseil d'un vieil habi — tant depuis longtemps ici.

Mais je m'aperçois que je parle, en prose, comme une complainte parle en rimant. Ma foi! tant mieux, c'est une véritable complainte que je dois faire aujourd'hui : car je vais vous décrire bien des ennuis et bien des tracasseries dont on ne soupçonnerait jamais Paris capable, lui qui a l'air d'un si bon, brave et aimable pays, lui qu'on croirait tout occupé de ses affaires personnelles, en le voyant si remuant, si pressé, si bousculé, si courant, si charmant, si indifférent.

Eh bien, malgré son tohu-bohu, sa cohue incessante, sa

foule toujours renaissante, ses voitures qui roulent, ses piétons qui se coudoient, ses bruits assourdissants, ses habitants qui passent presque sans se regarder, qui s'enferment si bien chez eux qu'ils semblent ne pas connaître leurs plus proches voisins, Paris est le pays des cancans par excellence!

Oh! si vous voulez vivre en paix, si vous ne voulez pas que toutes vos actions soient scrutées, jugées, passées au crible, commentées, revues, corrigées et considérablement augmentées, croyez-en l'expérience d'un vieux Parisien : défiez-vous des rues tranquilles et des quartiers paisibles.

Si vous ne voulez pas être dérangé de votre travail à chaque instant du jour et de la nuit, si vous voulez être seul maître chez vous, portez vos pénates au centre des rues bruyantes, fréquentées, passantes. S'il vous faut le calme et le silence, choisissez l'endroit le plus tourmenté, secoué nuit et jour par les voitures, l'endroit où vos vitres vibreront le plus souvent aux cris des marchands, aux jurons des charretiers, aux disputes des cochers, aux piaillements des enfants; choisissez le carreau des Halles, le charnier des Innocents, les rues Saint-Denis, Saint-Martin, du Temple, Dauphine.

Mais, croyez-moi, évitez les rues retirées, réputées calmes et tranquilles.

Oh! les rues tranquilles, elles ont été inventées pour le malheur de Paris : c'est le remords de la grande ville; elles sont là pour lui répéter sans cesse les terribles paroles du prêtre au mercredi des Cendres : *Memento quia villagium es et in villagium reverteris.*

En effet, dans les rues de commerce, où il passe sans cesse du monde, où les voitures se succèdent sans interruption, où il y a des flâneurs, des curieux, des acheteurs, des marchands, chacun s'occupe de ses affaires; se mettre à sa fenêtre et regarder les passants est déjà une distraction. En voyant cette foule affairée, compacte, on se sent isolé, on sent que tous ces gens vous sont bien indifférents, qu'ils ont bien autre chose à faire que de penser à vous, pauvre pygmée.

Mais, croyez-moi, ne vous réfugiez jamais dans les rues tranquilles.

Là, les enfants jouent au milieu du ruisseau; on les abandonne à eux-mêmes; on les laisse courir à leur volonté : on est certain qu'ils ne seront point écrasés, qu'il ne leur arrivera pas d'accident, qu'ils ne se perdront pas, car tout le monde se connaît.

Voici le malheur!

Tout le monde se connaît. Les boutiquiers, quand il y en a par hasard, se mettent sur leurs portes pour voir passer les voitures; ils se parlent d'un trottoir à l'autre; ils savent tout ce qui se passe chez le voisin; ils s'occupent de ses affaires, des événements heureux ou malheureux qui lui arrivent; ils ont vu le nombre de pièces de cent sous qu'il a dans son comptoir; ils pourraient, par doit et avoir, refaire ses livres de mémoire.

Lorsqu'ils se sont bien occupés du rez-de-chaussée, ils montent au premier, au deuxième, puis au troisième, et la maison entière y passe. Leur conversation ressemble point pour point à ce fameux rondeau de vaudeville, de la portière qui parle de sa maison; l'air change quelquefois, mais la chanson jamais. Ce sont toujours les mêmes caquetages, les mêmes commérages, les mêmes bavardages. Ils inventent quand par hasard, après avoir recueilli les opinions des portières, des domestiques, des femmes de ménage, ils n'ont point la moindre petite historiette à raconter.

Cependant, là comme partout ailleurs, les mêmes calomnies ne peuvent toujours durer. Il faudrait alors avoir une patience d'ange, ou une imagination de démon, pour se contenter du même ragoût dix fois par jour. Alors ils se mettent à blasonner les passants, à faire des commentaires sur leurs démarches; ils s'inquiètent de ce qu'ils peuvent venir faire dans une rue aussi stupide que celle qu'ils habitent : car, connaissant tous les vices et tous les ennuis de leur quartier, ils l'exècrent, ils n'aspirent qu'au jour heureux où ils pourront le quitter pour n'y jamais revenir. Et ils ne sentent pas que ce sont les cancans qu'ils font qui le rendent insupportable à tout être humain.

Oh! défiez-vous des rues tranquilles, croyez-en mon expérience.

D'ailleurs ces rues sont hideuses, stupides, borgnes; quoique leurs maisons soient neuves, recrépies, balconnées, badigeonnées, bâties dans le goût le plus moderne, elles ont l'air honteux. Elles sont toutes composées des mêmes éléments. Que vous alliez au nord de Paris, au midi, à l'est, à l'ouest, vous ne trouverez jamais une rue tranquille qui ne ressemble à une autre rue tranquille. Les boutiquiers, les locataires, y exercent les mêmes professions au faubourg Saint-Germain, comme aux faubourgs du Temple ou Saint-Antoine. Ce ne sont qu'employés à douze cents francs, mariés, destinant leur vieillesse à l'hospice des Petits-Ménages, femmes de mœurs on ne peut moins équivoques, professeurs de dessin, maîtresses de langues et de piano au cachet; sages-femmes, dont la science réclame l'ombre et le mystère; dames âgées à tournure respectable, à l'air dévot, semant le chemin de la vie de bonnes œuvres, parcourant les ateliers de femmes, et ne recevant chez elles que des jeunes filles mineures et des vieillards bien comme il faut; enfin quelque écrivain, quelque artiste égarés, cherchant la tranquillité et le calme, et séduits par l'apparence virginale de cet enfer où l'herbe croît entre les pavés, viennent occuper les étages tout à fait supérieurs.

Si nous examinons les boutiques, nous y trouverons une population étrange et des vendeurs de je ne sais quoi qui semblent fuir les regards des passants.

Au premier rang, comme partout, deux ou trois marchands de vin, où l'on trouve le *bouillon et bœuf à toutes heures;* les ouvriers des rues adjacentes y viennent manger un ordinaire au moment de leur déjeuner, à neuf heures; pendant la journée, ils donnent asile à un monde bizarre, composé de faux lions, de fausses lorettes, de faux rentiers, qui y entrent le menton sur l'épaule, après avoir regardé trois ou quatre fois de tous côtés comme les conspirateurs des anciens mélodrames, en se voilant le visage, et qui finissent par y pénétrer comme des flèches; redoutant les regards, honteux de leur pauvreté, ils y vont jouer le rôle de gens qui s'égarent par hasard dans un cabaret; ils ne sont jamais contents de rien : le rôti est trop cuit, le bouilli ne l'est pas assez, la soupe est trop maigre; pour les dix ou douze sous qu'ils dépensent par repas, ils voudraient Carême pour cuisinier. Cependant ils dévorent leur portion de dix sous jusqu'aux miettes, ils essuient les assiettes. Mais c'est ce qu'on nomme dans cette race un *genre ;* ils voudraient faire croire que l'habitude qu'elle a d'aller chez Véfour ou chez Véry a rendu son palais rebelle à tout ragoût qui n'est pas préparé par un chef passé maître en son art ; et ces gens sont entre eux, ils se connaissent, ils savent qu'ils cachent tous le secret de polichinelle; qui donc croient-ils tromper?

Les autres boutiques sont occupées par des industries qui se cachent ordinairement dans les autres quartiers : ce sont des marchandes à la toilette, des blanchisseuses, des couturières en robe, des cordonniers en vieux, des marchands de bois et de charbon au détail, des magasins de bric-à-brac. Toute cette gent est complétée par quelque vieille épicière, qui, en même temps que son sucre et sa cassonade, vend du pain d'épice, des aiguilles, du fil, des jouets d'enfants, de l'herboristerie, des assiettes et de la batterie de cuisine, de la mercerie et une quantité d'autres objets dont nous ignorons le nom et l'usage auquel ils sont destinés ; puis enfin viennent deux ou trois de ces boutiques où l'on vend un liquide blanc et épais qu'on baptise, personne n'a jamais su pourquoi, du nom de lait.

Ces laiteries sont ce qu'il y a de plus curieux à observer dans ces rues-là ; c'est là que se réunit toute la population interlope mâle et femelle du quartier ; c'est là qu'on prend le vent, et que les nouvelles et les cancans prennent naissance ; elles sont fréquentées par toute une légion de femmes de pas de vertu du tout, qui en font leur café et leur restaurant. Cela tient le milieu entre le traiteur et la table d'hôte de bas étage ; il s'y vend de tout, et bien autre chose encore qui ne peut se nommer tout haut, à plus forte raison s'imprimer. En même temps, cela sert de succursale à certaines maisons qui n'ont de nom propre en aucune langue, et qui dans l'antiquité, à Rome, étaient désignées par deux flambeaux allumés. A Paris, lorsque la nuit est venue, ce sont ordinairement de vieilles et hideuses grosses femmes qui en servent d'enseignes, et font « pst! pst! » aux passants en leur disant des paroles obscènes.

Tous ces gens-là, boutiquiers, habitants, habitués et visiteurs, se connaissent, se saluent, jasent, causent, rient et calomnient ensemble, le soir, assis sans gêne sur le trottoir. Aucun absent n'est épargné : faute de faits, on invente des suppositions; il y a cent fois plus de petitesse provinciale, de curiosité tracassière sur ce que fait le voisin, dans la rue de Malte, dans celle du Parc-Royal, dans une grande partie du Marais, du faubourg Saint-Germain, en un mot dans toutes les rues tranquilles, qu'à Boulogne-sur-Mer, à Pau, à Bagnères, à Vichy, bref, toutes les villes fréquentées et remuées par le passage des étrangers; d'où je conclus qu'il faut toujours revenir à cet axiome : « Le passage des étrangers détruit la petitesse ! »

Oh! défiez-vous des rues tranquilles, c'est moi qui vous le dis!

Vous savez, dans les salons les plus distingués, on voit les sots gâter la fleur des plus jolies choses en les répétant hors de propos, ou en y faisant sans cesse allusion, en y ajoutant une parole de leur cru, en lui faisant subir la taille de leur intelligence. Eh bien! dans ces rues qui nous occupent, chacun juge les actions des autres avec sa moralité, avec son cœur et son esprit, et ce chacun n'a aucune de ces choses, ce chacun est méchant, envieux, colère, parce qu'il s'ennuie de voir toujours autour de lui des gens méchants par ennui. Il ne craint rien ; il défigurera un fait au risque de compromettre à jamais celui à qui il le prêtera.

Défiez-vous des rues tranquilles, en tout temps, en toutes circonstances, en vérité, je vous le dis.

Dans nos discordes civiles, d'où partent les lâches délations, les dénonciations calomnieuses ? Des rues tranquilles. En temps de paix, d'où viennent les lettres et les rapports anonymes qui affluent chez les commissaires de police ? Des rues tranquilles. D'où partent les lettres qui avertissent les créanciers du jour et de l'heure où le débiteur doit recevoir de l'argent; celles qui font connaître au mari l'heure et le rendez-vous que sa femme a acceptés, à la famille les écarts de son fils, au patron l'inconduite de l'ouvrier qui, sous prétexte de maladie, fait le lundi ? Des rues tranquilles !

Si vous êtes homme de lettres surtout, évitez les rues tranquilles, si vous tenez à votre repos, à vos études, à votre liberté; sans cela, vous aurez beau fermer votre porte, clore vos fenêtres, boucher votre serrure, mettre des portières, poser des verrous, on pénétrera chez vous sans façon à toute heure. On viendra, au nom du bon voisinage, vous demander des billets de spectacle, des loges, des protections pour mademoiselle... qui désire se montrer sur le théâtre du Lazari ; on vous interrompra sans pitié, au milieu d'un travail pressé, pour vous faire écrire une pétition au chef du pouvoir, un placet au ministre, une lettre pour M. Arthur, le garçon coiffeur, ou M. Germain, l'officier de dragons. Ils n'iront plus dans l'échoppe du coin, il leur faut payer; ils préfèrent vous réduire à l'état d'écrivain public, c'est meilleur marché.

Je sais bien ce que vous direz : « Je jetterai tout ce monde à la porte. » Oui, c'est bien ; mais débarrassez-vous donc d'un importun qui, lorsqu'on lui ferme la porte au nez, sait rentrer par la fenêtre ! C'est là que je vous attends, gens à caractère fort. Demandez à Alphonse Karr et à Alexandre Dumas, et demandez-vous tous à vous-mêmes, si c'est facile de se débarrasser de cette engeance, et répondez-vous franchement, vous verrez que votre réponse sera la même pour tous : « Non. »

Villemessant, qui est un homme de beaucoup d'esprit et de beaucoup d'énergie, avait un fâcheux qui le poursuivait nuit et jour, et savait le trouver même au bain. Il lui refusa ses articles, il lui fit mille échecs, il fut impoli, sans façon, rien n'y fit ; le fâcheux était de granit. Villemessant donnait sa langue au chat. Un jour, le fâcheux lui apporte un article ; c'était une attaque personnelle à un galant homme qui ne souffre aucune allusion à sa vie privée, car il abandonne ses œuvres à la critique avec une insouciance charmante. Ce factum mit du baume dans le cœur du persécuté. Dès le lendemain, il était imprimé. A dix heures, deux témoins se présentaient et demandaient l'adresse du quidam. A midi, celui-ci prenait le chemin de fer, et Villemessant ne l'a depuis oncques vu.

Vous avouerez que c'est toujours très désagréable d'être obligé d'arriver à de telles extrémités, et d'ailleurs tous les fâcheux ne font pas des articles de journaux ; mais ils sont de la race des roquets, ils mordent tous.

Oh ! défiez-vous de ces rues où on ne vous laisse tranquille que pour mourir.

Mais pourquoi y habite-t-on ? Les hommes y passent un

terme d'ennuis, parce qu'ils ignoraient le guêpier où ils se fourraient; les femmes y demeurent plus longtemps.

Me permettra-t-on de répéter ce qui m'a été dit par une jolie femme de vingt ans, à la vérité plus raisonnable qu'une autre?

« On est assurée de ne jamais revoir l'homme pour qui on aurait eu un moment de faiblesse, tandis que dans une rue amusante, fréquentée, gaie, il y a à penser qu'on l'aura éternellement devant sa fenêtre, sous ses yeux, et il peut devenir ennemi. Ici, il ne soutiendrait pas deux jours la monotonie de cette fausse province sans être amoureux. — Alors, — oh! alors... c'est toujours intéressant, — un homme amoureux, il peut braver bien des choses. »

Ainsi ces rues sont prises comme pierre de touche par les coquettes; c'est bien tout ce qu'elles méritent.

Oh! défiez-vous des rues tranquilles!

Quant à moi, s'il me fallait absolument habiter un de ces enfers, je choisirais la rue Bassompierre ou de Lesdiguières; j'y planterais une tente, parce qu'il n'y a pas de maisons.

IV

URBS LATINA

L'ÉTUDIANT est, dit-on, une race qui tend à disparaître.
La grisette est, de l'aveu de tout le monde, une race disparue.

Pourquoi l'étudiant disparaît-il?

Pourquoi la grisette est-elle disparue?

Ce sont là les deux questions auxquelles nous devons répondre. Nous allons donc tâcher de le faire le plus brièvement possible.

Si l'étudiant disparaît, c'est que, depuis qu'il y a des étudiants au monde, ils ont toujours été les mêmes, qu'ils n'ont point changé, qu'ils ont toujours été ce qu'ils sont aujourd'hui, de braves, bons, gais et loyaux jeunes gens, pleins de sève et de verdeur, et qu'ils se sont toujours laissé berner par ces mots stupides : « Oh! ce n'est plus le vieux quartier Latin! » Mots ramassés dans quelque roman fantastique, où, sous le spécieux prétexte de peindre les mœurs *de visu,* un homme de lettres a peint des étudiants encore plus fantastiques que son roman. Les nouveaux sont venus remplacer les vétérans, comme on disait en rhétorique. Ils ont trouvé quelque loustic d'estaminet, qui, à force de ramasser toujours le même mensonge, a fini par croire réellement, de bonne foi, au type fantastique de l'étudiant, forgé dans son cerveau avec l'aide de l'imagination dudit écrivain. Il s'est persuadé que, de son temps, on était plus étudiant; qu'il n'y a que sa génération qui ait eu vingt ans, de l'amour, de la gaieté et de la fraternité; que le bon Dieu avait créé toutes ces belles choses pour les jeunes gens de son an de grâce 1815 — 1816 — ou 1817, et qu'il attendait avec impatience l'arrivée de son année scolaire pour les envoyer sur notre globe.

Eh! pardieu, oui, tous ces souvenirs de jeunesse existent encore, ils existeront toujours, tant qu'à dix-huit ans on viendra, ému, le cœur plein de joie, l'âme ouverte, la tête remplie de rêves et d'illusions, faire inscrire pour la première fois son nom sur les registres de la Faculté de médecine ou de celle de droit.

Non, il n'y a pas d'êtres privilégiés; non, le plaisir de pénétrer pour la première fois sous le porche de la place du Panthéon, ou de se promener sous le portique académique de l'École de médecine, n'a pas été réservé à vous seuls, vieillards blanchis entre la chope de bière et le verre d'absinthe.

Oui, jeunes gens, vous êtes toujours la brave jeunesse des

écoles, la partie sinon la plus intelligente de la nation, du moins celle qui, par ses études, par sa fortune, par les connaissances déjà acquises, est appelée à former cette partie intelligente par excellence.

Laissez dire ce vieillard avant l'âge... Si vous l'écoutez encore un jour, il voudra vous persuader, comme tous nos grands parents, que, de son temps, le printemps était plus beau, les arbres plus verts, le soleil plus resplendissant, les étoiles plus brillantes, les femmes plus belles. Cela ne serait, d'ailleurs, qu'une conséquence de son système : le monde a été fait pour sa génération. Il ne voit pas la nature immuable, toujours calme et superbe; il ne s'aperçoit pas que jadis il contemplait toutes ces sublimes beautés avec ses yeux de vingt ans et ses illusions du jeune âge; il ne veut pas reconnaître avec le poète :

> Que le temps implacable, en secouant ses ailes,
> Effeuille sur nos fronts nos couronnes mortelles,
> Et chaque jour emporte, en son flot courroucé,
> Quelque rêve fleuri qui meurt dans le passé.

Certes, l'étudiant d'aujourd'hui ne discute pas la valeur de telle ou telle tragédie; il ne va pas porter des couronnes à MM. Eusèbe de Salverte ou Labbey de Pompières; il ne prend pas parti pour les classiques ou les romantiques; il ne se passionne pas pour Mlle Mars ou Mlle Duchesnois; il ne se bat pas en duel pour les charmes de Mlles Clara Fontaine, Sophie Ponton, Marie ou Louise. Toutes ces personnes et toutes ces choses sont passées, mortes, enterrées; mais il a la littérature, les hommes, les passions, les actrices et les maîtresses; il a la jeunesse et les illusions de son temps.

Est-ce qu'il a failli aux grandes circonstances de la vie ?

Est-ce que son cœur n'a pas battu au premier rendez-vous d'amour ?

Est-ce qu'il ne l'a pas senti s'échauffer et grandir sous un regard d'amour ?

Est-ce qu'il a renié les croyances de ses devanciers, ces chères croyances qui nous font encore tressaillir après tant de luttes, de souffrances et de défaites ?

Est-ce qu'il n'aime plus? est-ce qu'il ne rit plus?

Est-ce qu'il n'est pas enthousiaste de tout ce qui est beau, grand et vrai ?

Est-ce que dans sa misère il n'a pas confiance, lui aussi, dans un avenir meilleur?

Allons donc! l'humanité ne dégénère pas ainsi en quelques années! Suivez-le dans ses plaisirs, dans ses études, dans ses joies, dans ses douleurs, et vous verrez qu'il est toujours le même, plein de fougue, de spontanéité, d'amour.

Non, vous n'existez plus, étudiants de dixième année; vous êtes relégués avec les vieilles lunes et les neiges de l'an passé; vous êtes arrivés à l'âge où l'on se fait homme grave, parce qu'il vous pousse du ventre et que l'estomac ne digère plus ; où l'on ne rit plus, parce qu'on a peur de montrer une mâchoire édentée; mais ne désolez pas les autres parce que vous êtes désolés. Vous aurez beau faire, beau dire et beau regretter, vous n'empêcherez jamais les douces joies et les charmantes douleurs de la vingtième année de venir s'épanouir sur les fronts de vingt ans.

L'étudiant a toujours ses mœurs à lui, mœurs de l'homme auquel la société n'a pas encore imposé ses devoirs, qui vit libre de toute entrave, sans souci du lendemain, à peu près à la façon des collégiens en vacances. Il lui faut du bruit, des cris, des chansons, des gambades pour se prouver à lui-même qu'il est bien libre, bien affranchi des pensums et des devoirs du lycée, et que le pion n'est pas là pour le rappeler à l'ordre. Il se fait un monde à lui, tout imaginaire, qu'il peuple de gens créés à son image, auxquels il donne ses goûts, ses habitudes et ses pensées. Il ne connaît pas la vie par ce qu'il en a vu, il n'a pas encore eu le temps d'observer, mais par ce qu'il a lu, et cela dans ses auteurs latins, qu'il n'a point encore oubliés.

D'ailleurs son quartier est fait pour lui rappeler tous ses souvenirs classiques; ce ne sont partout qu'inscriptions latines, vers grecs et citations des poètes et des prosateurs de l'antiquité. Là, les hôtels et les cafés empruntent leurs noms aux célébrités du *De viris illustribus urbis Romæ,* ou bien à l'*Epitome historiæ græcæ.* Ici, c'est le café de Jules César, l'hôtel de *Corinthe,* avec ces mots inscrits sur un marbre : *Non licet omnibus adire Corinthum.* Il n'est pas jusqu'aux perruquiers qui n'illustrent leurs enseignes de phrases grecques et latines. Ce ne sont partout que boutiques de libraires, marchands de crânes, de tibias, de fémurs et de plâtres phrénologiques. Les codes français étalent leurs hanches bariolées auprès des signets du Digeste ; les livres de chimie, d'anatomie, de botanique, de physique et de toutes les sciences réunies, ornent les devantures des bouquinistes ; c'est un pêle-mêle de noms connus et d'illustres inconnus à faire frémir les bibliographes futurs. Là, il y a des boutiques comme on n'en voit nulle autre part dans Paris.

Les étudiants n'ont peut-être plus ces airs débraillés, ces costumes baroques qu'ils affectaient jadis, et ce n'est pas là une perte bien regrettable. Ils ne réveillent peut-être plus si souvent par leurs chansons les bourgeois endormis ; qu'est-ce qui s'en plaint ? Autre temps, autres habitudes. Ils ont peut-être perdu quelques-uns des défauts de leurs devanciers.

Mais ils en ont gardé toutes les qualités. Et d'ailleurs l'air qu'on respire au pays Latin est trop imprégné d'un parfum *sui generis* pour qu'en si peu de temps toute une population ait changé de mœurs. Les vieux murs du quartier des Écoles eux-mêmes la rappelleraient à l'ordre de la jeunesse et de la fraternité, s'il en était autrement.

Mais, hommes de trente ans, passez dans ces rues, devant ces hôtels garnis dont nous regrettons tous les dures couchettes, à la fin de l'année scolaire, au moment des examens, et vous verrez si la race a dégénéré, vous écouterez si les échos ne répètent pas aussi joyeusement les vieux refrains de nos gaies chansons de vingt ans. Oubliez pour un moment vos soucis et vos préoccupations, reportez-vous, par la pensée, à notre insouciante jeunesse, et vous serez obligés de vous avouer que c'est toujours la même joie, le même enthousiasme, le même bonheur de vivre.

Et maintenant, savez-vous pourquoi la grisette a disparu ou à peu près ?

Les uns disent, avec Léo Lespès : « C'est que la grisette, voyant que la jeunesse s'engouait de la soie, des hanches étoffées, des chapeaux à fleurs, s'est transformée. Sa chute date de l'invention de la crinoline, — sans garantie du gouvernement. »

D'autres trouveront des raisons morales, philosophiques et même sociales; ils invoqueront le goût du luxe, les idées de confort, l'aspiration au bien-être général; enfin, le plus grand nombre ne manquera pas de tout jeter sur les idées subversives, sur les éternels ennemis de tout ordre, de toute religion et de toute famille. Ils ont si bon dos, ceux-ci! On dira tout, on soutiendra toutes les opinions, et on ne verra pas que la grisette a disparu, tuée sous une de ces phrases toutes faites, qui passent dans la conversation, et que chacun répète sans savoir pourquoi.

On lui a tant dit qu'elle n'existait plus qu'elle a fini par prendre le mot au pied de la lettre ; elle n'avait pas la force de viabilité de l'étudiant, que l'on n'a pas encore pu annihiler. Il lui est arrivé ce qui arrive aux enfants faibles dans les collèges : à force de leur dire qu'ils sont stupides, on finit toujours par rendre idiots ces pauvres petits êtres, qui cependant sont souvent très intelligents, mais doux et timides.

Oh! on ne peut pas se figurer l'influence des phrases stéréotypées! Elles font notre malheur depuis soixante ans : elles détruisent tout ce qu'elles touchent; elles déshonorent tous ceux à qui on les accole. Enfin, ce qui est plus malheureux, elles sont sans cesse aux lèvres de tous les imbéciles et forment le fond de leur conversation; sans elles, ils ne parleraient peut-être pas, et nous y gagnerions bien des ennuis de moins.

Elles ont tué la grisette, elles sapent en brèche l'étudiant et le commis, l'écrivain et le comédien : car on dit encore que l'art n'existe plus, qu'on ne fait plus de pièce, que le commerce ne va pas. Et cependant, nous qui vivons, qui voyons, qui entendons, nous disons hautement : « Jamais aucune de ces choses n'a été plus vivace, plus glorieuse et mieux entendue qu'au temps où nous vivons. »

Laissons les morts où ils sont, ne prenons pas leurs vieux os blanchis pour en abattre les vivants ; défions-nous des comparaisons, prenons chacun pour ce qu'il est. Les anciens ne se remplacent pas ; ils ont fait leur devoir, faisons le nôtre sans les imiter ; soyons nous, et c'est déjà beaucoup, et surtout ne nous efforçons pas de semer des ruines tout autour de nous pour nous donner la joie de collectionner des souvenirs.

V

L'AIR ET LE GENRE

Généralement, lorsqu'un de nos compatriotes revient de Londres ou d'Amsterdam, si vous lui demandez des nouvelles de son voyage, il ne manque jamais de répondre :

« C'est un pays affreux, c'est la patrie de l'ennui, tout y est d'une monotonie désespérante. Les rues, les maisons, les boutiques, les places, s'y ressemblent. Je ne sais pas si c'est le brouillard qui produit cet effet d'optique, mais, lorsque vous regardez devant vous, il vous semble toujours revoir ce que vous venez de voir là-bas. Ce sont des épreuves moulées à mille exemplaires dans un bon creux et placées les unes à la suite des autres. »

En effet, vous qui avez été à Londres, ou qui irez visiter cette ville géante, si vous ne pouvez vous déplacer, allez au faubourg Saint-Honoré, c'est tout comme, et mettez-vous à la fenêtre pour voir passer le monde. Vous remarquerez une chose toute particulière, c'est que ce n'est ni le brouillard, ni l'aspect des maisons, ni ces rues interminablement longues, qui font de la capitale de l'Angleterre une ville d'une monotonie spleenique, ce sont les habitants. C'est l'uniformité du costume noir des hommes, l'uniformité des robes écossaises des femmes, les chapeaux impossibles de ces dames, les tournures guindées de ces gentlemen dans leurs petits habits noirs, leurs jambes engainées dans les pantalons collants, leur marche compassée, leurs mouvements méticuleux, le petit sautillement des misses, l'air grave des mistresses, jusqu'à leurs superbes cheveux blonds et leur incomparable beauté, qui engendrent la monotonie, l'ennui, le spleen et toutes ses conséquences.

C'est tout le contraire à Paris : arrêtez-vous sur le boulevard, devant un café, par une belle journée d'été, regardez la foule qui passe et se succède sans cesse ; il ne vous faudra pas être bien profond observateur pour résoudre au bout d'un quart d'heure le fameux problème qui tourmenta le poète Voiture durant toute son existence, et qu'il ne put jamais résoudre, à savoir : un homme étant donné, d'après sa démarche, sa physionomie, ses gestes et sa manière de parler, déterminer sa profession.

A Londres, en effet, on a l'*air* anglais ; chacun s'occupe de son affaire, travaille, pour ainsi dire, à huis clos, et, aussitôt dans la rue, s'empresse d'oublier sa profession pour vivre, marcher, s'habiller comme tout le monde. Personne ne songe *à se donner un genre*. A Paris, on *pose,* on se grime, on a l'*air* artiste, portier, comédien, bottier, militaire, mauvais sujet, comme il faut.

Avoir l'*air,* pour certaines personnes, est tout un travail ; elles passent des heures entières devant leur glace pour prendre l'air qu'elles affectionnent. Souvent elles se condamnent au martyre ; elles souffrent mille douleurs pour ne pas arriver à atteindre l'*air* qui fait toute leur ambition.

Il me souvient d'un mien ami, excellent garçon, très intelligent, très bon ; la nature l'avait doué d'un esprit gai, caustique, amusant, et d'une force herculéenne ; elle l'avait, en bonne mère, doté d'une santé robuste et apparente. On croyait toujours, en le voyant arriver le matin, qu'il venait vous souhaiter votre fête, tant les fleurs de la santé s'épanouissaient agréablement sur son visage empourpré. Il avait l'air d'un bouquet fraîchement cueilli. Eh bien ! c'étaient tous ces dons de la nature, qui s'était montrée si prodigue envers lui, qui faisaient son désespoir.

C'est que mon ami était arrivé dans le moment où le suprême *bon genre* était d'avoir l'air fatal et poitrinaire ; dans ce moment d'aberration byronienne où chacun voulait ressembler à Lara, au Pirate, ou bien à l'un des personnages au visage ravagé, fatigué par les passions et les souffrances du grand poète ; il s'était laissé pousser les cheveux d'une aune ; il portait une barbe à la Saint-Mégrin d'une longueur démesurée ; il mettait des chapeaux pointus, s'arrangeait des gilets taillés en jaquettes, des pantalons imitant le haut-de-chausse, et des redingotes de velours simulant le pourpoint ; il levait les yeux au ciel pour avoir l'air rêveur ; mais ses efforts étaient vains, ses tentatives impuissantes. Qui diable, en voyant cette large poitrine, où l'air circulait dans les poumons comme dans des tuyaux d'orgue, se serait jamais avisé de penser qu'un homme bâti ainsi voulait être poitrinaire ? Cette face réjouie, où le sang circulait avec impétuosité, éloignait toute idée de vague à l'âme. Cet esprit enjoué, souvent heureux, n'inspirait aucune confiance aux tristesses intimes, éthérées, dont se plaignait ce gros garçon. Ses lèvres sensuelles, sans cesse entr'ouvertes pour mordre à belles dents dans la pomme de l'amour, démentaient d'une façon brutale ses prétendues aspirations vers un amour idéal, suave, vaporeux. Il aurait donné ses espérances dans ce monde pour être seulement attaqué d'une bonne gastrite, sa fortune pour un poumon engorgé, son âme pour une phtisie bien conditionnée, au deuxième degré. La plus cruelle injure qu'on lui pouvait faire en l'abordant était de lui dire : « Je n'ai pas besoin de te demander comment tu te portes, on n'a qu'à te regarder pour voir que tu n'as pas besoin de médecin. »

Il se fâchait et s'écriait : « Les voilà bien tous ! Mais je ne me porte pas trop bien, mais non ; je n'ai pas de santé : personne ne veut donc voir que je souffre de la poitrine ! »

Il se fâcha avec un restaurateur qui lui faisait crédit, parce qu'un jour, en découpant une dinde à sa table d'hôte, il lui mit une aile énorme dans son assiette en lui disant : « Vous mangerez bien cela, vous avez bon appétit. »

Il plia sa serviette, il acquitta son compte et ne revint jamais dans cette maison où l'on osait supposer qu'un homme de son encolure pouvait manger, lui à qui il suffisait de sucer une aile de perdrix pour entretenir sa débile existence. Car il faut le rappeler à nos lecteurs, qui l'ont sans doute oublié : une des prétentions de l'école souffreteuse, mélancolique et néo-byronienne, était de vivre toute par l'âme, sans s'occuper des besoins matériels. Il y avait même quelques fanatiques qui prétendaient vivre d'une façon toute psychologique. Ceux-ci se mettaient à table pour tenir compagnie aux êtres matériels et vulgaires qui se sustentaient confortablement; ils avaient pitié d'eux, les regardaient du haut de leur supériorité avec un suprême mépris ; et, comme la femme-vampire dont il est parlé dans les *Mille et une Nuits,* ils se contentaient de picoter quelques lentilles et quelques fruits, sans cependant les harponner avec une aiguille d'or. Lorsqu'ils étaient certains de n'être vus de personne, ils prenaient rudement leur revanche. Malheur aux biftecks et aux fricandeaux qui tombaient sous leur fourchette, ils étaient engloutis sans rémission.

Mon ami avait accaparé à lui seul, quoiqu'il n'eût aucunement la physionomie de l'emploi, tous les ridicules de l'école dont il poursuivait si douloureusement l'*air* ravagé. Il se serait bien gardé de lire Byron, il aimait trop les contes de La Fontaine, de Boccace, de la reine de Navarre, et Brantôme, pour cela; mais l'air byronien, c'était son idéal, son utopie, sa marotte; et, comme il était un peu plus consciencieux que les autres adeptes, avec l'air il voulait la chanson. Ainsi il était sans cesse à la recherche de l'autre moitié de son âme, de l'être femme ou démon qu'il avait rêvé ; pour y arriver, il prenait des airs penchés, des attitudes de saule pleureur tout à fait adorables, qui, avec son visage de franc luron, formaient le plus mauvais ménage ; l'*air* d'emprunt et l'*air* naturel se disputaient sans cesse et se livraient les plus rudes combats.

Il allait promener ses *amers pensers* dans les charmilles de la Grande-Chaumière, où la musique entretenait ses tristesses sombres. Pauvre M. Musard! on ne vous eût sans doute jamais fait ce reproche-là : votre musique, qui a régénéré la danse, créé tout un monde fantastique d'éphémères, débardeurs et titis, chicards et balochards, entretenait la mélancolie de mon ami! Mais les grisettes, car il y avait encore des grisettes, qui étaient d'excellents juges en ces matières-là, qui ne *coupaient pas dans le pont,* qui le savaient très *rigolo* dans le fond, ne donnaient pas dans le *godant.* Elles connaissaient son *pavillon,* elles voyaient un beau et solide garçon, toujours *argenté* et *bien couvert;* aussi c'était à qui viendrait s'appendre à son bras, l'agacer, le forcer à danser, et se faire inviter à souper par lui. Il ne résistait pas ; il était si bon, mon ami! Il dansait, on faisait cercle pour le voir, on l'encourageait : il s'animait, il faisait des prodiges de chorégraphie anarchique, des cabrioles à rendre Auriol jaloux, le tout accompagné d'œillades assassines, de mots cocasses, qui faisaient éclater de rire toute la galerie. Il était si bruyant, si excentrique dans ses propos, que le père Lahire ne manquait jamais d'interposer son autorité et de le rappeler à l'ordre.

Il revenait à sa table consommer trois ou quatre moos de bière, au milieu d'une foule idolâtre et des compliments les plus flatteurs! Il se savait admiré! Quant au respect, ses biceps se chargeaient de l'enseigner à ceux qui en manquaient. Il disait d'une façon langoureuse, au milieu des soupirs : « Que voulez-vous, mes amis, je m'étourdis, je suis si malade et si malheureux!... Oh! vous ne me comprenez pas! »

Ces dames se chargeaient cependant de lui prouver qu'elles

le comprenaient, elles. — Bon Dieu ! que son âme avait donc de moitiés égarées ! Je lui en ai vu de brunes, de blondes, de blanches, de roses ; les unes avec des nez à la Roxelane, les autres avec l'aquilin, le grec, l'ordinaire. Et tout cela ne faisait que l'aider à parcourir cette triste route qu'on nomme la vie.

Enfin, voyant qu'il ne réussissait pas dans les poitrinaires, il adopta un autre *genre* : il se jeta dans les maladies du cœur. Il fit tant et si bien qu'à la fin il se rendit malade pour tout de bon. Je crois, Dieu me pardonne ! qu'il employait le moyen des petites filles qui ne veulent pas grossir : il buvait du vinaigre et mangeait des cornichons.

Heureusement que, sur ces entrefaites, la mode changea, selon son habitude ; elle passa d'un extrême à l'autre. Au lieu de l'air poitrinaire et aspirant à un monde meilleur, on se donna tout à coup l'air viveur et débraillé. Mon ami se trouvait dans son élément ; il guérit aussi vite que son tailleur lui eut porté des habits à larges basques, des pantalons à la hussarde et des gilets à la conventionnel. Il eut un succès prodigieux, si prodigieux qu'il rencontra un jour cette moitié d'âme qu'il avait tant cherchée en se grimant en malade, dans une personne dont le père avait fabriqué des bas, des bonnets et des caleçons de coton pendant trente ans. Ils unirent leurs destinées, et maintenant ce pauvre désespéré a du ventre, une étude de notaire à Paris, une excellente table ; il ne pense plus à mourir. Quant à madame la notairesse, depuis qu'elle a douze ans, trois enfants de plus et deux dents de moins, elle devient byronienne à son tour, elle a du vague dans l'âme ; son mari trouve cela très ridicule. Je le crois bien !

Nous avons raconté longuement l'histoire de notre ami, maniaque et notaire, non parce que nous y avions vu une originale individualité, mais parce que c'est l'histoire de toute une race de jeunes gens qui, chaque année, pendant la durée du mouvement artistique et littéraire de Juillet, changeaient de mode, de costume, de langage et de façon d'être. C'était tout un clan qui se réunissait dans un quartier, y fondait un village de fanatiques, et, selon le grand succès du moment, ils étaient tantôt déguisés en Perrinet Leclerc, en Buridan, en Gennaro, en malcontent, en bravo. On sait l'influence du costume sur les idées : à force de porter les cheveux courts ou longs, ils finissaient par se croire ceux-là mêmes dont ils empruntaient *l'air,* et, à force de se le dire à eux-mêmes, à force d'en rêver, de se tourmenter le visage pour ressembler à leurs héros de prédilection, sans s'en apercevoir ils parlaient comme eux. Dans mon jeune âge, j'ai rencontré moult giens auxquels le vieil languaige françois étoit familier.

Maintenant, tout est bien changé : on parle *argot,* c'est plus facile et cela demande moins d'études.

VI

DE L'APPARENCE ET DE L'ASSIMILATION

Franklin a dit, je ne sais où :

« Ce qui coûte le plus cher à l'homme, ce sont les yeux des autres. »

« Que de gens se sont ruinés pour paraître autre chose qu'ils ne sont ! »

Ceci n'est pas de moi, mais d'un très mauvais écrivain du XVIIIe siècle, du R. P. Destrot, jésuite de Grenoble, qui, heureusement pour la postérité, n'a imprimé qu'un sermon contre les habits et les vestes dorés; sans cela il se serait nécessairement trouvé un écrivain pour réhabiliter ce digne homme, qui avait à son service tant de lieux communs à propos de l'humilité et du mépris de la parure ; on aurait peut-être adopté ses œuvres dans les collèges.

Cependant son sermon nous a servi à quelque chose, en ce qu'il nous a appris que cette manie de beaux habits, que nous croyions inhérente à notre époque, existait au commencement du XVIIIe siècle. Déjà chacun voulait... Mais nous ne pouvons pas copier ici le proverbe que citait notre prédicateur en pleine cathédrale de Bourges, le 2 septembre 1719, jour de la Saint-Lazare. Notre langue a depuis fait des progrès en bégueulisme ; qu'importe ! toujours est-il que, dans ce temps-là, chacun voulait passer au moins pour marquis.

Aujourd'hui, on veut bien encore passer pour noble, mais ce à quoi on tient surtout, c'est d'avoir l'air riche. L'amour des richesses a tué toutes les nobles ambitions chez nous ; il n'y a plus que quelques fous, quelques hurluberlus qui aient encore l'amour de la gloire, qui travaillent pour la réputation ; aussi sont-ils en butte à toutes les railleries de leurs contemporains. Il est ridicule de faire quelque chose pour l'honneur ; on éclaterait au nez de celui qui oserait se servir de cette réticence, palladium de nos ancêtres : « Et l'honneur ! »

L'honneur ne donne pas le bien-vivre, il ne donne pas les beaux habits, il ne donne pas les plaisirs faciles, enfin il ne procure pas les apparences extrêmes du confort, qui sont toutes choses pour une grande majorité de la nation. Les apparences, sauvez les apparences ! tel est le grand mot de l'époque. Soyez un sot, un ignare, un malhonnête homme, un misérable sans feu ni lieu ; faites tout ce que vous voudrez : assassinez, tuez, volez ; qu'importe ! Vous serez spirituel, érudit, riche, honnête, probe, magnanime, si vous savez sauver les apparences.

Nous sommes un peuple de singes, nous ne savons pas être nous; il faut toujours que nous nous assimilions à nos voisins du Nord ou du Midi, ou que nous nous imitions entre nous. A l'étranger, en Angleterre, par exemple, un homme est d'autant plus considéré qu'il est plus *humourist,* c'est-à-dire qu'il ressemble le moins à tout le monde.

En France, au contraire, le plus grand malheur qui vous puisse arriver est d'être original, original est presque une injure. Recommandez un homme pour une place, un emploi, une loge de concierge, — peu importe quoi, — à un de ces êtres graves qui s'épanouissent carrément dans leur suffisance et leur stupidité, comme des ânes chargés de reliques; qu'il soit bien disposé à vous obliger, qu'il ait bien digéré, que vous lui ayez bien laissé le bonheur de s'enivrer de son importance, qu'il vous ait suffisamment fait sentir toute sa condescendance à vous écouter, qu'il ait bien pesé sur vous de toute sa majesté grasse ou d'homme puissant, qu'il vous ait annihilé tout à son aise, et qu'enfin, pour mettre le comble à votre humiliation, sans sourciller vous lui ayez permis de vous appeler: « Mon garçon », il daignera voir votre protégé, lui parler un quart d'heure; pour peu que le malheureux ait un peu d'esprit, que sa conversation ne ressemble pas à tous ces vains bruits qui frappent nos oreilles à toutes les heures du jour et qu'on n'écoute même pas, qu'il ait une redingote, un pantalon, une cravate d'une autre couleur que ceux de tous les protégés de ce monsieur, il sera éconduit cavalièrement, votre recommandation deviendra illusoire. Et si un jour, poussé à bout, vous venez demander pourquoi on n'a rien fait pour ce pauvre diable, ce monsieur, ce lieu commun en chair et en os vous répondra du haut de sa supériorité :

« Ah bah ! c'est un original ! »

Aussi, de quoi diable vous avisez-vous ? Il faut un mouton de Panurge à ces gens-là, et vous allez leur présenter un homme : cela ne fait pas leur affaire.

O vous, jeunes gens que talonne l'ambition de vous voir chaque jour huit heures devant la table d'un bureau et d'y griffonner dix ou douze copies de lettres, de rapports ou de comptes sous les yeux d'un chef arrogant ! si vous voulez arriver, mettez-vous chaque matin à votre fenêtre, regardez passer le monde, calquez le costume, l'allure, le geste du plus grand nombre, écoutez la façon de parler des gens, prenez leurs expressions favorites, déguisez vos goûts, mettez une sourdine à votre esprit, éteignez votre imagination, soyez médiocres, faites preuve du don d'assimilation, et vous serez enrôlés dans la majorité, votre avenir sera certain. Vous aurez sauvé les apparences, on ne vous craindra pas.

Regardez autour de vous, est-ce que vous voyez des originaux ? Les tailleurs ne ressemblent-ils pas à tous les autres tailleurs ? N'est-ce pas la même démarche, les mêmes habits, la même tournure ? Pourquoi seriez-vous moins bête, moins plat gueux qu'un autre protégé ?

On vous dira bien que la France est la patrie du bon goût, que nos Françaises s'habillent d'une façon exquise, que nos lions se mettent admirablement bien. Mais qui est-ce donc qui a du goût ? Les gens qui possèdent cette quintessence de l'imagination doivent être bien peu nombreux : car, enfin, tous ceux auxquels les dieux ont fait assez de loisir et de fortune pour leur permettre de suivre les modes sont tous habillés de même. Cette année, c'est le bleu qui est à la mode : tout le monde, du bleu ; les habits bleus sont courts : tous les habits se raccourcissent comme par enchantement.

L'année prochaine on portera du vert russe, la taille sera démesurément longue : la majorité des Français se couvrira de costumes verts à longue taille, sans s'inquiéter nullement si cela leur sied oui ou non, sans jugement, sans réflexion. C'est la mode, cela suffit. N'avez-vous pas vu, l'hiver dernier, le boulevard changé en hôpital des Incurables ? Quelques mauvais plaisants, voulant mystifier les Parisiens, s'imaginèrent de se promener un jour avec des redingotes empruntées à la garde-robe de Bicêtre ; aussitôt, tous les gens à la suite d'admirer, de trouver cela charmant d'originalité ; et voilà les tailleurs forcés de s'adresser au fournisseur patenté de l'administration de l'assistance publique pour se procurer du drap et satisfaire le goût bizarre de leurs clients.

A qui ces espèces de capotes de guérite allaient-elles ? Était-ce aux gens gros et courts ? était-ce aux gens longs et maigres ? Ni aux uns ni aux autres ; n'importe qui s'en couvrait, c'était toujours affreux. Et cependant toute la fine fleur des gens réputés de goût était *embicêtrée* par esprit d'assimilation.

Quelques rares individus ne voulurent point consentir à anticiper sur leur vieillesse en s'affublant en vieillards cacochymes. Se trouvant assez laids avec notre laid accoutrement moderne, ils s'obstinèrent à rester vêtus à leur fantaisie, à leur commodité la plus grande.

Que n'a-t-on pas dit d'eux! Tous ces gens sans péché leur jetèrent la pierre : « Ce sont des imbéciles, des originaux, ils ne veulent pas faire comme tout le monde. » Ils ne veulent pas faire comme tout le monde!!!

Vous l'entendez : si vous voulez parvenir, si vous ne voulez être ni un imbécile, ni un facétieux, ni un jeune homme, ni un original, tout titre fermant à votre nez l'huis de toutes les carrières; si vous ne voulez ni penser, ni juger, ni raisonner, ni inventer, ni vivre pour vous, faites comme tout le monde : acceptez l'esclavage ; baissez la tête sous la tyrannie du fait accompli, les portes s'ouvriront devant vous comme par enchantement, vous aurez sauvé les apparences : *Et dignus eris intrare in illo docto corpore.*

Mais qui donc invente la mode? d'où sort-elle? vient-elle d'en haut? vient-elle d'en bas?

Nos collègues les courriers de Paris, ceux qui font des articles sur les faits et gestes de la grande ville, ceux qui disent : « Hier, tout Paris était aux Folies-Concertantes pour applaudir M. Paul Legrand. On y a surtout remarqué Mme la comtesse de B..., qui avait une robe, etc., etc., etc. » Ces littérateurs-là soutiennent bien dans leurs feuilletons que la mode vient d'en haut, qu'elle part des salons de l'hôtel, pour arriver aux petits appartements des quartiers interlopes. Mais nous, qui quelquefois avons l'honneur de faire partie de ce tout Paris, et qui étions aussi aux Folies-Concertantes, nous pourrions imprimer aussi le lendemain : « Hier, *tout Paris* était à l'Opéra pour applaudir M. Roger dans le rôle de Jean de Leyde, du *Prophète*. On y remarquait surtout la célèbre *Turlurette :* elle avait une robe, etc., etc., etc. » Nous serions aussi vrai que notre confrère : car la robe de Mlle Turlurette était coupée dans la même pièce d'étoffe, faite par la même faiseuse que celle de Mme la baronne de B...

Qui avait inventé la robe? Ni l'une ni l'autre. Cela revient à dire que Mlle Céline, Adèle ou Aglaé, couturière en robes, invente des choses fort laides, des espèces de ballons enflés, et que Mme de B... et Mlle Turlurette ont le courage de paraître les premières dans un lieu public avec ces *machines-là*.

Comme Mme de B... est très riche et Mlle Turlurette assez jolie, et que toutes deux passent pour se mettre très bien, toutes les femmes d'un certain monde qui voudront avoir l'apparence de la richesse et du goût singeront Mme de B..., comme toutes les guenons qui courent après la réputation de l'excentricité feront calquer leur robe, le mois prochain, sur celle de Mlle Turlurette. Les unes feront florès au faubourg Saint-Germain, à la Chaussée-d'Antin, aux Champs-Élysées; les autres rayonneront chez Mabille, à la Chaumière, au Ranelagh. Les unes trôneront sur des tapis moelleux, les autres s'effileront sur le sol salpêtré d'un bal public. Là sera toute la différence, car les acolytes de Mlle Turlurette porteront aussi galamment leur soie et leur velours que les rivales de Mme la comtesse de B... Quant à Mlle Céline, Adèle ou Aglaé, elle inventera, avec l'aide de MM. Compte-Calix et Jules David, une nouvelle coupe pour le prochain numéro du *Journal des Modes*, afin de conserver son apparence de femme de goût.

Il résulte de cela que MM. Compte-Calix et Jules David ont du goût, qu'ils sont artistes, originaux, qu'ils inventent, et que Mme de B... et Turlurette seraient bien désolées de les connaître, car elles n'ont aucune estime pour les gens qui travaillent.

Et puis le goût, qu'est-ce que le goût? Réside-t-il dans les morceaux de drap plus ou moins bien assemblés par un tailleur, de telle façon que toutes ses pratiques ont l'air de porter sa livrée; ou dans quelques chiffons qu'une couturière assemble pour tromper nos yeux, et faire que toutes les femmes se ressemblent? Alors c'est le tailleur et la couturière qui sont les gens de goût.

Réside-t-il dans la façon de porter ces guenilles? Mais Mlle Turlurette et Mme la comtesse de B... passent, chacune dans son monde, pour admirablement bien porter la toilette. Qui donc décidera si c'est Mme de B... ou Mlle Turlurette qui a du goût et l'apparence comme il faut?

Mais arrêtons-nous, et disons que nous nous sommes donné deux réputations à nous-mêmes, et que nous avons tant répété deux phrases toutes faites, nous en avons tant et tant fatigué les oreilles de tout le monde, qu'on a fini par les prendre au sérieux. Les voici :

Le peuple français est le peuple le plus spirituel du monde.

Nous dominons le monde par notre élégance et notre goût.

Et les autres peuples croient à cela. Ils ne nous contrarient pas; cela prouve qu'ils sont plus spirituels que nous, qu'ils ne veulent pas contrarier notre vanité pour si peu.

Comment pourrions-nous soutenir notre réputation si on nous mettait au pied du mur, dans un pays où la manie de l'imitation est si grande que la plupart des gens qui font fortune, ceux qui possèdent les cinq ou six millions que doit nécessairement avoir tout homme qui a ramassé une épingle devant un banquier, n'ont travaillé, ne se sont donné un mal d'enfer que pour avoir un jour une voiture comme M. tel, leur patron. Ils suent à la peine dix, quinze, vingt ans, et le jour où ils ont, à force de labeur, d'ennuis, de veillées, ramassé des écus dans tous les bourbiers possibles, ils s'empressent de commander la voiture telle qu'était celle dudit M. tel : la mode est passée depuis longtemps.

Que leur importe ! ils ont réalisé leur utopie, en se rendant ridicules, mais ils sont arrivés à leur but.

En France, on ne fait pas fortune pour avoir le bien-être, le confort, les joies qu'elle procure ; on fait fortune pour s'assimiler à quelqu'un qu'on envie, pour se donner l'apparence d'un homme qui sait jouir de son bien en réalisant le moins possible cette apparence. La preuve, c'est que tous les gens riches, ou à peu près, sont ridicules et s'ennuient.

Nous pourrions aller du grand au petit. Tous les cordonniers s'habillent de la même façon, parce qu'un cordonnier qui a fait fortune jadis s'habillait de cette façon incongrue ; que sa corporation le trouvait élégant, ainsi accoutré ; tous les cordonniers aspirent à cet habillement ridicule, pour avoir l'apparence de la fortune, du goût et de l'élégance, et leurs économies passent à s'assimiler les uns avec les autres.

Les patrons de magasins se font un type de commis ; ils le trouvent bien, ils ont un faible pour lui. Si un jeune homme se présente à eux élégamment vêtu, ils le refusent, car ils ne veulent pas de lions chez eux. S'il est mal mis, s'il a besoin de cette place pour vivre et se couvrir, ils l'éconduisent brutalement : ils n'ont pas besoin de nourrir un mendiant; s'il n'est que propre, ils ne veulent pas donner à vivre à qui n'en a pas besoin. Que faut-il donc pour gagner les douze cents francs qu'ils donnent en échange de seize heures de travail ? Ils ne se l'avouent pas, il faut ressembler à leur ami affectionné, il faut le singer, avoir de faux airs de lui. Et nous nous rengorgeons en nous disant :

« Je suis une parcelle intégrante du peuple le plus spirituel du monde ! »

Lorsque nous entendons des gens dire : « La révolution de 89, en détruisant les castes, a produit l'égalité du costume ; aujourd'hui tout le monde est mis de même. » Hélas ! les maîtrises ne sont pas détruites, chacun s'habille selon sa caste, chacun imite son voisin, sans savoir pourquoi, sans consulter son goût, sans se regarder, sans compter sa bourse, uniquement parce que le voisin se plaît à imiter son père, et qu'on se dit : « Puisque tous les confrères sont ainsi costumés, cela doit être bien. » Nous subissons à notre insu l'influence du génie français, qui est par excellence le génie de l'assimilation.

Quelle est la raison qui fait que tous les chapeliers ont des blouses et des chapeaux, tous les tapissiers, marchands de vin, brasseurs, bouchers, charcutiers, épiciers, domestiques, garçons d'hôtel, etc., etc., des tabliers coupés de la même manière et de la même couleur ? Ces tabliers ne sont pourtant pas plus commodes pour eux que d'autres tabliers, ils coûtent souvent très cher ; c'est qu'ils s'imitent mutuellement, et que, l'un ayant quelque chose, son voisin ne veut pas avoir l'apparence d'être moins fortuné aux yeux des autres.

Donc, il est vrai que tout le monde veut paraître ce qu'il n'est pas, donc le R. P. Destret n'avait pas tort et Franklin avait raison, et pensait peut-être à la sotte vanité de notre nature, qui se contente des apparences, en disant :

« Ce qui coûte le plus cher aux hommes, ce sont les yeux des autres. »

PEINTURES D'HISTOIRE

PORTRAITS ET PAYSAGES

I

LE FAUBOURG SAINT-JACQUES

Nous allons donc, bon et désiré lecteur, pénétrer ensemble dans l'antique cité universitaire, dans le vieux et excellent quartier Saint-Jacques, le véritable Paris, une des gloires de la grande ville. Là, chacun de nos pas soulèvera une respectable poussière encore tout imprégnée de l'odeur scolastique, d'une senteur de vieux bouquin. Nous heurterons à chaque instant quelque vénérable ruine parlant éloquemment à l'esprit, au cœur, à la mémoire : soit l'ombre de ces anciens professeurs, vieilles et modestes gloires nationales, qui ont su faire du peuple français le premier peuple du monde, en préparant ces fortes générations qui, pacifiquement, par les lettres et la science, devaient nous placer où nous sommes encore, à la tête de l'Europe civilisée; soit un de ces grands et sombres collèges, glorieux héritage que nous ont légué nos pères, où nous avons appris à devenir des hommes.

Qui n'a pas habité ce vieux quartier Latin ? Qui, en traversant ses rues boueuses, tortueuses, emmêlées comme un écheveau de fil confié à un enfant, selon l'expression du poète, n'a senti son cœur battre au souvenir de la vingtième année ?

Ah! le temps qu'on passe là-bas, de l'autre côté des ponts, c'est le bon temps, le temps des rêves, le temps de l'insouciance, de l'espérance, le temps du bonheur ! Je ne crois pas, quoi qu'en disent les vieillards, qu'on regrette jamais ces longues et interminables années de collège, émaillées de pensums et jaspées de calottes et de coups de poing des camarades ; mais tout le reste de la vie se passe à regretter le temps où l'on était étudiant lettres, sciences, médecine, art, droit : peu importe ce qu'on a étudié, mais on regrette, et le vieux refrain, devenu si populaire parce qu'il est éminemment vrai, se répète toujours avec bonheur :

> Le temps que je regrette,
> C'est le temps qui n'est plus.

Certes j'aime mon Paris, je l'aime à la rage ; mais ce que je revois toujours avec un plaisir indicible, c'est mon vieux quartier Saint-Jacques. Il y a là certaines maisons, vieilles, lézardées, effondrées, s'appuyant avec des précautions infinies sur leurs voisines, pour ne pas, tout à coup, joncher la terre de leurs débris, qui ont encore aujourd'hui le privilège de me faire sauter le cœur dans la poitrine.

« Ah! mes vingt ans, mes vingt ans sitôt passés, vous ai-je vécus, ou bien vous ai-je rêvés? » dit Uhland quelque part. Quoique Allemand, le poète a encore et toujours raison, car il est vrai comme la poésie et l'amour, les deux vérités qui sont encore dans ce monde. Tout un monde, monde évanoui, hélas! renaît à ma pensée, vient ragaillardir mon âme, lorsque du Petit-Pont je vois ce long serpent dont les écailles de grès semblent se faire la courte échelle pour escalader le Panthéon. Mais aussi, soyons de bon compte, quelle rue que cette rue Saint-Jacques! Quel est le pays au monde qui possède la pareille? C'est une ville entière! que dis-je? c'est une patrie, un royaume! Combien de rois puissants, commandant des armées, réunissant sous leur pouvoir trente provinces, et des peuples parlant des langues différentes, doivent envier ce petit coin dédaigné de Paris, cette vieille rue Saint-Jacques! Quelle est la ville en Europe, sans en excepter Vienne et Londres, Berlin, Saint-Pétersbourg et toute la Russie, qui possède dans son étendue les trésors amoncelés du Petit-Pont au boulevard de la Santé? Tout s'y trouve, c'est la France intelligente, savante, belle, en miniature ; c'est un spécimen de tout ce qu'il y a de grand, de bon, de magnifique dans notre pays. C'est-à-dire qu'un enfant recueilli là-haut, par la charité publique, à l'hospice de la Maternité, peut devenir un grand homme de science, un grand littérateur, un savant jurisconsulte, un grand médecin, un habile chirurgien, un mathématicien hors ligne, un historien de premier ordre, au besoin même un grand homme de guerre, sans sortir de la rue, du pays qui lui a donné le jour! On lui apprendra là, et gratuitement, toutes les sciences depuis l'A B C jusqu'aux problèmes les plus ardus, jusqu'à l'oméga des connaissances humaines; et un jour son nom retentira dans le monde, pour la gloire de sa patrie.

Voici l'Hôtel-Dieu, le premier hôpital du monde, car tout ce qui croit à l'étranger pouvoir guérir ou tuer ses concitoyens dans les règles n'est rien aux yeux de ses collègues du pays, s'il n'est venu faire son pèlerinage au cours de ses professeurs de clinique. Un jour, si on l'interroge, il répondra : « Pelletan, Bichat, Dupuytren, Rostan, Roux, Laugier. » C'est le Collège de France qui marche à la tête des corps enseignants du pays, et rappelle toute une longue série de grands hommes des siècles passés, et, parmi nos contemporains, Andrieux, Cuvier, les deux Ampère, Letronne, Michelet, Edgar Quinet, Philarète Chasles, Mickiewicz, Regnault, Babinet, et tous les grands noms de la science, de la littérature et de la philosophie. En face, ô prodige fait pour étonner tous les étrangers, pour leur donner une merveilleuse idée de cette France colossale ! il n'y a que la rue à traverser, la Sorbonne, cette vieille et terrible Sorbonne qui faisait trembler les rois sur leurs trônes, le pape dans le Vatican, et les philosophes dans leurs cabinets ! Ses arrêts étaient terribles : ils envoyaient tout droit au bûcher de la place de Grève, dans un cul de basse-fosse de quelque prison d'État, ou dans l'*in-pace* de quelque couvent inconnu.

Devenue meilleure fille aujourd'hui, elle permet la discussion, et donne généreusement asile aux savants, aux philosophes, et même aux chimistes et aux astronomes. Elle permet de reconnaître quelque talent à Copernic, à Galilée, et ne crie pas trop haut lorsqu'on cite Voltaire, Rousseau et Diderot. Mais, cependant... la dame est restée bégueule. Il ne faudrait pas aller trop loin : la Faculté de théologie est là qui guette, en honnête fille il est vrai, — elle ne fait jamais parler d'elle, — mais elle guette. Ainsi, comme dit M. Scribe dans *la Fiancée* :

<blockquote>Garde à vous ! garde à vous ! avancez en silence,</blockquote>

si faire se peut. MM. Villemain, Cousin, Guizot, Fauriel, Jules Simon, Saint-Marc Girardin, Geoffroy Saint-Hilaire père et fils, Constant Provost, Blainville, Mirbel, Dumas, Desprez, Lefébure de Fourcy, Patin, Ozanam, y ont attiré de notre temps tout ce qui pense en Europe, et même dans le monde.

Montons toujours, et nous nous trouverons en face du collège Louis-le-Grand, où nous rencontrerons des souvenirs de Voltaire, Camille Desmoulins, Robespierre, ces élèves mal réussis des RR. PP. Jésuites. La place du Panthéon, le fronton de David d'Angers, un chef-d'œuvre, et cette magnifique légende qui, quoi qu'on fasse, y restera toujours gravée pour tout enfant de Paris :

AUX GRANDS HOMMES LA PATRIE RECONNAISSANTE.

L'École de droit, où résonne encore la parole éloquente des Delvincourt, des Duranton, des Bugnet, des Valette, des Bravard, des Royer-Collard, savants modestes et courageux, bénédictins de la loi, chargés de porter les lumières de leur intelligence dans nos codes peut-être trop embrouillés, hélas! et chargés de les expliquer aux futurs défenseurs de la société, de la veuve et de l'orphelin; sans compter les Gerbier du mur mitoyen, et les Cicéron de justice de paix. La bibliothèque Sainte-Geneviève, précieuse et populaire collection où, en attendant l'heure de gagner son grabat, le pauvre peut venir tous les soirs se nourrir l'esprit, dans une salle bien chauffée, bien éclairée, tout en priant la Providence de penser un peu à lui accorder aussi la nourriture du corps. Des couvents, les Filles et Dames repenties, qui veulent redevenir sages, et la maison de correction des jeunes filles qui ne sont plus sages, mais ne se repentent pas encore. L'École des sourds-muets, une des plus belles et des plus grandes idées de ce siècle, déjà si fécond en institutions charitables. Il faudra que la philanthropie soit bien adroite, bien madrée, bien intrigante, pour parvenir jamais à tuer la charité en France. Gloire à l'abbé de l'Épée! honneur à l'abbé Sicard! salut à Pommier et à tous ses généreux collègues! L'hôpital militaire du Val-de-Grâce, encore une bonne idée de ce siècle tant vilipendé, critiqué, traîné dans la boue; et par qui? grand Dieu! Nous sommes heureux d'être de notre temps et de pouvoir admirer tout ce qu'il a fait de grand; de quelque part que viennent le beau, le bon, l'utile, nous nous inclinons et nous admirons. Aussi ne parlerons-nous ni de la reine Anne d'Autriche, ni du cardinal Mazarin; de tout cela il n'y a plus que les vers de Molière qui vivent, et encore grâce à *Tartufe* et au *Misanthrope*.

Nous ne citons que pour mémoire toutes les écoles préparatoires à Saint-Cyr, à la Marine, aux Eaux et Forêts, à l'École polytechnique, etc., etc., qui émaillent notre chemin de leurs enseignes enluminées. Mais trois hôpitaux se touchent : le Midi... passons vite sans faire visite à M. Ricord, le plus spirituel des médecins; la Maternité, où la pauvre mère sans lit et sans pain trouve un berceau pour endormir son nouveau-né ; et Cochin, qui donne asile à la nombreuse population de ce quartier, qui se casse bras et jambes en extrayant des carrières la pierre qui servira à bâtir des palais. L'Observatoire, qui rappelle François Arago, dont la parole vibre encore sous ses voûtes sonores. Pour le Parisien, peuple et bourgeois, l'Observatoire, avec ses lourdes murailles de forteresse et ses toits coiffés du turban ridicule des figurants d'*Athalie,* est personnifié. Ce n'est plus le séjour des astronomes célèbres, le bureau des longitudes, les observations météorologiques; c'est Arago! Et Arago, c'est un homme qui a surpassé de cent coudées leur intellect. C'est un mage, un astrologue, un homme qui a lu dans le ciel bien mieux que Mathieu Laensberg lui-même, et sait, six mois à l'avance, quel temps il fera tel jour donné. Aussi n'est-il pas rare, même depuis la mort du grand homme, d'entendre dire à des gens reconnus sérieux par tout le quartier :

« M. Arago a parié avec M. Biot qu'on passerait la rivière au pont des Arts sur la glace, le 15 décembre.

— Mais, puisqu'il est mort, il ne peut pas avoir parié.

— Il avait fait ses calculs pour plus de trente ans, ils sont dans ses livres; c'est pour ses héritiers, car le brave cher homme n'est pas mort riche, malgré toute sa science ; mais il était si bon ! il donnait au faubourg souffrant. »

Ainsi, avis à Emmanuel et à Alfred Arago, ses dignes fils.

Et ces bonnes gens font leurs provisions en conséquence. Le génie a cela de sublime, et celui de notre grand astronome était si plantureux qu'il donne encore des fruits, même après avoir été arraché à la terre.

Et que d'anecdotes charmantes ne conte-t-on pas dans le quartier sur sa bonhomie, sa douceur, sa bonté !

Ah ! celui qui voudra écrire une histoire de la vie d'Arago n'a qu'à aller causer avec la population pauvre qui avoisine l'Observatoire, et là il entendra des histoires de cœur, des traits de bienfaisance, qui laissent bien loin derrière eux tous les éloges académiques, fussent-ils de M. Leverrier, car alors seulement il connaîtra cet homme d'un grand cœur, que ses œuvres ont déjà classé au premier rang comme homme d'un grand génie.

Enfin, couvrons-nous de deuil, c'est la place Saint-Jacques!! place de lugubre mémoire. C'est là que, pendant dix-neuf ans, la justice humaine a frappé ses plus terribles coups.

Ah! si, au lieu de décrire ce que nous voyons chaque jour autour de nous; si, au lieu de préparer des livres tout faits pour les soi-disant érudits qui viendront après nous nous piller sans merci, nous nous contentions, comme tant d'autres faux savants, rats de bibliothèques, de raconter à nos lecteurs tout ce qu'ont écrit ceux qui sont venus avant nous, combien de volumes ne nous faudrait-il pas pour faire l'histoire incomplète de ce seul quartier Saint-Jacques ! La jactance d'un

Félibien n'y suffirait pas. Les in-folio se succéderaient dru comme grêle, de quoi ennuyer notre génération à tout jamais, et les générations futures jusqu'à la fin des siècles. Mais rassurez-vous, lecteurs, nous n'affichons aucunes prétentions à l'Académie des inscriptions et belles-lettres. Nous regardons devant et autour de nous; nous abandonnons donc cet honneur à ceux qui ne voient que derrière eux.

II

L'ÉPICERIE ET LE THÉATRE

Nous allons faire la connaissance de trois hommes d'esprit, trois célébrités parisiennes.

C'est d'abord un garçon épicier, qui deviendra un des plus féconds auteurs dramatiques de la Restauration et du règne de Louis-Philippe.

Le second n'est encore qu'élève en pharmacie, mais il sera presque médecin, presque philosophe, presque révélateur, presque mouleur, presque marchand de tableaux, presque riche.

Le troisième enfin est un simple chiffonnier ; il restera et mourra chiffonnier.

Le premier se nomme Ferdinand Laloue ; il fut, avec le père

Lepoitevin Saint-Alme, l'inventeur des grandes épopées impériales du cirque des Franconi. Il a fait d'innombrables vaudevilles, des féeries, des mélodrames, des farces; après Guilbert de Pixérécourt et M. Scribe, c'est peut-être l'homme qui a été le plus représenté en France. *L'Empereur, l'Homme du siècle, la République, l'Empire et les Cent-Jours* et tant d'autres pièces militaires ont tenu pendant quinze ans l'affiche du Cirque. Et si nous ajoutons à cela : *Za, ze, zi, zo, zu, le Mirliton*, et surtout *les Pilules du Diable*, nous pourrons facilement prouver que le nom de Ferdinand Laloue est resté quinze ans stéréotypé, tant que le Cirque s'est nommé Cirque sur son affiche. La moindre de ses pièces avait deux cents à deux cent cinquante représentations. Il y en eut plusieurs même qui durèrent l'année entière, et on les reprenait après six mois de repos, et elles refaisaient encore de l'argent comme au jour de leur première représentation. Ainsi, *les Pilules du Diable*, on les a jouées trois cents fois sans sortir de l'affiche; la salle a été trois cents fois pleine. On interrompit trois mois pour laisser souffler les acteurs, et *les Pilules* reparurent pendant cent cinquante représentations, et firent encore plus d'argent que la première fois; depuis, on les a prises, reprises avec vieux costumes, vieux décors, vieux trucs; ah bah! rien n'y fait! l'or arrive à la caisse comme l'eau sous le pont. C'est la poule aux œufs d'or, le Sacramento, le talisman du théâtre du boulevard du Temple. Aussitôt qu'un directeur est embarrassé, vite *les Pilules*, et tout est dit. Au fait, nous ne concevons pas pourquoi on n'a pas fondé un théâtre exprès pour jouer cette impériale féerie, ou bien pourquoi les directeurs du Cirque changent leurs affiches.

Ferdinand Laloue était non seulement un homme d'esprit, mais encore le meilleur homme du monde; c'était ce qu'on peut appeler dans toute l'acception du mot un cœur d'or. Il a fait la fortune de tous ceux qui se sont approchés de lui; il est vrai que bien peu l'ont su conserver. Et lui, par une bizarrerie étrange, il n'a jamais pu faire la sienne; peut-être, par esprit de contradiction, il est mort pauvre comme un véritable homme d'esprit qu'il était.

Outre son immense talent de charpentier dramatique, Ferdinand était peut-être avec et même avant Alexandre Dumas le meilleur metteur en scène qu'on ait vu; ses collaborateurs, les acteurs qui ont joué ses pièces, les figurants qui ont manœuvré et gagné les batailles sous son commandement, ne parlent de lui qu'avec la plus grande admiration.

Il avait le génie du décor à effet, et pas un n'a su comme lui distribuer, faire marcher, charger, courir à la victoire, de grandes masses de figurants. Lorsqu'on jouait une pièce de lui, au tableau final, quand le drapeau français flottait vainqueur sur les canons brisés par la mitraille au milieu des blessés, des morts et des mourants de l'armée ennemie, bien entendu, et que l'Empereur paraissait au milieu de son état-major, suivi de ses braves guides et de son inséparable mameluk, que les flammes du Bengale s'allumaient, l'illusion était telle qu'on eût cru voir cent mille hommes sur la scène. Il avait le sens du théâtre, il savait à propos finir tous ses actes sur un des grands mots historiques du vainqueur d'Austerlitz. Et son public se retirait content; il avait entendu un mot qu'il connaissait, il parlait de la pièce sur le boulevard et rentrait bien disposé pour l'acte suivant; il disait naïvement :

« Soldats, je suis content de vous. — Honneur au courage malheureux! — Voici le soleil d'Austerlitz! »

Et les harangues à l'armée d'Italie lui avaient fait remporter autant de victoires sur le peuple français que Napoléon en avait remporté sur l'étranger.

Mais aussi, il fallait le voir lorsqu'il s'agissait de monter une de ces gigantesques pièces! il était partout à la fois, il était général et soldat; il commandait la cavalerie et l'infanterie; c'était un véritable homme de guerre au milieu d'une mêlée furieuse. Avec lui, personne n'était inutile : le dernier figurant croyait avoir un rôle; il l'étudiait comme un véritable acteur; il connaissait sa place et ne l'abandonnait que sur l'ordre de son général. Il était parvenu à leur faire prendre leur métier au sérieux; il savait les encourager; il les appelait par leurs noms et savait leur donner un compliment et une pièce de monnaie à propos. Aussi se seraient-ils tous fait tuer pour M. Ferdinand. Il poussait ce tact à un point extraordinaire : ainsi il avait su si bien mettre en scène le tambour-major du Cirque, ce brave Ash, que celui-ci avait fini par se faire faire à ses entrées trois salves d'applaudissements, ni plus ni moins que MM. Edmond, Gauthier, Chéri et Patonnelle. Aussi son nom était-il sur l'affiche comme ceux des artistes; on lisait toujours sur le programme : *Un tambour-major*, Ash. Et cependant il n'a jamais dit un mot. Je me trompe, il a eu l'honneur de lancer le mot *dèche* dans l'argot parisien. Voici le fait :

Parmi les nombreuses qualités de ce bon et digne Ferdinand Laloue, il possédait au suprême degré celle de faire identifier l'acteur avec le rôle qu'il devait jouer, de le fourrer dans la peau du personnage, selon l'énergique expression de notre excellent ami Bignon. C'est ainsi qu'Edmond, qui avait joué l'Empereur dans toutes les pièces impériales, est mort se croyant réellement l'Empereur. Tous les anciens artistes du Cirque se figurent qu'ils ont été généraux ou, pour le moins, colonels de cavalerie. Ils parlent régiments, manœuvres, coups de sabre, absolument comme s'ils revenaient de la revue.

Ash donc, le tambour-major de toute cette grande armée, lui qui entrait à Vienne, à Berlin, à Moscou, à la tête de la vieille garde, avait aussi sa petite ambition; dès que les répétitions et les affaires du théâtre lui laissaient un moment de repos, il courait aux Invalides. Il s'était lié, le canon à la main, avec tous les anciens tambours de la grande armée, et là, en buvant chopine, il se faisait répéter toutes les batteries des divers régiments de la garde; de façon que, s'il paraissait dix fois dans la soirée, c'était sur dix marches différentes, ce qui faisait dix régiments; c'était, on le pense bien, une chose précieuse pour le Cirque, composé de cinq cents fantassins et de quarante chevaux. Et puis les vieux de la vieille, qui étaient dans la salle, et il y en avait toujours, reconnaissant la batterie, s'écriaient :

« Ah! comme c'est ça! c'est la marche de mon régiment.

— C'est vrai, nous étions là. »

Ces exclamations contribuaient énormément au succès et à la couleur locale de l'œuvre. Laloue, qui a peut-être trouvé des ingrats, mais qui ne l'a jamais été envers personne, ne savait comment reconnaître les bons services de ce brave et digne Ash. Il lui avait proposé de le tutoyer; Ash lui avait serré cordialement la main, une larme était venue mouiller sa paupière, et il avait répondu d'une voix entrecoupée par les sanglots :

« Ah! Monsieur Ferdinand, vous me comblez ; c'est trop d'honneur pour un pauvre diable comme moi. »

Il était parti en hâte, tout ému, se mettre à la tête de sa compagnie de tambours. Pour la première fois de sa vie, l'émotion le dominant, il fit ce jour-là un faux pas à son entrée; il en fut au désespoir pendant plus de huit jours.

Et Ferdinand cherchait toujours ce qui pouvait faire plaisir à Ash. Dans toutes ses pièces, il le faisait bien décorer en scène, sur le champ de bataille, de la main de l'Empereur, qui le reconnaissait pour l'avoir déjà vu à Toulon, en Italie, en Égypte, à Marengo, à Austerlitz, à Iéna, et lui avait fait donner déjà, aux premiers actes, des baguettes, des baudriers et des cannes d'honneur; mais cependant il ne pouvait pas lui donner la permission de porter à la ville cette croix si bien gagnée au théâtre. Et Ash paraissait soucieux, et l'auteur, qui l'aimait, voulait lui faire plaisir.

Enfin un jour, Ash, attirant Laloue derrière un portant, dans le coin le plus retiré de la salle, lui dit d'une voix émue, la parole tremblante :

« Ah! Monsieur Ferdinand, vous qui avez tant de bonté pour moi, vous qui m'avez demandé à me tutoyer comme si j'étais un de vos amis, j'ai une chose à vous demander : me l'accordez-vous?

— A moins que ce ne soit le château de Choisy, qui est démoli, je te promets que tu auras tout ce que tu me demanderas.

— Oh! non, Monsieur Ferdinand, je n'ose pas!

— Eh! que diable! parle; je suis ton ami, tu le sais, et si un ami n'accorde pas à un homme qu'il estime et qu'il aime ce que celui-ci lui demande, alors autant vaut être Cosaque (style de l'endroit).

— Eh bien! je voudrais dire deux mots dans la pièce que nous répétons. Tant pis, c'est lâché! dit-il d'un seul coup, en se préparant à fuir.

— Comment, deux mots! non pas.

— Je savais bien que vous me refuseriez; et tous les tambours de Belleville qui doivent venir à la première, et moi qui leur ai dit que j'avais un rôle : qu'est-ce qu'ils vont penser de moi! Je suis désolé! »

Et le pauvre homme pleurait presque en pensant à son humiliation devant ses confrères.

« Allons! grand enfant, qu'est-ce que c'est que ça, voyons? Ce ne sont pas deux mots, mais un rôle, que je vais faire demain; nous lisons le douzième tableau : je te ferai remettre un bulletin de lecture, dans le foyer, par le garçon, devant tout le monde. »

Le soir, dès six heures, Ash était au théâtre; il abordait tous les artistes en leur demandant :

« Que fait-on? a-t-on distribué les bulletins pour la lecture de demain? c'est que M. Ferdinand m'a fait un rôle, et je ne voudrais pas manquer pour un boulet de canon.

— Ah çà! tu deviens fou! depuis dix ans que tu es ici, tu sais bien qu'on n'a les bulletins qu'à dix heures. »

L'heure du berger arriva enfin; lorsque le garçon s'écria d'une voix de stentor : « Monsieur Ash, un bulletin de lecture, demain, midi ! » il faillit se trouver mal ; ce vieux avait mille fois affronté le feu des Autrichiens, des Prussiens et autres armées battues. En remontant à Belleville, il s'arrêtait chez toutes ses connaissances ; en ayant l'air de vouloir allumer sa pipe, il tirait son bulletin comme par inadvertance, et disait :

« Ah ! mon bulletin de lecture, pour demain ; encore un rôle à apprendre. »

Oh ! ne rions pas ; lequel de nous, le jour où son nom a été imprimé pour la première fois, n'a pas lu toutes les affiches de théâtre, si c'était une pièce, ou demandé cent fois le journal, si c'était un article, pour savoir si l'orthographe était bien la même à tous les exemplaires. *Qui sine peccato primus,* etc.

C'était une retraite de Russie. Napoléon arrivait couvert de neige ; la garde, morne et abattue, se relevait tout à coup en voyant l'Empereur. Il donnait quelques ordres à son état-major, puis il s'approchait des soldats, il frappait sur l'épaule du vieux tambour-major et lui disait :

« Eh bien ! mon brave, je te retrouve sur tous mes chemins, aux jours de triomphe comme aux jours de malheur !

— Hélas ! quel échec, mon Empereur ! » devait répondre Ash ; mais il eut le malheur de lever les yeux : il vit toute sa compagnie de tambours, les lumières se multiplièrent, il lui prit un éblouissement, l'émotion inséparable d'un premier début, la tête et la langue lui tournèrent ; il dit d'une voix ferme, mais étranglée :

« Quelle dèche, mon Empereur ! »

Le public, en voyant ce long corps et ces longues mous-

taches grises si embarrassées devant Napoléon, avait dit :
« Comme c'est nature ! »

Il s'était mis à rire, ce qui avait troublé le bon Ash ! Mais, en entendant ce mot *dèche,* qu'il ne connaissait pas, il crut à quelque mot oublié du dictionnaire troupier ; l'hilarité fut extrême ; ce fut du délire, on applaudit, on trépigna, on eût crié *bis* s'il n'avait pas été minuit passé. On comprenait qu'un tambour, quoique major, ne doit pas parler la même langue qu'un maréchal de France.

Du premier coup, sans le vouloir, Ash venait de passer grand comédien, et, homme de génie, il avait inventé un mot !

Cependant lui, il était désespéré, il voulait se passer son sabre à travers le corps, sa bévue l'effrayait ; il fuyait dans les coulisses quand il rencontra Laloue qui lui sauta au cou.

« Ah ! Monsieur Ferdinand, je vous demande pardon ! vous devez bien m'en vouloir ?

— Mais, au contraire, et pourquoi cela ? tu as eu un succès immense ; c'est moi qui m'étais trompé ; dorénavant tu diras la phrase telle que tu l'as si bien arrangée, car c'est ainsi qu'elle sera imprimée. »

Pour le coup, Ash tomba en pâmoison.

Dès le lendemain, *dèche* était en circulation dans la petite presse ; espérons qu'il passera à la postérité, si l'Académie veut lui donner droit de bourgeoisie au dictionnaire.

Laloue avait toutes les beautés et toutes les délicatesses du cœur ; il savait comprendre toutes les positions et y compatir. Il supposait bien qu'un pauvre diable ne vient pas manœuvrer, marcher, courir, tirer des coups de fusil sur le théâtre du Cirque pour quinze sous par soir, de dix heures à minuit, par pur amour de l'art. Ce serait là un amour vraiment malheureux. Aussi était-il ennemi des amendes, qui ne profitent à personne, et souvent peuvent jeter le désespoir dans une famille. C'est lui qui, pour y obvier, inventa de faire passer aux ennemis les figurants dont il n'était pas content.

Là encore il y avait des degrés : à la première faute, on devenait Mameluk, Italien ou Espagnol; à la seconde, on était Autrichien ou Russe ; à la troisième, Prussien ; enfin, Anglais. Après cela, il n'y avait plus de rémission, on renvoyait l'incorrigible. Il les faisait de même passer de la ligne dans la jeune ou la vieille garde, par récompense.

Un jour, on répétait *Za, ze, zi, zo, zu ;* il y avait dans la pièce un jeu de domino animé. Un figurant vint à lui, le visage déconfit :

« Monsieur Ferdinand, est-ce que vous n'êtes pas content de moi ?

— Et pourquoi cela, mon pauvre garçon ?

— C'est que je suis un ancien, et je n'ai que trois-et-blanc, tandis que Joseph, qui est nouveau, a le cinq-et-deux.

— C'est une erreur ; combien y en a-t-il de plus anciens que toi ?

— Quatre seulement.

— Eh bien, tu auras à ton choix le double-cinq ou le six-cinq.

— Ah ! Monsieur, le double-cinq, je vous en prie !

— Tu l'auras. »

C'est avec ces moyens, c'est en mettant chacun à sa place,

c'est en accordant de telles faveurs et en ne punissant jamais qu'avec justice, c'est en sachant respecter toutes les vanités, tous les amours-propres, que cet homme de bien a su se faire aimer et regretter de tous ceux qui l'ont connu.

LA LÉGENDE DE L'ÉPICIER
AUTEUR DRAMATIQUE

COMMENT L'ENNUI, QUELQUE ARGENT ET LA JEUNESSE FONT MANQUER LES VOCATIONS COMMERCIALES

Nous avions commencé à vous parler du faubourg Saint-Jacques et de ses originaux, mais une pneumonie errante, s'ennuyant sans doute de l'état de vagabondage, s'est abattue sur notre pauvre poitrine, et pendant deux mois on nous crut toujours sur le point de passer aux sombres bords. Heureusement, nous ne nous étions point muni de la fameuse obole, ce passeport qu'exige le vieux Caron; il n'a pas voulu de nous. Tant mieux, nous pourrons finir la tâche commencée. Nous sommes plein d'espérance en cinquante ans de joie et de santé, nous fiant sur ce vers-proverbe :

> On ne voit pas deux fois le rivage des morts.

Ainsi, chers amis et lecteurs, prêtez-nous votre attention, nous nous sentons en veine de production.

Ferdinand Laloue était premier et seul élève chez un épicier de la rue Saint-Jacques. Le père Laloue avait bien voulu avoir de l'ambition pour son fils ; il l'avait mis au collège, son rêve, son utopie étant d'en faire un avocat ; mais baste !

Va-t'en voir s'ils viennent, Jean !

La vocation était là. Ferdinand faisait des chansons ; il voulait devenir auteur, entendre chanter ses couplets, applaudir ou siffler sa prose par un bon public payant sa place. Il désespérait ses grands-parents, qui ne pouvaient rien comprendre à un tel caprice, et s'évertuaient à qui mieux mieux à lui prédire qu'*il périrait sur les échafauds.*

Ces sinistres prédictions, ces parents en colère, firent que Ferdinand, chansonnant, chansonnant toujours, chansonna son proviseur.

Oh ! la triste histoire ! dit la romance.

Ferdinand fut mis à la porte du collège.

Et son père, pour le punir, après avoir délibéré avec les grands-parents, après avoir rêvé mousse, tambour, exil aux colonies, le fit garçon épicier.

Et Ferdinand s'écria :

« Né pour être homme, je deviens épicier !... Quelle chute, grand Dieu ! quelle chute ! »

Or, l'épicerie où le père Laloue plaça son fils était rue

Saint-Jacques. Ce fut là qu'il connut Gannot le Mapah et Liard le chiffonnier philosophe.

Tous deux venaient chaque matin dans la boutique, l'un pour y acheter deux sous de fromage pour son déjeuner, l'autre pour y prendre son verre de *consolation*.

De l'aveu de tous ceux qui les ont connus, Liard et Gannot étaient deux hommes de beaucoup d'esprit; mais Ferdinand en avait à lui seul plus qu'eux deux à la fois.

Laloue était jeune, il ne savait pas encore ce qu'il valait. Il suivait avec intérêt les conversations de ces deux philosophes, mais il n'osait y prendre part.

Un jour (il y avait déjà deux mois qu'il vendait du savon, pesait du sucre et débitait de la chandelle, il commençait même à tourner le cornet avec grâce), un jour donc, le courage lui vint tout à coup, et il dit à Gannot :

« Pourquoi venez-vous tous les jours causer ici avec M. Liard? La boutique est laide et ce qu'on y vend est mauvais ; et vous n'y êtes point à votre aise.

— Ah ! lui répondit le pharmacien philosophe, c'est que tu es le seul garçon épicier qui porte des lunettes à Paris.

— Ceci est une raison ; mais cela n'en est pas une pour me réveiller tous les jours à cinq heures du matin, quand la pratique ne vient guère qu'entre sept et huit heures.

— Souviens-toi, mon ami, qu'il n'est jamais trop tôt pour faire de la philosophie; écoute-nous, et tu seras guéri de tes velléités de paresse.

— Si la philosophie guérit la paresse, je n'en veux rien savoir : car, pour moi, le temps le mieux employé est celui qu'on perd avec le plus de plaisir.

— Ah mais! ah mais! aurais-tu de l'esprit, mon fils?

— Je n'en sais rien.

— Tant mieux, car si tu l'ignores, c'est que tu en as beaucoup, et tu ne seras pas longtemps épicier.

— Je l'espère bien ainsi.

— Puisqu'il en est ainsi, à dater de ce moment, nous te permettons de prendre part à nos *conférences.* »

Hélas! c'était ce que désirait le plus instamment le pauvre Ferdinand. Il y avait si longtemps qu'il était sevré de conversations et d'idées! car, quoique son patron fût un excellent homme et même un très honorable commerçant, il ne se commettait point avec ses commis; il faisait le personnage, il gardait son *décorum,* comme le doit faire tout bourgeois enrichi. Il nourrissait fort peu son employé, le logeait très mal; mais il ne lui faisait jamais que les questions strictement nécessaires; il ne lui permettait jamais de répondre que par monosyllabes. Que diable! il faut savoir garder son rang et se faire respecter de ses subordonnés!

Ferdinand Laloue lisait tous les cornets de papier imprimé qui lui passaient par les mains; il savait admirablement bien dire à toutes les pratiques qui lui demandaient du sucre, de la réglisse, du fromage, ou du riz et des pruneaux, ces frères ennemis de l'épicerie : « *Et avec ça, Monsieur ou Madame ?* » Mais personne ne causait avec lui, ou bien il ne tirait des clients de son patron que des balourdises, des paroles pour ne rien dire. Si, par hasard, il venait quelque étudiant ou quelque artiste faire emplette de sucre, de citron et d'eau-de-vie pour un punch solennel, ils lui faisaient de mauvaises charges; ils lui disaient des coq-à-l'âne, et n'avaient pas l'air de s'apercevoir que là, derrière ce comptoir, il y avait un *fils d'Apollon,* un futur *amant de Thalie.*

Dans ce temps-là, on parlait encore comme cela. Aussi, si Gannot mordait avec rage son frein pharmaceutique, Laloue s'ennuyait à périr derrière son comptoir. Le rôle d'apprenti épicier le tuait ; ils rêvaient tous deux l'indépendance et la liberté ; l'un voulait philosopher tout à son aise, l'autre *vaudevilliser* à sa fantaisie.

Ce fut surtout lorsque arriva l'hiver avec ses interminables soirées qu'ils sentirent plus lourd le poids de leurs chaînes. Ils entendaient à tout moment des bandes joyeuses de jeunes demoiselles qui passaient en chantant au bras de leurs amoureux ; ils voyaient fourmiller tout le long de la rue Saint-Jacques des pierrots, des paillasses, des malins, des bergères, des postillons et des laitières. Tout cela s'en allait au bal, tout cela s'amusait.

Eux seuls étaient prisonniers.

Et l'un avait vingt ans, l'autre dix-sept.

Il fallait en finir !

Un jour, — jour à jamais mémorable, — Gannot reçut quelque argent de sa famille. Une heure après, il avait brisé trois mortiers, cassé dix flacons, jeté toute espèce de désordre dans l'officine du patron, marché sur la queue du chien, écrasé la patte du chat, manqué cinq ou six loochs, confondu deux ordonnances.

Trois heures après l'arrivée de la bienheureuse lettre, le digne apothicaire avait prié son élève, un peu rudement, il est vrai, de sortir de chez lui. Le philosophe n'eut rien de plus pressé que de courir annoncer cette bonne nouvelle à son ami.

« Ah ! mon Dieu ! s'écria celui-ci, que vais-je devenir ?

— Viens avec moi, bête ! j'ai deux cents francs ! nous louons pour nous deux une chambre de quinze francs ; avec le reste, nous vivons jusqu'à ce que tu aies fait un vaudeville qui sera joué. Après ça, vogue le galère !

— Oui, mais... et papa ?

— Il te cherchera, ne te trouvera pas, et tu ne reparaîtras chez lui que couronné de succès. Il t'ouvrira les bras, il pleurera, il sera fier d'avoir un fils tel que toi, et tout sera dit.

— Tu crois ?

— Parbleu !

— Eh bien, reviens dans huit jours : j'aurai vu maman, étudié notre maison dimanche, tâché de tirer ce que je pourrai de la famille, et puis après, au petit bonheur ! »

UN PARFAIT ÉPICIER

L'épicier chez lequel la famille Laloue avait placé son héritier était un épicier de vieille roche, un de ces hommes qu'on ne rencontre plus dans le commerce d'aujourd'hui. C'était un homme méticuleux, réglé comme un papier de musique, entiché de tous les vieux us et coutumes de sa profession. Un véritable type, digne en tout point de servir de modèle à Vernet ou à Numa.

Ainsi, il n'aurait pas fait remettre de vitres à sa devanture pour un jambon de Mayence. Dans sa jeunesse, aucun confrère ne se serait permis un tel luxe. La boutique était pavée en gros grès : c'était l'usage dans son temps. Selon l'ancienne coutume, le fléau de la balance pendait au milieu du plafond ;

les tonneaux de fruits, de légumes secs et de mélasse, les caisses de toutes formes, de toutes grandeurs, les sacs de toutes dimensions, s'en allaient pêle-mêle, encombrant la maison. Il fallait trois mois à l'homme le plus intelligent pour y comprendre quelque chose, et cinq minutes au plus alerte pour atteindre la denrée demandée. Mais il était bon qu'un commis fût vif et toujours exercé.

Cependant le dimanche tant souhaité arriva. Ferdinand, qui croyait que les trois mois de pénitence faits dans cet enfer devaient apaiser le courroux paternel, arriva plein d'espoir au giron de la famille. Mais il y trouva des figures refrognées.

On le reçut comme l'enfant prodigue avant son repentir. Il voulut attendrir sa mère ; il lui jura qu'à trois mois de là il serait bachelier ; il promit d'être sage, de faire tout ce qu'on voudrait, pourvu qu'on ne le laissât pas épicier. La maman pleura, plaida sa cause, mais le père resta implacable.

« Non, s'écria-t-il, non ; ne me parle pas de ce garnement ; il est épicier, on est content de lui ; j'ai décidé que je ne voulais ni auteur, ni gens hantant les comédiens dans ma famille. Il restera épicier ; tant pis ! »

En face d'un tel *ultimatum* son parti fut pris.

« Ah ! on est content de moi ! Ah ! je me suis humilié ! Ah ! je resterai épicier ! Eh bien ! non ; tout cela changera, ou nous verrons ! »

Le patron de Laloue, après son dîner, renvoyait son commis au dessert ; puis il avait l'habitude de rester renfermé dans son arrière-boutique et d'y jouer au piquet une prise de tabac en cent cinquante points *liés*, avec sa femme, jusqu'à dix heures, heure de la fermeture du magasin. Et, pendant toute la durée de la partie, les adversaires ne pouvaient se servir de leur tabatière respective; cela donnait plus d'intérêt au jeu.

Pendant ce temps, Ferdinand avait la surintendance de l'épicerie et le maniement des fonds du tiroir, où l'on ne laissait absolument que la somme strictement nécessaire pour rendre aux clients, c'est-à-dire une dizaine de francs en billon et de menue monnaie. Touchante confiance ! Mais Ferdinand n'y prenait garde ; après les inflexibles paroles de son père, il était bien décidé à se faire renvoyer. Il ne voulait pas se sauver, il voulait être renvoyé, pour qu'en cas d'arrestation on ne le réintégrât plus dans cette horrible galère. Cependant il était bien décidé à ne plus rentrer au domicile paternel. Mais se faire renvoyer n'était pas chose facile ; le patron était depuis longues années l'ami du père Laloue : il aurait tout souffert plutôt que de causer un moment de chagrin à son vieil ami. Il ne s'agissait pas là de briser des bocaux ou des pots de confiture, il fallait trouver autre chose.

Dès le lundi à quatre heures et demie, l'impitoyable sonnette de l'épicier vint tinter à son oreille. C'était la diane qui, chaque matin, l'appelait à la boutique. Il prit une de ses chaussettes, la fourra dans la sonnette, et la sonnette demeura muette. Il se rendormit, après ce beau fait, comme un homme content de soi. Il ne descendit qu'à sept heures. C'était déjà une énergique protestation. Le patron cria ; il lui dit qu'il était indisposé. Pendant toute la journée, il servit mal : il mécontenta toutes les pratiques Il eut même l'audace de dire à la servante du curé de Saint-Séverin, qui s'en plaignait :

« Si vous n'êtes pas contente, allez ailleurs ! »

Une telle conduite surprit le bon épicier ; il voulut hasarder des reproches, Ferdinand osa lui répondre :

« Tout cela m'ennuie, ces gens sont stupides. »

Alors les bras du patron lui tombèrent des épaules.

« Il devient fou ! » s'écria-t-il avec terreur.

Le soir, il prit tous les vieux cartons et tous les sacs vides de l'établissement, et, s'étant composé un paravent, il se mit à dormir dans son comptoir. Les pratiques arrivaient en foule ; entre autres une demanda une chandelle des six :

« Nous n'en tenons plus », répondit le futur auteur dramatique, sans ouvrir les yeux.

Une autre voulut une livre d'huile à brûler :

« Il n'y en a plus.

— Mais la cruche est pleine !

— C'est vendu ; allez en face. »

Celui-ci voulait un quarteron de sucre :

« Nous ne faisons plus que le *gros*.

— Cependant votre patron...

— On ne détaille plus à dater de ce soir ; allez en face. »

Et il dormait toujours.

Cependant l'épicier, voyant que ses recettes du soir diminuaient du tout au tout, se mit à surveiller son commis, et bientôt il s'aperçut que tous ses meilleurs clients prenaient le chemin de la boutique du concurrent.

« Oh! oh! se dit-il, il se passe quelque chose de grave par là. Voyons un peu. »

Et il écouta en entre-bâillant doucement la porte vitrée. Après les premières réponses aux pratiques, il ne voulut pas en croire ses oreilles. Mais, s'avançant sur le bout des pieds et déguisant sa voix, il demanda :

« Une livre de confiture de groseille.

— Nous n'en avons plus; allez en face.

— Eh bien, donnez-moi des abricots.

— Nous n'en vendons qu'en gros, pour l'exportation; allez en face. »

A cet éternel refrain : « Allez en face », il ne put tenir son indignation.

« Ah! gredin! ah! scélérat! c'est comme ça que tu fais ton métier! Je te chasse! »

Ferdinand ouvrit les yeux. Cette figure courroucée lui parut si cocasse qu'il partit d'un grand éclat de rire. Le patron saisit un manche à balai; et nous ne savons ce qui serait arrivé, si les jambes de dix-sept ans de notre ami n'eussent sauvé son dos.

Ferdinand grimpa quatre à quatre ses cinq étages; et, faisant un paquet de toutes ses nippes, il profita du moment où le portier ouvrait la porte pour sortir les volets de la boutique, et il s'esquiva pour aller retrouver Gannot, qui, en le voyant avec son paquet, lui dit tout d'abord :

« As-tu soupé?

— Oui.

— Ah! tant mieux!

— Pourquoi donc?

— C'est que nous n'avons plus le sou.

— Déjà?

— Parbleu! la vie est si chère, et l'on s'amuse tant quand on est libre! »

LE

CULTIVATEUR EN CHAMBRE

———

Certes, à Paris, les originaux ne font pas faute ; on ne peut remuer un pavé sans en trouver une douzaine prêts à vous sauter à la tête pour vous expliquer n'importe quoi, n'importe qu'est-ce. Ils ont tous des inventions plus ou moins merveilleuses à vous exposer ; ils ont tous leur fortune dans leur poche, sur papier non monnayé.

L'un veut dessécher des mers entières, l'autre aplanit des montagnes, un troisième a une machine qui traverse monts et vaux aussi facilement qu'un cabriolet milord peut le faire des Champs-Élysées. Enfin, les inventeurs de Paris pullulent. On remplace le froment par toutes sortes de substances qui, au dire des Triptolèmes au petit pied, possèdent mille vertus nutritives de plus que le froment. Oh! le blé n'a qu'à se bien tenir, s'il veut continuer à remplir les fonctions qui lui ont été dévolues depuis six mille ans. Il n'y a guère que sa vieille amie la vigne qui soit plus battue en brèche que lui. A entendre tous ces grands trouveurs, Noé n'était qu'un étourneau d'avoir choisi le raisin, lorsqu'il avait à sa disposition la rhubarbe, la betterave et tant d'autres plantes si éminemment vineuses. Il est vrai de dire aussi que ces messieurs, lorsqu'ils en ont les moyens, s'en tiennent assez volontiers aux anciens errements, abandonnant généreusement leurs découvertes au vulgaire. Il faut bien sacrifier un peu aux préjugés établis, il ne faut pas prendre le taureau par les cornes ; il y a même toute une série de petites phrases toutes faites à consacrer à cet usage, et qui peuvent toutes se résumer par ce mot qui nous a été dit par un chiffonnier, dans une de nos excursions dans le douzième :

« La religion, certainement les gens comme vous et moi savons ce qui en est; mais il en faut une, quand cela ne serait que pour *la canaille.* »

Généralement, toutes les substances alimentaires de ces agronomes de grenier ne sont faites que pour la canaille, qu'ils veulent nourrir de toutes espèces de fécules connues ou inconnues, à moins qu'ils n'inventent quelque mot oriental, amené à grand renfort de réclames et de journaux, et qui ne s'adresse qu'aux estomacs débilités ou convalescents. Les pauvres n'ont pas le temps d'être convalescents, ni d'avoir des estomacs faibles. Ce sont là les distractions des gens riches.

Parmi tous ces originaux, un des plus extraordinaires est, sans contredit, M. Cloarec, une manière de paysan bas-breton, à chemise de batiste, à souliers vernis, qui s'est révélé agriculteur au moment où l'on s'y attendait le moins, et sans que personne ait jamais su pourquoi.

M. Cloarec est fils d'un avocat de Rennes ou de Vannes ; il a fait ses études à l'institution Hallais-Dabot ; il a suivi les classes du collège Henri IV, à Paris, pendant dix ans. Après avoir quitté les bancs et conquis son diplôme de bachelier ès lettres, à ce moment solennel où chacun jette son regard vers l'avenir pour se choisir une profession, M. Cloarec eut un moment la pensée d'entrer comme élève agronome à la ferme-modèle de Goetbo, dont alors on parlait beaucoup. Mais le malheur voulut qu'il rencontrât un de ses anciens condisciples, se promenant crânement dans le Luxembourg, cigare aux dents, grisette au bras ; c'était un étudiant en droit se rendant ponctuellement à son cours chez le père Lahire, à la Grande-Chaumière.

Dès ce moment, ses idées changèrent. M. Cloarec découvrit tout à coup que toutes ses aptitudes l'entraînaient vers l'étude du droit ; il était né pour doter la Bretagne d'un Pothier ou d'un Cujas ; son avenir se dessinait à ses yeux. Il prit sa première inscription ; il écrivit à son père qu'il avait toujours été de l'opinion qu'un homme qui choisit une profession honorée déjà par les travaux paternels était plus à même de rendre des services à ses concitoyens que celui qui veut se créer un avenir dans une profession nouvelle. Le bonhomme Cloarec, qui avait laissé son rejeton toujours parfaitement libre de faire tout ce qu'il voulait, et qui d'ailleurs ne soupçonnait aucunement le motif qui avait si subitement déterminé cette brusque vocation, envoya son consentement, deux cents francs pour la pension du premier mois, beaucoup de conseils à son fils, et surtout la recommandation expresse de se défier des voleurs et des filles d'Opéra, gens qui exploitent à merci les fils de famille auxquels ils sentent beaucoup d'argent.

Le jeune Cloarec suivit ponctuellement la recommandation paternelle dans sa partie première, mais il fit des efforts inouïs pour tâcher d'acquérir par lui-même des preuves de la vérité de la seconde partie recommandée. Hélas ! vains efforts, tentatives superflues ; il en fut réduit au rôle de son ami, à fumer des cigares, à traverser le Luxembourg, à se rendre religieusement à la Chaumière, les lundi, jeudi et dimanche de chaque semaine, à y rencontrer bon nombre de fillettes plus ou moins accortes ; mais de filles d'Opéra, point.

Pendant trois ans, tout alla bien : la pension arrivait toujours à heure fixe ; le tailleur et le traiteur ouvraient leurs livres, le jeune Cloarec seul n'en ouvrait jamais ; étant né jurisconsulte, il devait nécessairement tout savoir sans rien apprendre. Mais les examens étaient là ; des professeurs, jaloux sans doute de son aptitude rare à l'étude du droit, ne voulurent jamais admettre ses interprétations du Code. Il se retira froissé, aigri, en se disant, en manière de consolation : « Puisque c'est ainsi, ma patrie sera privée de mes lumières ; elle rendra sa justice comme elle pourra. »

Une nouvelle révolution se fit. Un jour, Cloarec le fils, avant trouvé sur le quai un *Cours d'agronomie à l'usage des jeunes gens du monde, par un bourgeois de Paris retiré dans ses terres,* s'empara du livre en échange de vingt actions ; il le lut avec avidité, et, après avoir dévoré la dernière page, il s'écriait :

« On ne peut pas mentir à ses instincts : je le savais bien, moi aussi, je suis agronome ; je me suis trompé, ce n'est pas pour le droit que je suis né, c'est pour l'agriculture. Oh ! la campagne ! oh ! les prés, les champs, les bois, le blé, la luzerne, les arbres fruitiers, les troupeaux, voilà ce qu'il me faut. »

Et, le lendemain, il louait une chambre au cinquième d'une maison de la rue de Viarmes, près la Halle au blé, afin de voir passer sous ses fenêtres tous les produits de la nature qu'il adorait. Il se fit faire des cartes de visite où il mit :

JULES CLOAREC
CULTIVATEUR

Rue de Viarmes, 15

Au lieu de Cujas, Barthole, Pothier, Merlin, Duranton, il orna sa chambre des portraits de Mathieu de Dombasle, François de Nantes, Parmentier, Olivier de Serres, Noisette, Thouin, et de tous ceux des agronomes célèbres, nationaux et étrangers. Il étala sur les murailles tous les modèles de charrues, herses et instruments aratoires nouveaux ; il fit emplette de tous les manuels traitant de la matière : *Manuel du bon Jardinier, Manuel de l'Amateur des arbres fruitiers, Manuel du Maraîcher des environs de Paris.* En quelques jours, il eut une bibliothèque complète de tous ces petits livres, parfaitement ennuyeux et inutiles, qui se font à Paris, à raison de cinquante francs le volume, par des gens qui ne connaissent la campagne que par ouï-dire. Rien n'y manquait, pas même le livre si célèbre du très fameux M. Maldan : *L'Art d'élever les lapins et de s'en faire trois mille livres de rente.*

Jules Cloarec consacra trois mois à lire tous ces manuels ; il suivit les séances de la Société d'agriculture de Paris ; il se nourrit des comptes rendus de cette bénigne société, qui n'a jamais su faire pousser un radis. Il y présenta trois ou quatre rapports sur des engrais nouveaux de son invention ; puis il se croisa les bras, il avait assez fait pour la théorie ; il savait tout ce qu'on apprend dans les livres ; il pouvait facilement passer pour un savant parmi les cultivateurs parisiens ; il savait distinguer à première vue le blé du seigle et de l'avoine ; sa conversation était suffisamment bourrée de termes techniques. Le temps était venu de prouver sa science.

Il se mit à écrire ; un journal, qui se vendait, à Paris, chez les épiciers et les boulangers, publia un article de lui sur la nécessité de substituer la culture du radis rose à celle du radis noir, et des bienfaits qu'il en devait nécessairement résulter pour la société en général et la civilisation en particulier ; le tout était signé : *Cloarec, cultivateur.* On lut l'article ; deux ou trois boutiquiers de la rue Saint-Denis, qui louaient dans les extrêmes faubourgs des carrés de terre grands comme des mouchoirs de poche, pour y cultiver eux-mêmes des chicorées et des haricots, firent des essais, et s'abonnèrent à une feuille qui parlait si bien d'agriculture, et qui avait un cultivateur tout exprès pour rédiger de si beaux articles. Ils écrivirent au rédacteur en chef pour lui faire des compliments : celui-ci demanda un autre article au jeune Cloarec, qui, de ce jour, se crut un homme important, puis un cultivateur. On venait de lui confier la rédaction de la Mercuriale des halles et marchés.

Mais, les essais des jardiniers bourgeois n'ayant pas réussi, notre cultivateur en chambre voulut joindre la pratique à la théorie. Il fit porter sur sa fenêtre une grande caisse de terreau ; s'armant d'un vieux couteau, il se mit à labourer ses champs, et, l'*Almanach du bon Jardinier* à la main, il sema ; il irrigua à l'aide de sa carafe ; il sarcla, il hersa avec un peigne mis à la réforme ; il finit enfin par obtenir les plus belles capucines du monde, mêlées de volubilis et de gobéas.

Il publia ses observations, pour la plus grande joie des grisettes et des jardiniers de fenêtres des rues de Paris. Cependant son ambition n'était pas satisfaite, après tout, quoiqu'il eût récolté ses capucines, qu'il eût mis les fleurs sur une salade et les graines dans du vinaigre ; il n'était encore qu'un simple fleuriste, tout au plus bon à faire un flâneur du quai aux Fleurs. Il lui fallait mieux que cela.

L'année suivante, il planta des petites raves. Chaque matin, il visitait son potager, il enfumait ses terres, il descendait avant le jour dans la rue sur les places de station de voitures, un panier au bras, pour y récolter du fumier. Il avait des stores et des volets pour et contre le vent et le soleil. Le jour où les jeunes pousses parurent au-dessus du sol fut un jour de fête ; mais celui à jamais mémorable fut le jour où les radis furent jugés bons à être mangés. Il y eut gala, on imprima des lettres d'invitation à déjeuner, le ban et l'arrière-ban des amis furent convoqués ; enfin on se mit à table, et l'amphitryon, après un discours digne d'un président de comice agricole, porta un plat couvert dans lequel se trouvaient... trois radis. C'était la récolte de Cloarec. Ma foi, le déjeuner était bon et copieux, bien arrosé; au café, on porta un toast à l'agriculture française, et l'on proclama à l'unanimité Jules Cloarec cultivateur en chambre. On lui décerna une couronne de gazon et le triomphe.

Ce qu'il y a de plus curieux, c'est que le pauvre diable prit son triomphe au sérieux, et ses prétendues connaissances agronomiques aussi. Il fit décorer son appartement en ferme villageoise. Il appendit des socs, des râteaux et toutes sortes d'instruments agrestes aux murailles; il se fit faire de petites charrues de poche pour orner ses étagères; enfin, depuis ce jour, Jules Cloarec déposa le frac et la redingote pour endosser la veste, le gilet rond et les larges hauts-de-chausses. Il porte le grand chapeau et les longs cheveux du paysan bas-breton. C'est maintenant un véritable closier du Finistère égaré dans les rues de Paris. On ne le rencontre qu'aux environs des halles. Il examine le blé, le suppute, le pèse, le juge, donne son avis sur les produits, et parle par *j'avons* et *j'allons*, comme s'il n'avait jamais quitté son village. Malheureusement son style se ressent un peu trop de cette monomanie patoise. Comme à tout il faut une compensation, si nous en croyons le système de M. Azaïs, messieurs les directeurs de journaux ont une façon toute naturelle de mettre un frein à la verve campagnarde de l'illustre cultivateur : ils refusent avec un enthousiasme tout à fait unanime toutes ses élucubrations.

Dès que le bruit vient jusqu'à lui de l'invention d'une nouvelle charrue, il s'en fait exécuter un petit modèle, une sorte de joujou; il y attelle de petits bœufs mécaniques qui marchent par un ingénieux mécanisme, et il se livre aux essais de labourage dans sa caisse de fenêtre. Il est juste de dire qu'il réussit sans cesse, et que les produits que lui donne son champ aérien sont superbes. Mais nous devons aussi ajouter, pour être vrai, que tous ceux qui ont voulu suivre ses avis n'ont jamais réussi qu'à récolter de l'herbe où ils semaient du blé; c'est ce que Cloarec ne peut s'expliquer.

Quoi qu'il en soit, Cloarec est un parfait honnête homme, très dévoué, très bon, qui remplit bien ses devoirs de citoyen et qui est enchanté de laisser de temps en temps le sarrau du paysan pour revêtir la tunique du garde national. C'est là le dernier lien qui le rattache à la société des villes. Il ne voit que champs, bois, prairies naturelles ou artificielles; mais, dès qu'on parle d'aller à la campagne, il trouve un prétexte pour se récuser. Il n'aime les champs que par théorie, et la campagne dans les environs de Paris que pour y aller manger une friture de goujons ou bien une gibelotte de lapin. En fait de ferme et de maison des champs, il n'aime que *la Maison rustique au XIXe siècle,* publiée en dix volumes, par Bixio, à Paris.

ESQUISSES PARISIENNES

LE MARCHÉ AUX JOURNAUX ET LES CRIEURS

Chaque année vient porter à Paris son contingent de curiosités, de bizarreries, de choses grotesques et folles, d'inventions nouvelles, d'événements extraordinaires, de nécessités inconnues jusqu'alors, de trouvailles indispensables, d'idées neuves et d'exploitations inimaginables. Chaque jour fait éclore une nouvelle manière d'exciter l'ébahissement des bons badauds de la grande ville, et chaque heure prépare et facilite la besogne de messieurs les faiseurs de revues du bout de l'an.

C'est qu'aussi le millier de cerveaux qui travaillent sans

cesse dans cette fournaise ardente doivent tous les matins imaginer du nouveau, et toujours du nouveau, sous peine de voir les êtres qu'ils dirigent disparaître sous les dures étreintes de la faim.

Il y a deux ans, tous les bons citadins de Paris, et toutes leurs épouses, les grisettes et les grandes dames, les lions, les journalistes et mesdames les actrices se levèrent tous à six heures du matin pour courir dans la rue de Richelieu et dans les quartiers environnants, voir une douzaine de drôlesses, déguisées en laitières suisses, vendre aux passants du lait *trois fois chrétien.*

L'an dernier, ouvriers, bourgeois, banquiers, flâneurs, poètes, peintres, musiciens, acteurs, grands seigneurs et gentilshommes de lansquenet, se pressaient, se coudoyaient, faisaient la queue pour voir les Hollandaises du boulevard Bonne-Nouvelle et les Cauchoises de la porte Saint-Denis. Ils se bousculaient, on leur volait leurs montres et leurs bourses, et messieurs les sergents de ville, car il y en avait encore, étaient sur les dents. Ils étaient fatigués d'arrêter les filous; ils n'en savaient plus que faire, et ils se retiraient lassés et rassasiés d'arrestations. Les badauds savaient qu'il était plus dangereux de côtoyer ces foules pressées que de traverser la forêt de Bondy; mais il fallait à tout prix satisfaire cette curiosité de terroir, cette manie de tout voir, qui talonnent incessamment tout bon Parisien. Cela coûtait une montre et des épargnes, mais on avait vu, on était satisfait, on pouvait en rentrant chez soi décrire les costumes à sa femme, et se faire ainsi pardonner la montre absente et la bourse envolée.

D'ailleurs, on le sait, le Parisien a encore un préjugé : il ne peut jamais se croire volé, il a foi dans la police. Il espère toujours, le lendemain du jour où ses bijoux ont disparu, voir arriver chez lui un commissaire portant entre ses mains triomphantes les objets dérobés. Ceci n'est qu'une erreur de confiance illimitée. Mais ne disons pas de mal de la police, quoiqu'elle ait rarement retrouvé quelque chose.

Aujourd'hui, le lion de la saison est le crieur. C'est lui qui fait les délices du Parisien, c'est lui qui a tout son amour, toutes ses sympathies; le crieur est en ce moment dans l'éclosion de toute sa gloire, et la persécution est venue encore augmenter l'intérêt toujours croissant que lui portent ces excellents habitants de Paris.

Un instant on a cru que cet intérêt serait contre-balancé par celui que le Parisien portait à la vivandière : car, avant tout, le Parisien est Français; par conséquent, aimable et galant. Mais, hélas! la vivandière n'a fait que passer, et elle n'est déjà plus. Elle a disparu comme les neiges d'antan, elle est allée rejoindre les choses oubliées, les amazones du passage de l'Opéra et les chanteuses cavalières des Champs-Élysées.

C'est que la vivandière s'est compromise; elle n'a pas su tenir son rang; elle aimait trop à folichonner, c'est ce qui l'a perdue; puis aussi un peu une certaine ordonnance des citoyens questeurs de l'Assemblée nationale.

Après la révolution, lorsque les compagnies de la garde nationale se réorganisèrent, tout à coup une nuée de quarts et de demi-quarts de lorettes, dont la royauté déchue avait emporté toutes les espérances, se rua chez les capitaines. Toutes ces dames voulaient être placées, elles avaient toutes des protections et le costume; l'uniforme leur allait à merveille. La dépense était faite, il s'agissait de s'en servir. On rencontrait des compagnies suivies de trois ou quatre cantinières, plus élégantes l'une que l'autre.

Toutes les polkeuses émérites devinrent vivandières; les capotes roses et feuille-morte, les robes pointes-d'asperges et les écharpes aurore, les dentelles et les fanfreluches, les rubans de toutes nuances et les soieries de toutes couleurs disparurent un moment de la surface des bals. On n'y apercevait plus que chapeaux de toile cirée et caracos de drap bleu république. Le pantalon et la jupe à passepoil rouge et les bottes à talons, quelquefois même à éperons, avaient remplacé toutes les fantaisies des années précédentes. L'esprit militaire avait envahi cette pauvre France comme aux plus beaux jours de l'Empire. Tout cela, hélas! s'est envolé avec l'espérance.

Les citoyens questeurs ont surpris un jour quelques étourderies de mesdemoiselles les vivandières, et, dès ce jour, l'entrée des cours de l'Assemblée leur a été interdite. Celles de l'armée ont rejeté cela sur celles de la mobile, celles de la mobile sur celles de la garde nationale; et celles-ci ont répondu qu'elles ne pouvaient pas empêcher les feux de leurs yeux de flamber et les représentants et les officiers de s'y venir brûler.

La cantinière était devenue un être politique, elle avait perdu son auréole, elle était morte dans l'opinion. La croix de juin, qu'elle porte avec orgueil, n'a fait que l'enterrer; elle a disparu à jamais dans les groupes de la révolution; on la dédaigne; le vaudeville lui-même n'a pas osé lui signer son brevet de vitalité!

Elle n'a pu supporter ni sa gloire, ni sa persécution ; elle n'a pas lutté, elle est morte sans laisser de regrets.

Mais le crieur, c'est autre chose. Lui aussi, il est fils de la révolution ; lui aussi, il a eu à subir les ordonnances ; mais, fort de son droit, il demeure impassible, ferme et magnanime, sur les débris d'un monde qui croule. Les ordonnances, les décrets, les saisies, rien ne l'atteint ; il a fallu une loi pour l'arrêter dans son essor.

L'Assemblée lui a fait l'honneur de la lui voter au scrutin de division. Malgré tout cela, malgré la suppression des journaux, malgré le cautionnement, malgré toutes les lois qui attaquent la presse, malgré les gardiens de Paris, leurs chapeaux tyroliens et leurs couteaux de chasse, le crieur est demeuré calme comme un dieu antique dans son indépendance et dans sa liberté.

On a exigé qu'il prît des permissions à la Préfecture de police ; en quelques mois, il en a pris *quatorze mille quatre-vingt-quinze*. Le gouvernement a supprimé sept journaux d'un trait de plume, et le cautionnement en a tué une trentaine ; le crieur a trouvé moyen d'y suppléer, et, depuis le mois de juin, il a vendu *quinze mille trois cent quatre-vingt-douze* brochures, canards, chansons, pamphlets et autres écrits de ce genre.

Ah ! vous voulez lutter ! eh bien, luttons !

C'est que le crieur n'est pas un homme ordinaire ; il a ses mœurs à lui, sa façon de voir et ses idées particulières. Il sait faire valoir sa marchandise, en tirer tout le parti possible ; il sait ce qui doit et peut plaire à son public, qu'il sait prendre, amadouer et amener forcément à acheter.

Le crieur vend aussi bien *le Peuple* que *l'Assemblée nationale*, et qu'il vendait jadis *le Petit Caporal* et *la Canaille;* mais il a son opinion personnelle, qu'il garde pour lui seul ; il sait choisir dans tous ces papiers ceux qu'il doit lire, qui doivent consoler son cœur et lui rendre l'espérance.

Après s'être promené de tous côtés, de la rue Montmartre aux boulevards, dans tous les quartiers environnants, le marché aux journaux s'est décidément fixé à la place de la Bourse, sur le quinconce qui fait face à la nouvelle rue de la Banque. Là, dès trois heures du matin, les cafés ambulants allument leurs lanternes de papier rouge, les marchands de vin ouvrent leurs boutiques; une demi-heure après arrivent les premiers chalands; les conversations s'établissent devant les comptoirs; on se donne des nouvelles, on discute la politique de la veille, on maudit les gardiens de Paris, vulgairement appelés les *la la itou*, on plaisante les orateurs inexpérimentés qui se sont hasardés à la tribune de l'Assemblée. Puis, tout à coup arrivent des hommes, des femmes, des enfants, des voitures à bras, des tombereaux, des charrettes : ce sont les journaux et leurs vendeurs. C'est la pensée, c'est le pain spirituel de toute la France ; c'est la lumière qui se fait pour le monde.

Alors, tout à coup, un grand bruit, un tohu-bohu étrange, incompréhensible, mille voix qui parlent à la fois, des cris, des hurlements, des accents de tous les pays, tous les jargons de la France et de l'univers s'entremêlent, se choquent, s'appelant, se répondant: c'est la vente qui commence.

« Ici! — A moi ! Cinquante *Réforme!* — Vingt-cinq *Courrier!* — Dix *National!* — Qui veut *la Liberté?* — *Moniteur napoléonien!* — Voici *le Crapaud d'égout.* — *La Garde mobile illustrée!* » Une grosse voix : « *La Casquette du père Duchesne,* journal paraissant à quatre heures et saisi à six... » Une petite voix : « *L'Ours,* écho des bonnets à poil... — *La dernière lettre du citoyen Proudhon!* — *L'Étoile de la France,* par M. l'abbé de Genoude. — *Le Journal,* par Alphonse Karr, et son supplément. — *Le Canard nouveau,* paru chez Alexandre Pierre. — *L'Argot!* — Voici *l'air nouveau* du père Lacordaire, chantez-le. » Et autres cris plus excentriques, mille lazzis, des calembours, des obscénités, des propos interrompus, des jeux de mots, et de l'esprit, et de la gaieté, et des choses drôles, nouvelles, à faire pouffer de rire.

Les crieurs choisissent les journaux suivant les quartiers qu'ils veulent exploiter, et encore dans ces faubourgs y a-t-il des nuances qu'il faut savoir distinguer. Telle rue lit *le Peuple,* tandis que telle autre ne veut que *la Réforme,* mais celle qui leur est perpendiculaire, qui sert de communication entre elles, ne prend que *l'Assemblée nationale,* ou même *l'Union.* Un bon crieur doit et peut vous dire, en voyant les professions de foi de tous les aspirants législateurs bariolant toutes nos murailles, combien chacun de ces mendiants politiques aura de voix dans tel arrondissement désigné. Il vous donnera, quarante-huit heures avant le citoyen préfet de la Seine, la liste complète des élus. Il est le véritable thermomètre ambulant de l'opinion publique.

A quatre heures, la place est envahie par une nuée de cabriolets réformés, de carrioles criardes, de petits chars à bancs boiteux : ce sont les crieurs de la banlieue, ceux qui exploitent en grand les villes et les campagnes des départements de la Seine, Seine-et-Marne, Seine-et-Oise, ou qui vont, par le chemin de fer, porter dans tout le rayon de cinquante lieues autour de Paris les nouvelles du jour.

A cinq heures, tout ce monde-là part comme une joyeuse nichée d'oiseaux. Il ne reste plus que les échangeurs, ceux qui spéculent et bénéficient sur place. Ceux-ci ont une industrie à part : ce sont les boursiers, les banquiers, les agioteurs, les gros spéculateurs de la chose. Ils achètent ordinairement en gros toute une édition qu'ils revendent en détail aux petits crieurs au numéro. Lorsque paraît le jour, la vente devient plus difficile ; alors ces millionnaires échangent deux, trois numéros contre un seul journal qu'ils n'ont pas, et ils regagnent leurs établissements avec des collections complètes de toutes les feuilles du jour qu'ils expédient en province par ballots. Ceux qui se livrent à ce genre de spéculation sont généralement les propriétaires de ces échoppes qu'on voit sur les quais, sur les boulevards, aux approches de tous les grands monuments publics.

Après sa tournée matinale, le crieur vient ordinairement s'établir dans un endroit fréquenté, vers un des grands centres de la circulation parisienne. Là, s'il est adroit, il peut facilement se débarrasser de toutes ses feuilles, et même y trouver un bénéfice double du prix de revient de sa marchandise. Par exemple, il y a des feuilles à un sou et des feuilles à dix centimes. Un marchand voit passer un bon gros bourgeois qui, après avoir bravement lu son *Constitutionnel,* du titre au nom de M. Merruaud, le plie négligemment et le met dans sa poche. Il aborde ce courageux lecteur, et, lui présentant soit *le Peuple,* soit *la Révolution,* qui ne valent qu'un sou, il lui dit :

« Monsieur, si vous voulez, je vous donne *le Peuple,* par le citoyen Proudhon, et son supplément, avec un feuilleton du célèbre Ménars-Senneville, pour celui-ci que vous avez lu. »

Le bourgeois se laisse aller ; que peut-on faire d'un *Constitutionnel* qu'on a lu ? Il donne son journal et prend l'autre, alléché qu'il est par le nom tout-puissant de Ménars-Senneville. Souvent même il s'oublie ; dans sa joie d'être débarrassé de ce qui l'a tant ennuyé, il donne encore un sou par-dessus le marché. *Le Constitutionnel* vaut trois sous sur la place. O erreur de l'humanité !

Jadis, avant les ordonnances du citoyen Ducoux, les marchés de journaux se faisaient dans les imprimeries ; mais, le préfet ayant défendu aux crieurs de troubler la ville pendant le jour, tous les chefs de départ ont transporté leurs feuilles au centre de Paris.

Le bruit qu'on ne fait plus au grand soleil a lieu au clair de la lune et des becs de gaz, de façon que toute une partie des habitants de la bonne ville est condamnée à l'insomnie forcée.

Voici comment cela se passait dans les imprimeries, avant l'heureux retour du cautionnement.

Un homme avait cinquante francs, par hasard ; au temps où nous vivons, c'est chose assez rare ; il fondait un journal. Ce journal était une feuille simple, deux côtés. Il prévenait les crieurs par des affiches. Ceux-ci venaient au rendez-vous. Tout d'abord, ils commençaient par demander le premier numéro à l'essai. On refusait, comme de juste ; ils discutaient entre eux ; ils lisaient le numéro qu'on avait eu soin d'afficher dans la cour, se consultaient, et puis, tout à coup, ils s'écriaient :

« Ah bah! votre journal ne vaut rien; nous n'en voulons pas. »

Les affres du désespoir apparaissaient sur le visage du malheureux rédacteur, qui voyait déjà ses cinquante francs placés sur l'emprunt d'Haïti. Mais on se ravisait; un délégué arrivait, et disait d'un ton dédaigneux :

« Combien vendez-vous cela ?

— Trois francs le cent.

— Allons donc! J'en donne quarante sous et j'en prends deux cents! »

Ici il fallait recommencer tout ce qui avait été dit. Le crieur était ferme dans son opinion, le rédacteur tenait bon : il savait fort bien que son journal n'aurait pas un autre numéro. Enfin, on composait, et la marchandise s'écoulait à deux francs cinquante centimes le cent.

Deux jours après, l'homme de lettres changeait le titre de sa publication, refaisait un autre numéro où il mettait tout ce qui lui passait par la tête; il avait encore les mêmes scènes, avec les mêmes crieurs; cela finissait de la même façon; le public achetait le premier numéro du même journal qui avait paru cinq jours avant, et tout était dit. Seulement, le malheureux écrivain avait gagné quelques sous qui l'avaient fait vivre, et lui, il avait fait vivre vingt ou trente familles avec ses carrés de papier.

Généralement on croit que, depuis la révolution de Février, il a paru cinq ou six cents journaux différents. Erreur. Il n'en a guère paru que sept ou huit, qui ont changé de titre vingt ou trente fois chacun. Mais pour changer c'étaient toujours les mêmes. A l'exception du *Père Duchesne* et de deux ou trois autres qui avaient un débit forcé, une vente assurée, les autres prenaient un nouveau titre à chaque numéro, et cela pour cause. L'acheteur est comme le chat, il se laisse bien prendre une première fois, mais du diable si vous le rattrapez une seconde!

UN AMI TROP BON ENFANT

J'AI un ami, hélas! Tout le monde en a eu au moins un! Ne faut-il pas que chacun porte sa croix ici-bas?

Le mien est complaisant, ventru, riche, bien mis; il n'a, à vrai dire, pas de défauts, mais il est insupportable. Cependant il n'est pas conseiller, il ne vous lit jamais de tragédies, il ne fait pas de vers, il n'emprunte pas vos livres, il est presque spirituel, il n'est point conteur, et il ne commet oncques de calembours. Eh bien! avec toutes ces qualités et malgré ses qualités, c'est un être impossible, un gluau, une manière de tunique de Nessus attachée à ma chair, dont je ne pourrais me débarrasser que par un événement tragique. Je le déteste, je ne puis le voir, et cependant nous sommes des amis intimes, inséparables.

Son vice rédhibitoire, ce qui me fera pardonner toutes mes violences, c'est qu'il a trop bon cœur.

Il s'est institué la Providence de tous les chiens galeux et de tous les chats errants de son quartier; il en a toujours à sa suite, il en dépose chez tous ses amis et connaissances, il en fournit à tous ses locataires. Quant à lui, hélas! il ne peut garder aucune de ces pauvres bêtes; elles seraient trop malheureuses chez lui! lui qui, malheureusement, hélas! et toujours hélas! sort tous les jours le matin et pour ne rentrer que fort tard. Aussi préfère-t-il, dans l'intérêt de ces misérables créatures, les confier à de bonnes âmes, qu'il sait devoir en prendre soin. D'ailleurs, sa femme ne peut pas souffrir les animaux.

Ses poches sont toujours pleines de billets de loteries philanthropiques, de cartes de concerts donnés dans quelques cabarets de la barrière, au bénéfice des familles malheureuses ; c'est le placeur le plus intrépide qu'il y ait de loges au théâtre Saint-Marcel. Il vous prend au collet et déboutonne votre habit ; il vous harangue les larmes aux yeux ; il dépeint avec une vérité saisissante le grabat du pauvre, les pauvres petits enfants presque nus, couchés sur la paille, n'ayant ni pain ni feu ; il parle pendant une heure sans broncher pour placer deux ou trois de ses billets à cinquante centimes. Si vous saviez combien il regrette de ne pouvoir assister à cette solennité musicale avec toute sa famille ! mais ses nombreuses occupations, quelques billets de loterie qu'il aura le bonheur de placer dans le monde à une soirée où il est invité, l'en empêchent véritablement. Il est horriblement malheureux d'être si occupé, tout son temps est pris.

Lorsqu'on le voit arriver, tout le monde s'esquive, on le fuit ; on détourne la rue de peur d'être attaqué à la charité. Si du moins il avait la vue basse ; mais le gaillard est doté d'yeux de lynx ; il avise sa victime à cent pas ; il l'assassine à coup sûr. Pour ma part, il m'a coûté plus de dix paires de gants, quoiqu'il n'en porte jamais ; il m'a forcé de marchander des bijoux, des bracelets, des chapeaux de femmes ; de demander les œuvres philosophiques de M. Cousin chez les libraires. Il m'a causé tous les désagréments possibles, jusqu'à prendre des glaces, à entendre des opéras pour échapper à ces guets-apens philanthropiques.

La nuit, il rencontre un pauvre homme sur le boulevard, qui lui demande dix sous pour son garni : « Est-ce que vous plaisantez ? Ah ! jamais je ne souffrirai qu'un honnête homme aille coucher dans de pareils bouges, au milieu des vagabonds, des voleurs et des assassins. Cette idée seule me révolte.

— Hélas, Monsieur, dit le mendiant en ne lui voyant faire aucun geste vers sa poche ; aimez-vous mieux que je couche dans la rue ?

— Non, mille fois non ; suivez-moi, vous serez bien couché. »

A deux heures du matin, il frappe à ma porte ; j'ouvre, c'est mon ami qui entre, suivi de son mendiant.

« Croirais-tu, mon cher, s'écrie-t-il, que de notre temps il y a encore des gens qui sont réduits à coucher dans la rue, qui sont exposés à être ramassés comme des vagabonds par la police ? O siècle d'égoïsme ! Tiens, voilà monsieur que je viens de rencontrer, il est dans ce cas. Je connais ton cœur, je sais que, tant que tu vivras, tu ne souffriras jamais qu'un de tes semblables soit exposé à un pareil malheur ; aussi je te l'ai amené pour que tu le couches, cette nuit seulement.

— Mais tu sais bien que je n'ai qu'une chambre, et que...

— Bah ! bah ! bah ! un lit est bientôt fait ; un matelas par terre. A la guerre comme à la guerre. Ah ! si j'étais garçon ! mais malheureusement je ne puis mener personne chez moi, je suis marié ; ces femmes, ça ne comprend rien. Adieu, il est tard, à demain ! »

Il se sauve, ferme la porte, rentre chez lui tout rayonnant, se disant à lui-même :

« Encore une bonne action à enregistrer ! »

Si vous êtes un homme faible, vous attendrissant facilement, vous ne jetez pas votre hôte de hasard à la porte, et vous êtes condamné à passer une nuit blanche en écoutant l'histoire lamentable du vagabond, ou vous suivez le conseil de l'excellent cœur, vous jetez un matelas par terre. Votre homme profite de votre premier sommeil, vous dévalise et déguerpit sans bruit. Ce fut ce qui m'arriva.

La vue des haillons le navre ; son cœur ne peut supporter qu'un de ses semblables marche nu-pieds ; il se révolte rien qu'à l'idée d'un homme sans linge. Il en rencontre un jour un qui s'était drapé dans ses loques les plus picaresques ; il sent son âme émue, il s'en empare, il le choie, il le caresse de paroles, s'en fait accompagner chez son meilleur ami, absent pour le moment, lui donne des bottes, des vêtements bien chauds, qui se trouvent sous sa main, une chemise, un chapeau qu'il voit sur un meuble, exige que l'homme s'habille séance tenante, et le renvoie. Il a bien souffert, ce jour-là, de céder ainsi une partie de sa belle action à autrui ! Mais, hélas ! il était trop petit ; ses vêtements n'auraient pu servir à cet intéressant va-nu-pieds, et ses souliers lui auraient fait mal. L'ami était sorti en pantoufles, en veste du matin, nu-tête ; il rentre pour s'habiller, quelques instants après que ses vêtements d'hiver, les seuls qu'il possédât, étaient partis sur le dos de son obligé inconnu. Il fait du bruit, il crie, il finit par se fâcher tout de bon : il ne pouvait plus aller à ses affaires.

« Aussi, pourquoi diable un homme comme toi n'a-t-il qu'un vêtement d'hiver ? répond avec calme ce cœur d'or. Mon cher, on en a toujours plusieurs en cas d'accidents.

— Pourquoi? mais parce que je suis pauvre, et que je ne puis avoir une garde-robe de millionnaire.

— Bah! bah! (c'est son mot) tu ne me feras jamais croire ça. »

Et il va raconter ce haut fait à tous ses amis les philanthropes.

Il ne faut pas croire que mon ami ne fasse rien; non, il adore le travail; malgré sa grande fortune, il soutient qu'un homme est indigne de vivre s'il ne s'occupe; il dit encore :

« L'oisiveté est la mère de tous les vices. Dieu nous a envoyés sur cette terre pour travailler; celui qui ne travaille pas ne doit pas manger. »

Il aborde tous ses clients en leur disant :

> Travaillez, prenez de la peine,
> C'est le fonds qui manque le moins.

Il a gardé la maison de commerce de son père, parce que la plaie de la société ce sont les fainéants. Il veut prêcher d'exemple, etc., etc.; il possède à fond une infinité de phrases semblables. Il va même, dans ses grands moments, jusqu'à s'écrier que le travail plait à Dieu, et que le travail c'est la liberté. Si on le poussait un peu dans ces graves circonstances-là, il chanterait volontiers :

> Travaillons, travaillons, mes frères...

Mais, — il y a toujours des *mais* dans l'existence de mon ami, — mais il ne se lève qu'à dix heures pour déjeuner; ses nombreuses occupations, les fréquentes séances des innombrables sociétés de bienfaisance dont il fait partie, l'obligent à rentrer fort tard; puis, ne faut-il pas qu'il lise les journaux? Autant qu'il en prenne connaissance avant déjeuner. Sa femme et le garçon de peine suffisent au magasin le matin. Il n'aime pas à prendre son café à la maison, madame n'en prend jamais. Pourquoi embarrasser sa cuisine d'ustensiles inutiles?

D'ailleurs, on a plus tôt fait d'aller au café. C'est une distraction pour un homme très occupé; il y apprend les nouvelles, il y voit du monde, il ne peut cependant pas vivre comme un ours derrière son comptoir. Il fait sa partie de domino, il juge les coups de piquet, il regarde jouer au bésigue. Arrive une heure; oh! pour le coup, il rentre à la maison pour s'habiller; il est très pressé, il faut voir les clients, prendre un air de Bourse, savoir où en sont les affaires. Si vous croyez que tout est rose dans la vie, vous vous trompez joliment! Il sort, regarde d'où vient le vent; avant de visiter ses clients, il va voir si les bâtisses et les démolitions marchent bien; il pousse jusqu'aux Champs-Élysées. Ne faut-il pas prendre l'air? On ne peut pas toujours rester enfermé, que diable! Cinq heures sonnent, il reprend le chemin de la maison; il dîne, il gourmande tout le monde : rien n'est à son idée, rien ne marche quand il n'est pas là, personne ne travaille, il faut qu'il fasse tout. Oh! il est bien malheureux! Il s'habille et sort pour aller à une de ses soirées philanthropiques.

« Ah! on joue ce soir une pièce nouvelle, dit-il; si j'y allais? J'ai bien le droit de me donner un peu de distraction; je travaille assez pour cela. Ma foi! oui, les pauvres se passeront de moi ce soir ; mais, demain, j'irai au cercle des protecteurs de pigeons. »

Tous les jours se passent ainsi. Madame fait ouvrir la boutique, vend, reçoit les courtiers, choisit les marchandises, achète, fait fermer la maison à la nuit. Après avoir passé douze heures devant son comptoir, elle vérifie encore les livres du caissier avant de monter à son appartement. Mon ami a des principes arrêtés, il dit :

« Il faut qu'une femme travaille ; l'oisiveté engendre les mauvaises pensées, les mauvaises pensées engendrent les mauvaises actions, et les mauvaises actions font les mauvais ménages. Une femme doit aider son mari ; certes, je ne suis pas assez ridicule pour exiger que ma femme se donne autant de mal que moi ; mais je veux du moins qu'elle s'occupe, qu'elle surveille un peu mes intérêts, qui sont les siens. »

Mon ami a toutes les qualités du cœur, il se sacrifie pour sa famille ; lui sera-t-elle reconnaissante ? Que lui importe ! il fait le bien pour sa satisfaction personnelle. Voyez plutôt : il avait dans son pays une tante, une sœur de sa mère ; elle est morte en laissant deux filles qui ne savaient rien faire de leurs dix doigts, et un grand dadais de fils qui est bête, mais bête à couper au couteau. Mon ami les a recueillis, il les a fait venir à Paris ; il avait une cuisinière, il l'a renvoyée ; vous concevez, cela faisait trop de femmes dans la maison. Et puis il faut bien que la petite apprenne quelque chose ; quant à l'autre, elle est si bornée qu'il n'en savait que faire, lorsqu'il lui trouva un emploi digne de son intelligence.

Depuis un temps immémorial, une vieille femme tenait un coin, une sorte de renfoncement à côté de la porte de sa maison : elle lui payait ce trou vingt-quatre francs de loyer par an; elle vendait des gâteaux rassis aux petits enfants de ce quartier populeux. Mon ami, qui se saigne pour sa famille, a renvoyé la vieille pour donner la place à sa cousine et l'établir. Cela rapporte de cinq à sept francs par jour, c'est toujours de l'argent qui rentre à la maison. Comme on dit, *on préfère sa peau à sa chemise.* Son homme de peine était chez lui depuis dix ans; il l'a remplacé par son grand dadais de cousin. Certes, ce n'est pas pour quarante-cinq sous qu'il lui donnait par jour, il est au-dessus de cela, mais il avait des défauts.

Il ne paye pas sa famille! Oh! non, ce ne sont pas des domestiques; elle mange avec lui, à sa table, il la couche, il l'habille; elle lui coûte les yeux de la tête, quoi! Mais il a le cœur content, il a fait son devoir : cela lui suffit. Il faut bien nous aider entre nous; sans quoi, que deviendrions-nous, grand Dieu!

Il m'a toujours dit d'user de son crédit; il se plaint sans cesse de ce que je ne lui ai rien demandé, il me fait des reproches; dernièrement, enfin, une occasion se présenta, j'eus besoin de ce cher ami; j'allai le trouver, il était au lit.

« Je viens te demander un service.

— Ah! enfin!... Quel bonheur! je pourrai donc une fois en ma vie être utile à mon vieux camarade. Te souviens-tu du collège Henri IV? Nous étions copains. Je suis encore ce que j'étais dans ce temps-là. Ah! mon vieil ami, va, je suis tout à toi, je t'écoute; je n'ai pas changé, je suis toujours le même.

— Tu sais ma position, tu me connais.

— Parbleu! si je te connais, voilà plus de vingt ans. Nous sortions ensemble, j'allais passer les vacances chez tes parents, à la campagne; et quelles bonnes parties nous faisions dans la rivière! Ah! nous nous amusions bien, t'en souviens-tu?

— Oui, oui, je viens te prier de me prêter cent francs; avec cela, je...

— Ah! mon petit, je t'arrête ici; ce n'est pas pour te refuser, parbleu! Qu'est-ce que ça me peut faire, cent francs? Je suis très riche, tu le sais bien; mais c'est un principe, je ne prête jamais d'argent. Je ne dis pas cela pour toi, sois-en persuadé, au moins; cherche, demande à tous mes amis, tu ne me trouveras pas en défaut : je ne prête jamais d'argent. Tiens, tu connais bien le père Cottin? tu sais qu'il a été trente ans commis et teneur de livres dans notre maison; tu sais combien mon père l'aimait; il nous a fait gagner plus de deux cent mille francs; il vient dîner ici deux fois par semaine. Dernièrement, son fils avait trouvé un emploi très lucratif; le père vint : il fallait six mille francs. Ce n'était pas même un emprunt, c'était pour faire un cautionnement placé sur l'État; eh bien! je lui ai refusé : le jeune homme n'a pas eu sa place, c'est un avenir manqué; mais, que veux-tu? c'est un principe, je ne prête jamais d'argent. Pour tout au monde je ne dévierais pas de ma ligne de conduite. J'ai du caractère, et je comprends Robespierre disant : « Périssent les colonies plutôt « qu'un principe! » Il faut être comme cela. Le monde appartient aux esprits fermes, a dit je ne sais qui; il avait raison.

— Ah! c'est différent, je ne savais pas; je vais chercher ailleurs un esprit moins arrêté.

—Tiens, à propos, je me suis encore laissé emporter par mon cœur et mon envie de bien faire; je me suis chargé du placement de ces billets. C'est un bal par souscription qui se donnera samedi prochain à la Villette, au bénéfice de l'œuvre du rachat des jeunes nègres du haut Congo. Tu danses, toi; moi, je ne pourrai pas y aller; tu penses bien que je ne conduirai pas ma femme dans un tel lieu. Entre nous, je crois que la société y sera très mêlée; mais qu'est-ce que ça te fait? tu es garçon.

— Ma foi, je suis désolé de te refuser encore cette corvée; mais je ne pourrai m'y trouver encore ce jour-là : je serai à Clichy.

— Pauvre garçon! tant pis; mais j'irai te voir; tu me feras des dessins pour nos loteries, encouragements aux éleveurs de souris blanches pour les ramoneurs. »

Tel est le caractère de ce grand cœur d'or dont j'ai l'honneur d'être l'ami. Si j'ai fait son portrait, c'est que je suis un peu comme le paysan d'Athènes, qui était fatigué d'entendre toujours appeler Aristide le Juste. Mon excellent ami a tant et tant dit, répété, corné aux oreilles de tout le monde, qu'il est un grand philosophe, un diminutif de saint Vincent de Paul, un Wilberforce au petit pied, un petit Manteau bleu modeste, qu'on a fini par le croire. Je ne sais pas même si, dans son quartier, on ne lui attribue pas la loi Grammont. Ce qu'il y a de certain, c'est qu'on ne parle jamais de lui sans ajouter cette phrase : « Il est impitoyable pour ceux qui lui doivent; il est si honnête, il paye si bien ses billets à échéance! Il a fait tenir Jean deux ans à Clichy; c'est pour une de ses créances que le pauvre Pierre a été vendu; il s'est brûlé la cervelle. Jacques lui a fait un billet, il n'a pas payé: il l'a fait déclarer en faillite, malgré les larmes de sa femme et de ses enfants. Que voulez-vous? c'est un commerçant de vieille roche; il a conservé les principes de la vieille probité de nos pères. »

Cependant, c'est un bien brave homme, un cœur d'or, qui pleure en voyant un pauvre. Il passe sa vie à visiter les prisons et les hôpitaux; personne ne s'avise jamais de demander s'il y console tous ceux qu'il y a envoyés. Il n'est pas jusqu'à sa malheureuse jeune femme, qu'il tient dans un état réel de séquestration derrière un comptoir, que cet homme vertueux, ce travailleur infatigable, ne soit parvenu à tromper. Elle croit à son mari, elle le câline, elle le prie instamment de ménager sa santé, de ne pas se donner tant de mal, de travailler un peu moins, et surtout de ne pas tant se tourmenter du sort des pauvres, qui sont bien à plaindre, mais qu'heureusement ils sont en état d'aider de leur fortune; elle le conjure, connaissant sa générosité, de ne pas se laisser trop entraîner par son bon cœur.

Quant à lui, il est de bonne foi; il accepte sérieusement ces tendres reproches; il croit que tout ce qu'il conte lui est arrivé. Il fait vendre les meubles d'un pauvre ménage qui ne peut lui payer un terme de trente francs, et il prend deux billets d'un franc à une loterie autorisée pour la fondation d'une maison de refuge pour la vieillesse. Nous-même, nous ne savons pas si c'est un fourbe impudent ou si, à force de tromper les autres, il n'a pas fini par se prendre au sérieux et se croire philanthrope, obligeant et travailleur. C'est encore une énigme pour nous. Il est peut-être comme ces gens qui, à force de répéter le même mensonge, se persuadent qu'ils disent la vérité ; sans cela, ce serait le monstre le plus hideux qui ait été. Tartufe ne serait qu'un polisson auprès de lui.

En tout cas, je lui souhaite un prix Montyon, il l'accepterait, et ce serait peut-être une excellente occasion pour lui faire prouver son excellent cœur.

L'ŒIL SANS PAUPIÈRES ET LA LANGUE DES ON

Nous l'avons dit, d'après Franklin, ce sont les yeux des autres qui causent la plupart des ruines et des désastres de fortune auxquels nous assistons. Plus nous étudierons nos concitoyens, plus cette vérité nous sera clairement démontrée. Si, par exemple, nous voulons nous occuper de la plus belle partie de nos compatriotes, nous verrons que l'œil du voisin est tout pour elles ; la plupart des charmantes qualités dont elles nous font enrager sont conséquences naturelles de cet œil sans paupières, qui guette incessamment et ne peut se fermer jamais.

Profitant adroitement de cette timidité dont on l'a si gratuitement doté, le beau sexe, — il est bien entendu qu'un laid sexe existe et gouverne, — a traduit en vieille locution française l'œil du voisin par une interrogation peureuse :

« Qu'en dira le monde ? »

Cette petite phrase est bien courte, elle a l'air bien timide et bien réservée, elle ne se prononce ordinairement qu'avec un frémissement, un certain effroi.

Eh bien, défiez-vous-en. Elle est pleine d'embûches, de calomnies, de médisances, de fausse honte, et surtout de prosaïsme. Si l'Église condamne le respect humain, la société devrait faire brûler en place publique, par la main du bourreau, ce petit être de raison qui prend nom : *Qu'en dira le monde?*

Voyez comme le peuple se trompe rarement dans ses jugements. Il dit d'un homme hargneux, médisant, chicaneur : « Méchant comme un bossu. » Cette petite phrase est suivie d'un point d'interrogation; rien ne ressemble à un bossu comme ce signe de ponctuation.

Si on lui adjoint son acolyte, le *Qu'en dira le monde?* la vie devient tout à coup insupportable. Ce sont là les chevaux de frise derrière lesquels s'abrite toute une population pour faire le mal, et qu'elle écarte avec une prestesse incroyable dès qu'il s'agit de faire le bien : car, chose remarquable, on ne se défie d'un qu'en dira-t-on qu'au moment où l'on commet une action mauvaise. On ne se préoccupe de ce qu'en dira le monde qu'autant que sa conduite peut prêter à la critique des autres.

Ce sont là les termes habituels des gens à conscience chargée, pratiquant dans l'ombre et craignant le grand jour.

En effet, que peut faire le qu'en dira-t-on et qu'importe ce qu'en dira le monde à celui qui suit cet admirable précepte de ce sage, que j'admire et dont j'ignore le nom : *Fais ce que tu dis, dis ce que tu fais.*

Mais quel est celui d'entre nous qui se trouvera jamais assez sans péché pour oser le mettre hardiment en pratique?

Et d'ailleurs, si cet homme de bien, au cœur fort, à l'âme

grande et magnanime, s'égarait un jour, un seul jour, parmi nous, les yeux des voisins, ces yeux sans paupières, cent fois plus nombreux et plus vigilants que ceux d'Argus, se braqueraient de tous côtés sur lui ; ils pénétreraient dans sa maison, malgré les portes, les rideaux, les portières, les volets ; ils l'espionneraient jusqu'au fond de sa conscience ; et si, fatigués, harassés, désespérés, ils ne pouvaient apercevoir une tache sur le visage auguste de ce colosse de vertu, ces pygmées iraient partout proclamant qu'ils ont remarqué que le géant avait de la crotte à son soulier.

Le lendemain, Paris, la ville de l'intelligence, la ville des boursiers et des fainéants, la ville des penseurs et des colifichets, se réveillerait heureuse, pleine de joie ; ses bons habitants s'aborderaient le sourire sur les lèvres, en se disant :

« Eh bien, vous savez bien, *un tel,* cet homme si probe, si vertueux, si charitable, si désintéressé, qui nous humiliait de sa vertu, celui dont on parlait tant ? — Eh bien ? — Vous n'avez donc rien appris ? — Non. — Hier, il avait de la crotte à son soulier. — Bah ! — Comme je vous le dis. — Ah ! ah ! ah ! ils finissent tous ainsi, ces grands hommes. — Celui-ci, c'est le *petit... Chose* qui l'a vu. — On en parlera. — Comment ! on en parle déjà beaucoup. »

Les deux amis se prennent le bras, marchent ensemble, et, dès qu'ils aperçoivent une tête de connaissance, ils se mettent à rire tout haut d'un commun accord. La tête connue, qui ne dédaigne pas la joie, s'approche et demande le sujet d'une telle hilarité.

« Vous ne savez donc pas ? hier, *un tel,* l'homme aux principes sévères, le puritain, avait de la crotte à son soulier. — C'est pas possible ! — Mais d'où sortez-vous donc ? *On* ne ne parle que de cela. — Je vous quitte, je vais chez Mme la comtesse de B... et je veux l'en instruire. Oh ! oh ! la bonne plaisanterie, j'en rirai longtemps, et la comtesse s'en amusera ; elle n'aura de cesse qu'elle n'ait répété cette anecdote à toutes ses amies. »

Ici se produit naturellement un phénomène semblable à celui de la multiplication des œufs de la fable ; du monde de Mme de B..., l'histoire tombe dans celui de Mlle Turlurette ; comme on y est plus indulgent et moins spirituel, que là toute médisance devient une calomnie, et toute histoire drôle passant par la bouche des imbéciles devenant un fait du ressort de M. le procureur impérial, le soir, ce ne sont plus les souliers d'*un tel* que l'œil du voisin, *petit Chose,* a vus, ce sont des bottes vernies volées, qu'il dévernissait, pour les porter sans danger.

Et, pendant huit jours, tout Paris rira, parlera, babillera, mentira, calomniera, chansonnera, le tout à propos des souliers de M. un tel.

Les journaux mettront à contribution la verve de leur rédacteur le plus grave, qui, prenant son masque le plus contrit, sa voix la plus pleine, entonnera une espèce de chant de mort tout jaspé de points d'exclamation, et commençant à peu près en ces termes :

« Dans quel temps vivons-nous ? Un homme de la valeur de M. un tel, un homme qui jusqu'à ce jour avait toujours soigné sa toilette, un homme que nous respections tous à cause de la bonne qualité de son cigare, eh bien! cet homme a osé sortir avec des souliers crottés !

« En face d'un pareil événement, il est du devoir de la presse de prendre une attitude. O vieux Gaulois, nos pères ! ô France, nobles guerriers ! que diraient vos grandes âmes? etc., etc., etc. »

Ce fragment est habilement émaillé de points d'exclamation, posés avec tant d'art, et remplaçant ces terribles petites choses dont sont semés les draps mortuaires et qu'on nomme larmes, en style funéraire.

Voilà un homme blasonné, mis au ban de la société, parce que l'œil du *petit Chose* a cru voir, et que *on* a répété ce que *on* avait inventé. Oh! les mauvais êtres que ces messieurs et ces dames *on* et leurs amis et connaissances les *petit Chose*. C'est de leur officine à cancans que sortent les quatre-vingt-dix-neuf centièmes des méchancetés qui se débitent journellement dans le monde.

On est un être horrible, bruyant, bavard, calomniateur, qui est toujours là présent, lorsqu'il s'agit de déshonorer quelqu'un. *On* dit ceci; *on* dit cela; *on* le répète; *on* le colporte du salon à la loge du portier.

Du moment que vous entendrez quelqu'un donner une nouvelle en commençant ainsi son discours : « *On* m'a dit », soyez persuadé que la nouvelle est mauvaise. Si elle était bonne, elle serait signée d'un homme honorable; *on* n'y aurait rien à dire. *On* est la parole dont le *petit Chose* est l'œil. *On* répète ce que voit le *petit Chose*. Ils forment tous les deux un assemblage infâme : l'un a l'œil d'un espion, l'autre en possède l'âme.

Rien ne leur est étranger : la politique, le commerce, les

arts, la littérature, la religion même, ils ne respectent rien, l'honneur des familles est pour eux litière, fétu : ils soufflent dessus, et le voilà terni ! Tout le monde les craint, personne ne les connaît. Ils sont partout et nulle part, ils bravent ouvertement le *qu'en dira-t-on,* et ce *qu'en dira le monde* leur est indifférent. D'ailleurs, *on* n'est-il pas tout le monde ? n'est-ce pas lui qui fait et qui défait les réputations ?

Pourquoi Mme la comtesse de B... ne veut-elle jamais paraître deux fois aux Italiens avec la même robe ? C'est qu'elle a peur d'être remarquée par le *petit Chose* et que demain *on* ne dise : « La comtesse de B... fait des économies. »

Pourquoi, au théâtre, Mlle Turlurette vient-elle décolletée jusqu'au dos, avec des toilettes impossibles, et rit-elle tout haut aux moments pathétiques ? C'est qu'elle veut être vue par le *petit Chose,* et que *on* aille partout demain faire une brillante description de ses atours.

C'est que *on* est tout pour ces espèces ; il est leur gloire, elles ne vivent qu'autant que sa grande famille daigne s'occuper d'elles. Si *on* ne parle pas d'elles, elles perdent de leur valeur, le cours de leur réputation baisse, et elles ne vivent que sur cette marchandise fictive. *On* leur donne des voitures, des appartements, des bijoux, la fortune, et le *petit Chose* partage le tout avec elles. C'est lui qu'on voit toujours étendu près d'elles au Bois, sur les coussins soyeux ; c'est lui qui porte au Mont-de-piété les robes et les joyaux aux jours de détresse ; enfin, c'est lui qui se charge de la vengeance publique en ruinant celle qui a ruiné tout le monde. Alors les renseignements qu'il donne à tous les *on* du monde changent, ils tournent à l'apitoiement et à l'ironie. Jusqu'à ce qu'un jour, abandonnées, seules, sans feu, souvent sans lieu, elles expirent de faim dans quelque grenier. A leurs obsèques vous ne rencontrerez certainement ni le *petit Chose,* ni *on;* ils réservent toute leur verve pour rire demain à cœur joie de toutes les misères qui ont tourmenté les derniers moments de ces misérables créatures, et pour inventer quelques bonnes histoires sur leurs ex-soupirants, qui, disent-ils les larmes aux yeux, ont lâchement abandonné cette pauvre et *bonne* Turlurette.

Basile est le chef de cette grande famille ; Beaumarchais l'a engendré, et Rossini lui a donné ses lettres de noblesse et ses grandes entrées dans le monde par l'air de la *Calomnie.* Aujourd'hui *on* est immortalisé.

Ce serait un travail long et curieux à la fois de rechercher dans l'histoire toutes les réputations ternies, tous les mensonges inventés, tous les crimes supposés par *on,* et légués à la postérité par les historiens de la famille des *petit Chose.*

Rien qu'en interrogeant le dernier siècle de notre histoire nationale, nous serions épouvantés de toutes les bourdes qu'ils ont osé faire circuler dans le public. Depuis l'histoire des enfants enlevés à Paris, en 1753, et dont le sang servait aux bains de S. M. Louis XV, jusqu'aux vierges de Verdun, parmi lesquelles se trouvaient deux gendarmes, six commis ou employés confiseurs, une foule d'autres mâles et trois femmes seulement, dont la moins âgée possédait quarante-huit printemps. Et tant d'autres faits qui sont attestés par des *petit Chose,* témoins oculaires, et que *on* a mis en circulation, et qui sont aujourd'hui passés à l'état de vérités... historiques.

Voltaire l'a dit : « *On* est un imbécile. » Le grand homme lui a jeté cette vérité à la face en passant, mais il ne lui a pas appliqué sa verve satirique, il ne l'a pas châtié, parce qu'il n'a pas pris la peine de s'attacher à le rendre à jamais ridicule. C'est là un grand malheur : car, quinze ans après la mort de ce puissant génie, les disciples de ce maître devaient, aidés de son sublime bon sens, réformer tous nos codes pour asseoir la société sur des bases nouvelles. Ils n'eussent pas manqué d'insérer un article contre tous ceux qui, sous les masques de *on*, se seraient permis de répandre des bruits sans fondement, qui, incessamment répétés, finissent par porter atteinte à l'honneur, à la fortune publique.

On est l'ennemi du genre humain, le ver qui ronge le grand arbre de la famille, celui qui détend le lien social; il a inspiré la défiance, avec sa formule lâche et prétentieuse : *Qu'en dira le monde?* Il engendre la bassesse, la vanité, la sottise, avec son éternel : *Qu'en dira-t-on?*

L'homme qui condamnait Aristide parce qu'il était ennuyé d'entendre toujours parler de sa vertu ne pouvait être qu'une des victimes des *on dit* athéniens et des *petit Chose* du Pirée.

Certes, nous ne sommes pas de ceux qui trouvent toujours les lois trop douces, qui réclament incessamment des mesures coercitives; la nature nous a fait bon, nous ne ferions pas de mal à une puce, même dans le cas de légitime défense, et cependant nous trouvons que nos législateurs ont été trop débonnaires en faisant des lois contre les calomniateurs et contre ceux qui répandent de fausses nouvelles. Nous ne souhaitons qu'une chose, parce que nous désirons le bien, parce que nous avons toujours suivi ce précepte sacré : *Ne fais pas à autrui ce que tu ne voudrais pas qu'on te fît!* c'est qu'on perce toutes les langues de *on* et qu'on crève tous les yeux sans paupières.

NOUVELLE

HISTOIRE D'UNE CHEMISE

I

C'était un soir d'été... Je vous demande pardon de commencer mon récit comme un roman ; mais, puisque l'été est une saison et que le soir succède au jour, je suis bien forcé de parler de ce qui existe pour moi comme pour tout le monde.

C'était donc un soir d'été, un très beau soir. Jamais l'île Saint-Louis n'avait été plus calme, jamais l'hôtel Pimodan, que j'habitais alors, n'avait été plus solitaire. Je me serais volontiers cru à cent lieues de Paris, si je n'avais été rappelé à la réalité topographique par la visite du concierge de l'hôtel, porteur d'une missive non affranchie.

Cette missive n'était ni d'un ami ni d'une ennemie: elle était du directeur de l'Ambigu-Comique et contenait une stalle d'orchestre. On donnait, ce soir-là, la première représentation de *la Closerie des Genêts,* de Frédéric Soulié.

J'aime beaucoup les premières représentations, et ce n'est pas pour rien que j'ai fait jadis le coup de poing, faute de coup d'épée, aux premières des drames de Victor Hugo et d'Alexandre Dumas. Mais j'aime aussi le repos et la rêverie; mais je suis, comme Figaro, paresseux avec délices; mais la journée avait été accablante; mais l'hôtel Pimodan avait, ce soir-là, une fraîcheur à nulle autre pareille; mais, enfin, je ne me sentais pas la moindre velléité de sortir. Vous voyez que les raisons ne me manquaient pas!

J'avais à me plaindre quelque peu du concierge de l'hôtel Pimodan : je lui donnai, pour me venger de lui, le billet de spectacle qu'il venait de m'apporter, et je me remis à rêver et à fumer, dans ce grand salon qui avait été si souvent témoin des querelles de Lauzun avec la jalouse Mademoiselle. O temps évanouis, quelle grâce et quel parfum vous aviez!

La nuit n'était pas arrivée encore, le jour luttait et jetait ses dernières clartés, qui venaient mourir sur les panneaux de Robert et de Lesueur, où se voyaient des pans de robes flottantes, des contours de formes et de visages, des choses vagues et charmantes qui me rappelaient un siècle disparu, des amours éteints, des histoires oubliées, — tout un monde!

Je me serais agréablement endormi sur cette vision du passé, où les femmes dominaient, et je ne me serais probablement réveillé que le lendemain, lorsqu'un de mes amis entra, sans se faire annoncer, dans le salon démeublé où je m'étais réfugié contre la chaleur du jour.

« J'ai deux places pour la première de *la Closerie*, de Soulié, et je viens te chercher, dit cet ami.

— Par la chaleur qu'il a fait et par celle qu'il doit faire dans la salle de l'Ambigu, y songes-tu ? m'écriai-je avec une sorte d'humeur.

— J'y songe beaucoup, puisque me voilà.

— Je ne bouge pas d'ici. *La Closerie des Genêts* marchera bien sans moi. Bonsoir ! »

L'ami insista tant et tant que je me décidai... à lui refuser avec plus d'acharnement encore, et que, de guerre lasse, il se décida, lui, à se retirer, un peu étonné.

Quand il fut parti, j'essayai de reprendre mon rêve amoureux à l'endroit où il avait été interrompu, mais sans pouvoir y réussir : le charme avait été rompu, ma vision du passé s'était envolée !

Je me levai alors, j'allai à l'une de ces grandes fenêtres du temps jadis qui prenaient tant de place et où huit ou dix personnes tenaient si fort à l'aise, et je regardai dans la rue, en ce moment déserte.

Bientôt, deux ouvriers passèrent. Leurs pas et leurs voix résonnaient bruyamment dans le silence et dans la nuit.

« Dépêchons-nous ! dépêchons-nous ! disait l'un d'eux. Nous n'arriverons jamais à temps : il y aura au moins un acte de *la Closerie* de joué !... »

Et ils disparurent en courant.

Ceux-là aussi allaient à l'Ambigu! Ceux-là aussi allaient assister à la première de *la Closerie des Genêts!* Il y a des gens bien courageux, à Paris!

II

Vous avez éprouvé cela comme moi, et je n'ai pas besoin de vous souligner mes impressions ; mais vous avez beau vous roidir, votre volonté a beau faire feu des quatre pieds, vous subissez à votre insu la volonté des autres, et il vous arrive d'avoir envie d'aller où ils vont et où vous aviez bien juré de ne pas aller. Ainsi, maintenant qu'il ne me restait plus les moyens d'assister à la première représentation de *la Closerie des Genêts*, je mis à vouloir y assister autant de ténacité que j'en avais mis à ne le vouloir pas.

J'habitais l'hôtel Pimodan depuis six mois environ, en compagnie de quelques gens de lettres et de quelques artistes. Nous avions des appartements princiers, mais nous n'avions pas le moindre meuble. A quoi bon des meubles, d'ailleurs, puisque nous n'avions rien à mettre dedans? Je cherchai dans un coin, sur le parquet, les hardes qui composaient ma garderobe. Il me restait alors de fort beaux débris d'une opulence effacée, — de ce que j'appelais mon *Louis XIV*. J'avais toujours mon habit noir à la française, mon pantalon noir, mon gilet broché, mes bottes vernies, mes gants paille, — mais de ma douzaine de chemises de Hollande, si éblouissantes de blancheur, il ne me restait plus qu'une seule chemise.

Je sais bien ce qu'on va me dire : une chemise, c'est suffisant pour un homme seul. D'accord ; mais il y a chemise et chemise, comme il y a fagot et fagot. La mienne était en toile de Hollande tout aussi éblouissante de blancheur que les autres. Seulement... elle était sur le point de subir sa dernière incarnation, et, de vêtement, devenir charpie.

Cependant, à force de la retourner dans tous les sens, j'acquis l'agréable conviction qu'elle pouvait faire son effet durant une soirée encore. Le col, le devant et les poignets étaient intacts, et, pour le reste, je n'avais pas à redouter de trop grandes catastrophes, en me conduisant sagement.

Cette conviction faite, je m'habillai à la hâte, et, me trouvant irréprochable comme tenue, je descendis.

Au moment où j'allais sortir, il me sembla entendre ricaner les deux gros lions placés en sentinelle aux coins de la grande porte de l'hôtel Pimodan. Insolents !

III

Quand j'arrivai devant le contrôle du théâtre de l'Ambigu-Comique, on me jeta ce mot auquel je m'attendais : « Il n'y a plus de places! »

Ce mot ne me découragea pas. Ce n'est jamais que lorsqu'il y a le moins de places que j'en trouve le plus. Et, comme les gens qui mangent de la brioche faute de pain, je résolus de me placer dans une loge, faute d'avoir une stalle au parterre.

D'abord, je dois l'avouer, cela ne fut pas facile. J'entrais ici, puis là, au balcon, aux premières galeries, de côté, de face, tout était plein à ne pas y jeter une épingle. Je commençais même à regretter ma solitude de l'hôtel Pimodan, d'autant plus qu'il faisait une chaleur féroce, lorsque j'aperçus dans une loge d'avant-scène, en compagnie d'Antony Béraud, deux des plus spirituelles et des plus gracieuses actrices du boulevard du Temple. Une place restait libre à côté d'elles.

J'avais trouvé !

On m'accueillit comme un camarade. Béraud voulut grogner ; ses deux voisines plaidèrent ma cause et n'eurent pas de peine à la gagner. On attendait bien quelqu'un, en effet, dans cette loge de quatre places, mais ce quelqu'un était si redouté de l'une de mes voisines que je ne pouvais venir plus à propos.

La conversation, interrompue un instant par mon arrivée, ne tarda pas à se renouer, et je ne tardai pas, non plus, à y prendre part. Comme il n'est pas d'homme auquel la présence d'une jolie femme ne délie la langue, je n'aurai pas grand mérite à avouer ici que je trouvai une sorte d'éloquence pour raconter une aventure passablement scandaleuse arrivée à une artiste des Variétés, laquelle aventure n'était encore connue que de quelques personnes.

Les femmes sont friandes de scandale, elles éprouvent une joie infinie à entendre médire devant elles, pourvu que ce ne soit pas d'elles qu'on médise, — les femmes de théâtre surtout. Mes deux voisines avaient d'ailleurs trop d'esprit pour n'être pas un peu méchantes, et elles l'étaient, mais de si bonne foi qu'on ne pouvait leur en vouloir. D'ailleurs aussi elles avaient toutes deux, Esther surtout, de si belles dents, qu'il y eût eu cruauté à les empêcher de rire de leur prochain et de leurs prochaines.

L'histoire était longue, et je ne sais pas raconter vite certaines choses qui gagnent à cette lenteur une saveur de plus. *La Closerie des Genêts* était jouée, la toile venait de se baisser, le nom populaire de Frédéric Soulié venait d'être jeté au public, au milieu de nombreux et de légitimes applaudissements, que j'avais à peine entamé le dénoûment de mon histoire.

Esther riait toujours, comme une belle folle qu'elle était.

« Ma voiture est sur le boulevard, dit-elle; venez me reconduire, Privat; vous me raconterez la fin en chemin. »

Ma seconde voisine n'avait pu éviter le « quelqu'un » si redouté pendant toute la durée de la pièce, et elle avait pris congé de nous, assez fâchée.

J'accompagnai Esther jusqu'à sa voiture. Elle monta dedans, vive comme un oiseau, et je montai après elle.

IV

Les voitures d'actrices sont des voitures de maîtres : on traverserait Paris en un quart d'heure avec elles. Aussi, à peine installés sur les coussins et mon histoire à peine reprise, nous étions déjà arrivés rue Taitbout.

Ma compagne de route riait toujours, et je commençais à me sentir très ému par son voisinage. Robert d'Arbrissel, le saint des saints, le vertueux des vertueux, le chaste des chastes, qui résistait si bien, dit la légende, à toutes les tentations, eût senti se fondre, comme du beurre, le triple airain qu'il avait autour du cœur, s'il était resté enfermé, comme moi, pendant dix minutes, dans un petit coupé capitonné, en face d'une très aimable, très belle et très spirituelle femme, qui, en outre des séductions de sa beauté et de son esprit, était entourée de ces mille parfums dont est composée l'atmosphère des princesses de la rampe et de la mode.

Or, je n'étais pas aussi Robert d'Arbrissel que Robert d'Arbrissel, moi !

« Avez-vous le temps de monter, Privat ? me demanda Esther. Je serais curieuse de connaître le dernier mot de votre histoire, bien que je le devine un peu.'

— Vous ne le devinez pas du tout, et j'ai tout le temps de vous l'apprendre », me hâtai-je de répondre.

Elle descendit de sa voiture et la renvoya.

Les actrices vivent un peu comme les gens de lettres, et, comme eux, rentrant tard, elles aiment à souper.

Esther avait une soubrette de Marivaux, presque aussi jolie que sa maîtresse, et qui avait l'air de connaître sur le bout du doigt les sept péchés capitaux : elle servit, dans un petit salon bleu éclairé faiblement, un souper appétissant au possible, — puis elle nous laissa seuls.

« Et cette histoire, Privat ? » me demanda Esther, s'apercevant que je n'y songeais plus et devinant bien, à mes regards, que je songeais à autre chose.

V

CE petit salon bleu était délicieux. Vous savez à quoi l'on peut songer dans un petit salon bleu, quand on est jeune, qu'on n'est point Robert d'Arbrissel, et qu'on a en face de soi, vous regardant de ses beaux grands yeux rieurs, une très aimable femme qui a joué avec esprit le rôle de la fiancée du roi de Garbe. Eh bien, je songeais à cela, et, pour y songer avec plus de succès, j'avais rapproché mon fauteuil de celui de ma voisine, qui, naturellement, ne s'était pas reculée.

La lampe qui nous éclairait ne jeta plus bientôt que des lueurs mystérieuses et charmantes. Esther ne me demandait plus l'histoire que j'avais tant de fois interrompue; l'actrice se sentait tout bonnement redevenir femme, — le rôle le plus agréable à jouer, en somme, — lorsque, en me penchant vers elle pour lui baiser le bout de sa main divine, j'entendis un sourd déchirement, qui me fit pâlir et presque pleurer : ma dernière chemise de toile de Hollande, collée jusque-là à ma peau, venait de craquer de haut en bas et de long en large !

« Palsambleu ! Madame, dis-je en me relevant précipitamment et en allant reprendre mes gants et mon chapeau, les heures passent vite en votre aimable compagnie... Il est trois heures du matin et je ne suis pas encore rentré ! Que va dire et penser le concierge de l'hôtel Pimodan, mon vénérable concierge ?... Adieu, belle dame, adieu !... »

Après avoir failli en pleurer, je ne tardai pas à rire de cette aventure, que je racontai à plusieurs amis, qui la racontèrent à d'autres, — qui la racontèrent encore à d'autres.

Huit jours après, je passais sur le boulevard Montmartre, vers trois heures. Un petit coupé, que je connaissais bien, s'arrêta à quelques pas de moi, et j'aperçus dedans un visage rose et rieur que je connaissais encore mieux. Je me précipitai à la portière.

« Bonjour, ami Privat, dit Esther en me donnant une cordiale poignée de main.

— J'ai une autre histoire à vous conter, lui dis-je, et si vous vouliez me laisser monter à côté de vous, je vous la raconterais volontiers en chemin... »

Esther me regarda des pieds à la tête ; puis elle me répondit, avec le plus adorable et le plus moqueur des sourires :

« Non, mon ami, vous avez aujourd'hui une chemise neuve : vous seriez trop dangereux !... »

LES SINGES DE DIEU
ET LES HOMMES DU DIABLE
LÉGENDE SÉNÉGAMBIENNE

Je suis peut-être le seul Français, ou plutôt le seul homme de lettres français, qui ait eu l'honneur de discuter avec un prêtre du petit dieu Papaye : c'est un magnifique nègre de trente-cinq ans.

Un de mes amis, qui avait été au pays où l'on trouve des hommes, l'avait trouvé dans les parages de Sénégambie ; sa tribu avait été vaincue, tuée, mangée ; les survivants avaient été vendus à des négriers portugais. Il s'était sauvé ; mon ami le rencontra et le ramena en France.

Ayant souvent soupé avec des filets d'ennemis offerts en

holocauste à son brave petit dieu Papaye, il racontait, à ce sujet, les plus drôles histoires du monde. On aurait cru, en l'entendant narrer ces choses-là avec une charmante bonhomie, écouter le récit d'un repas fait par les prêtres de Jupiter, des victimes offertes par des bourgeois peureux de Rome à leur dieu.

S'il faut s'en rapporter au goût de mon ex-ami, le prêtre papayen, il est certain que la chair d'homme est assez bonne fricassée, mais la chair de jeune fille surtout est d'une délicatesse exquise en rôti.

J'aimais beaucoup à causer avec ce ministre des autels, ce grand sacrificateur d'un agréable petit dieu inconnu. Il me racontait les choses les plus ébouriffantes, et surtout les curieuses légendes de son pays.

Il s'était construit une espèce de petit ajoupa au fond du jardin de mon ami le trouveur d'hommes, à Fontainebleau. Il vivait là, seul, loin de tous les gens de la maison, avec ses fétiches, deux petits affreux monstres sculptés avec des morceaux de coquilles de noix de coco. C'est là qu'assis sur des nattes nous philosophions tous deux en fumant des calumets belges, signés : *Gambier, à Paris.*

Un jour que je l'interrogeais sur le commencement du monde, il me raconta ainsi la légende de la création :

« Lorsque Dieu voulut faire le monde, le diable y forma opposition ; mais Dieu, étant tout-puissant, dit : « Je veux ! » Le diable bouda tout en feignant de se soumettre, il se retira dans son enfer pour mieux réfléchir aux moyens de contrecarrer les actions du grand Maître. Dieu fit la lumière, le jour ; le diable fit la lune et la nuit. Dieu regarda l'œuvre du diable : il trouva la chose mesquine, il n'y vit qu'une assez piètre imitation de ce qu'il avait fait de magnifique, et, comme il ne voulait rien de mesquin, il peupla ses cieux, obscurcis par la haine du démon, de myriades d'étoiles. Dieu ne se laissa pas émouvoir par cette impuissante tentative ; il créa l'été, les beaux pays toujours parfumés par les fleurs, sans cesse renaissantes, où l'homme peut vivre sans travailler, à l'ombre de leur feuillage éternellement vert. Le diable créa l'hiver, les pays arides, les arbres dépouillés, les terres ingrates, que l'homme est obligé d'arroser de ses sueurs pour y trouver sa nourriture.

Enfin, impatienté de tant de contrariétés, Dieu se décida à frapper un grand coup, à produire son chef-d'œuvre ; il voulut prouver qu'il était l'Éternel, maître de toutes choses : il créa le singe. Le diable mit au monde l'homme, qui n'est qu'un singe imparfait, beaucoup plus méchant, mais moins adroit. »

Donc, l'homme, selon la légende mozambique, n'est qu'une assez plate imitation du singe, comme la lune n'est qu'une contrefaçon du soleil.

Ces esprits naïfs croient que tout ce qui est beau, grand, bon, est l'ouvrage de Dieu, et que tout ce qui est laid, méchant et cruel, est l'ouvrage du diable. Ils ne peuvent s'imaginer qu'un Dieu qu'ils considèrent comme le type éternel de toute bonté, de toute adresse, de toute grandeur et de toute magnificence, se soit donné la peine de créer à son image un aussi sot animal que l'homme, et l'ait jeté sur la terre, faible, désarmé, sans aucune agilité pour monter aux arbres, afin d'y chercher une nourriture et de s'y mettre à l'abri des attaques.

« D'ailleurs, disent-ils, est-ce qu'un Dieu bon aurait créé un être pour le malheur, pour le travail et la lutte, quand tous les autres animaux vivent à leur guise, sans soucis, sans ennuis? Est-ce qu'il l'aurait fait le serviteur de tous les autres? car, si les singes vivent, c'est qu'ils viennent s'emparer de tous les fruits, des récoltes qui ne devraient appartenir qu'à l'homme. Si Dieu a peuplé tous les beaux pays d'animaux féroces, c'est qu'il voulait mettre un frein à la gloutonnerie de cet être infernal appelé l'homme et lui défendre l'entrée de ses domaines, où il détruisait toutes ses plus belles créatures.

Au commencement, le singe était le maître, mais l'homme est venu avec les armes du démon et l'a chassé. Ce que voyant, Dieu a ôté la parole au singe, afin que son vainqueur ne pût le subjuguer et le faire travailler à sa place.

Si le singe est la créature chérie de Dieu, qui est tout-puissant, pourquoi n'a-t-il pas foudroyé l'homme?

Le supplice n'aurait pas été assez grand. Après avoir enchaîné le diable, Dieu a laissé l'homme possesseur de la terre pour le punir par la souffrance éternelle, pour qu'il la peuple de ruines et de tombeaux. Il lui demande la dévastation et l'incendie pour hommages; les gémissements poussés au milieu des villes désertes et ravagées sont les hymnes qui lui plaisent; si Dieu avait mis l'homme sur la terre, est-ce qu'il souffrirait qu'il tue les peuples, qu'il brûle les villes, qu'il détruise les cultures, et qu'il vende ses frères pour les faire périr sous le fouet? est-ce qu'il laisserait une partie de ses enfants nus, sans pain, courbés sous le faix, mourant de soif sous le soleil, tandis que le petit nombre regorge de richesses ? Non, non, c'est impossible, le diable seul est capable d'abandonner ainsi ses créatures. »

Ma foi, j'avoue que, quoique tout cela fût dit dans cette horrible langue créole, sans couleur, sans énergie, langage abâtardi qui fait des efforts inouïs pour être doux, et qui n'arrive qu'à être flasque, je ne trouvais rien à répondre à ce philosophe étrange, qui préférait, lui aussi, la doctrine inique de l'expiation. Son système ne me paraissait ni plus ni moins absurde que tous les autres systèmes.

Notre génération a un grand malheur, elle a tant et tant entendu rabâcher ces questions, on lui a soumis des idées si biscornues, si impossibles, si horribles, qu'elle est ahurie; on ne peut même plus lui faire peur ; elle en est réduite à cette fatale conclusion : « Cela pourrait bien être. » Et puis après : « Qu'est-ce que cela me fait ? »

Derniers termes de l'indifférence et de la fatigue en matière de spéculations philosophiques.

Après tous les mensonges qui ont été débités avec l'aplomb et le sérieux d'un âne savant à la foire, développés dans de gros livres que les académiciens ont couronnés, sans doute par la raison que toute chose transcendante en son genre mérite récompense, fût-ce même le genre ennuyeux, nous croyons que si un homme venait, portant la vérité dans sa main, et la laissait échapper, on le lapiderait. Et on ne ferait peut-être pas mal, car la vérité serait peut-être encore plus ennuyeuse que les rêves creux.

Toujours est-il que mon grand prêtre avait une manière simple, claire et ingénieuse, d'expliquer la dispersion des races. Nous la livrons à ces ânes sérieux qu'on nomme savants, si toutefois leur gravité daigne leur permettre de lire notre journal; ils verront que cette théorie, sans aller fouiller dans les temps obscurs de l'antiquité inconnue, qui permet de dire tout ce qui peut passer par la tête d'un érudit, a du moins l'avantage sur les contes bleus, admis par les sociétés savantes, de pouvoir être compris au premier abord. C'est naïf, mais, du moins, c'est bien imaginé, qualité que devraient envier ces messieurs; après tout, ce n'est ni plus ni moins extravagant que toutes les suppositions, les affirmations et les démonstrations qui ont été faites d'après les traditions, la conformation des os du crâne et l'assimilation des locutions, etc., etc. C'est aussi raisonnable que la tour de Babel.

« Cependant les hommes, voyant que les singes étaient en possession des plus belles contrées de la terre, où ils pouvaient, sans travail, récolter à foison fruits, fleurs, légumes, où les animaux servant à leur nourriture se multipliaient avec une prodigieuse fécondité, se mirent à murmurer, à pousser de grands cris. Le diable vint au milieu d'eux et leur demanda ce qu'ils voulaient. Alors le plus hardi d'entre eux, qui avait recueilli toutes les plaintes, s'avança et dit :

« Pourquoi nous as-tu mis dans ce pays froid, sans défense contre le climat, lorsque les singes ont une fourrure sous leur ciel de feu ? — Pourquoi ne nous as-tu donné que deux mains pour travailler et pourvoir à nos besoins, quand les singes, nos maîtres, qui trouvent leur nourriture toute préparée par Dieu, en ont quatre ? — Pourquoi ne nous as-tu pas donné l'adresse et l'agilité du singe pour fuir nos ennemis, ou la force et le courage du lion pour les combattre ? — Tu n'es qu'un créateur inhabile et imprévoyant ! — Nous te renions, nous allons implorer le Seigneur de nous prendre sous sa protection. »

Et tous les hommes de s'écrier en chœur : « Dieu bon, Dieu miséricordieux, aie pitié de nous ! »

Et l'orateur reprit :

« Pourquoi nous as-tu donné le goût du sang ? Pourquoi mangeons-nous de la chair, puisque notre pays produit à peine assez d'animaux pour nous aider dans nos travaux, et que les autres sont plus forts et plus braves que nous ?

— Ingrats, dit le diable ; je vous ai exposés au froid sans vêtements, parce que je veux que vous enleviez les animaux de mon ennemi pour vous couvrir de leur laine. Je ne vous ai donné que deux mains, pour que vous restiez sur la terre et pour que vous cherchiez dans son sein les trésors que Dieu y a cachés. Je vous ai donné plus que tout cela : je vous ai donné l'astuce et le mensonge, pour que vous trompiez vos ennemis ; je vous ai donné la parole, pour que vous puissiez concerter la trahison et le meurtre. Enfin, je vous ai faits malheureux, pour que la misère vous force à vous révolter sans cesse contre celui qui m'opprime de sa toute-puissance. Allons, mes fils, fouillez cette terre, vous y trouverez du fer. Je vous enverrai une étincelle et vous aurez le feu, et vous forgerez des armes. »

Alors tous les hommes se mirent à fouiller la terre avec des branches qu'ils avaient arrachées aux arbres. Ils trouvèrent le minerai ; l'étincelle parut, c'était un rayon que le diable avait volé au soleil du bon Dieu. C'est ce qui fait que le feu est une des meilleures choses qu'il y ait dans le monde et que beaucoup de gens vertueux l'adorent.

En voyant cette étincelle, les hommes eurent peur ; ils jetèrent les branches qui leur avaient servi à creuser la terre : elles s'enflammèrent. Satan les rappela et leur enseigna la fonte des métaux, qui devait leur coûter tant de sang, de pleurs et de gémissements. »

La fonte des métaux, chez notre philosophe noir, remplace le péché originel, l'histoire du serpent et de la pomme chez nous, la boîte de Pandore chez les Grecs, etc., etc. Selon lui, c'est cet art qui a engendré les sept péchés capitaux. De là tous les malheurs encore plus grands de ces maudits déjà si malheureux.

« Lorsqu'ils eurent des armes, le diable les organisa en bataillons, en régiments, en armées. Mais, comme ils étaient tous faits du même limon, et que la terre et la fumée les avaient encore salis, il prit les plus méchants, ceux qui dans la révolte étaient restés pour l'ordre établi par lui, et il les envoya se laver dans une de ces petites rivières du Septentrion, que nous osons nommer des fleuves dans notre orgueil, et qui ne sont que des ruisseaux, de mauvaises imitations des cours d'eau du pays chéri de Dieu.

Ces méchants piétinèrent dans cette eau à peu près claire, en firent monter la vase à la surface, en gaspillèrent une énorme quantité et se retirèrent quand elle fut jaune. Satan envoya les indifférents, qui se baignèrent et se lavèrent tellement, en usèrent tant et tant, que lorsque vint le tour des bons, de ceux qui avaient voulu confier leur sort à Dieu, le ruisseau était tari; il n'en restait plus que juste assez pour se tremper la plante des pieds et l'intérieur des mains.

C'est ce qui fit qu'il y a des blancs qui sont méchants, des jaunes qui sont indolents, des noirs qui sont bons et qui ont la plante des pieds et l'intérieur des mains jaunes.

Cependant la campagne projetée ne se fit pas; lorsqu'on eut des armes, on se mit à se battre entre soi à cause de la différence des couleurs, au lieu d'aller à l'ennemi commun. Les blancs et les jaunes voulurent se partager la terre et forcer les noirs à travailler pour eux, parce qu'ils avaient pris à eux seuls tous les vices qu'avait enfantés la fonte des métaux. L'orgueil, l'envie, l'avarice et la gourmandise étaient restés en partage aux blancs; la paresse, la colère, la luxure, furent la part des jaunes. Quant aux noirs, ils ne voulurent d'aucun de ces vices, parce qu'ils détestaient le diable et qu'ils avaient espoir en Dieu.

Or Dieu, voyant ces hommes qui souffraient et l'imploraient sans cesse, eut pitié d'eux, et, pour punir le diable d'avoir inventé la nuit, il les enleva pendant que la terre était plongée dans les ténèbres, parce qu'on ne pouvait les voir à cause de leur couleur noire, et leur fit une petite place sous un beau soleil, dans le pays des singes.

Satan en fut horriblement colère, il déchaîna contre eux tous ses enfants. Dieu les protégea, mais ils voulurent asservir les singes pour les envoyer au combat contre leurs persécuteurs. Dieu les abandonna.

Voilà pourquoi les pauvres nègres ont toujours été vendus, livrés à l'esclavage, transportés hors de leur pays, parce que les hommes sont les fils du démon et que les blancs, étant les plus cruels, sont les chéris de son cœur.

Il les a gardés dans les pays pauvres, parce qu'il sait que leur avarice et leur gourmandise les pousseront toujours contre les jaunes, qui ont chez eux l'or et les diamants et les beaux fruits, et que l'envie et l'orgueil les mèneront à la conquête du pays des noirs, qui les serviront comme des bêtes de somme. C'est pour cela qu'ils dominent le monde, que Dieu a abandonné, désespérant de jamais faire changer en gens de bien ces fils aimés du diable. »

C'est là toute la genèse sénégambienne : nous y pouvons trouver à peu près les éléments de toutes les légendes génésiaques; elle n'est ni plus ni moins absurde que les autres, et nous sommes persuadé que, si un de ces animaux qui tiennent de l'homme et de l'ours, qui parlent quelquefois et ne rient jamais, qu'on nomme philosophes ou savants, faisait un gros livre bien guindé, bien suffisant, bien ennuyeux surtout, et qu'il y introduisît quelques centaines de mots bien parfaitement inintelligibles, il se trouverait une académie pour l'accaparer et des garçons philosophes ou savants pour l'admirer et se dire ses disciples. Il est si facile à ces messieurs de tirer des déductions, d'accoler des faits sans rapports entre eux, et surtout de ne pas se faire comprendre; il y a d'ailleurs un proverbe qui justifie notre prédiction : *Un sot trouve toujours*, etc.

Quant à notre pauvre nègre du petit dieu Papaye, l'hiver du pays du diable l'a tué. Il avait laissé beaucoup de papiers brouillés en caractères inconnus à tout le monde. Mon ami, son trouveur, était reparti à la recherche de nouveaux pays. Ses papiers tombèrent entre les mains de femmes qui en firent des papillotes, ne les jugeant bons à rien, lorsqu'un homme aussi distingué par sa haute et véritable science que par son esprit charmant, M. de Saulcy, publia ses travaux sur l'écriture des Carthaginois, qui est encore en usage chez les Thouarigs.

On reconnut que les manuscrits de mon pauvre ami étaient écrits en caractères carthaginois et en langue thouarigue.

Il y avait peut-être dans ces papiers de quoi faire dix membres pour chacune des Académies et des Sociétés savantes de France !

Sic transit gloria mundi!

MONSIEUR POUPARD
VAUDEVILLE EN UN ACTE

PERSONNAGES

MONSIEUR POUPARD, ancien commerçant.
LÉON LECOQ, étudiant.
BENJAMIN, son frère, collégien.
GRANDOUILLET, paysan,

MADAME POUPARD, femme de Poupard.
HENRIETTE, sa filleule.
MADAME GRANDOUILLET, nourrice.
AGATHE, domestique de M. Poupard.

Quatre enfants de Madame Grandouillet ; deux encore en maillot ; les deux autres âgés de trois ou quatre ans.

La scène se passe à Paris, chez M. Poupard.
Le théâtre représente un salon.

SCÈNE PREMIÈRE.
AGATHE, GRANDOUILLET.

AGATHE, *près de la porte d'entrée, repoussant Grandouillet.* Je vous dis que monsieur Poupard est sorti.

GRANDOUILLET. Eh bien, je parlerai à madame.

AGATHE. Madame est en voyage.

GRANDOUILLET. Alors je l'attendrai.

AGATHE. Par exemple!

GRANDOUILLET. Vous ne me connaissez donc pas?

AGATHE. Non.

GRANDOUILLET. Au fait! vous en êtes une autre.

AGATHE. Une autre quoi, malhonnête !

GRANDOUILLET. Une autre cuisinière. Ce n'est pas vous qui fricassiez ici il y a un an?

AGATHE. Non, il n'y a que six mois.

GRANDOUILLET. C'est donc ça... Je suis Grandouillet.

AGATHE, *riant et le poussant.* Ah! ah! le drôle de nom!

GRANDOUILLET. Ne poussez pas. Vous me feriez des noirs.

AGATHE. Grand douillet !

GRANDOUILLET. Je suis le père nourricier.

AGATHE. Comment ça?

GRANDOUILLET. Le mari de la nourrice de leur petit.

AGATHE. Vous êtes fou! mes maîtres n'ont pas d'enfant.

GRANDOUILLET. Oh! que si!

AGATHE. Oh! que non! même que ça leur fait assez de peine, à monsieur surtout, qui se désole jour et nuit de ne pas être père. A preuve qu'il a envoyé madame à Dieppe, parce que le médecin a dit comme ça que, quand on prenait des bains de mer, on était sûre de le devenir.

GRANDOUILLET. Comment, vrai? M. Poupard n'a pas encore de petit ?

AGATHE. Je vous le garantis.

GRANDOUILLET. Alors, c'est un homme qui n'a pas de

parole. Je me suis marié le même jour que lui, tel que vous me voyez, dans le même pays, avec le même adjoint, et il m'avait dit pendant la cérémonie : « Grandouillet, tu seras la nourrice de mon... »

Agathe. Vous! ah! ah! ah!

Grandouillet. Non, ma femme. Mais elle et moi, c'est tout comme, quand on ne fait qu'un. Après le temps voulu nous frappions ici tous les trois.

Agathe. Comment! tous les trois?

Grandouillet. Mon épouse, mon fils aîné et moi. M. Poupard n'était pas en mesure, il fut obligé de me demander du temps. L'année suivante, même visite, nouveau délai. Enfin, tous les ans j'arrive ici avec un enfant de plus ; m'en voilà quatre sur les bras de ma femme, et j'attends toujours le jeune Poupard. On ne fait pas aller comme ça le pauvre monde et perdre le lait du bon Dieu.

Air de *Madame Grégoire*.

Ma femm', je le crois,
A tout c'qu'il faut pour êtr' nourrice.
Bien des p'tits bourgeois
S'raient enchantés de son service ;
Privé de vrai lolo,
Réduit à des Darbo !
Sans votre maudit petit maître,
Qui, je l'vois, est encore à naître,
Ah! comme on irait
Boire à son cabaret !

Agathe. Où qu'elle est votre femme? elle n'est donc pas venue avec vous ?

Grandouillet. Je l'ai laissée à l'auberge avec ses mioches

Elle répare les accidents du voyage, quatorze lieues en chemin de fer, par un convoi direct, on ne s'arrête que trois fois. Et ces pauvres chéris mangent tant de raisin... vous sentez...

AGATHE. Parfaitement. Les autres voyageurs ont dû avoir de l'agrément.

GRANDOUILLET. Très peu, on va si vite. Mais elle est bien longue à arriver !

AGATHE. Vous feriez bien d'aller la retrouver.

GRANDOUILLET. Oh ! que non, si elle ne vient pas, c'est que la besogne est plus conséquente que nous ne pensions.

AGATHE Et de repartir avec elle et tous vos héritiers par le prochain convoi.

GRANDOUILLET. Allons donc! Sans avoir vu monsieur et madame Poupard, sans emmener le petit Poupard ?

AGATHE. Mais je vous répète que monsieur est sorti, que madame est en voyage, qu'il n'y a jamais eu de petit Poupard, et qu'il n'y en aura probablement jamais. (*On entend sonner très fort.*) Tenez, voilà sans doute monsieur. Il vous dira lui-même...

(*Elle va ouvrir.*)

SCÈNE II.

Les Mêmes, MADAME POUPARD, HENRIETTE.

AGATHE. Comment! Madame, c'est-y Dieu possible?

MADAME POUPARD. Oui, ma chère Agathe, moi-même. Monsieur est sorti, à ce que m'a dit le concierge?

AGATHE. Oui, Madame, depuis ce matin.

HENRIETTE, *à part*. Heureusement.

AGATHE, *à part, regardant Henriette.* Quelle est donc cette sainte Nitouche? je ne la connais pas.

GRANDOUILLET, *à part.* J'ai-t-y bien fait de ne pas m'en aller ! (*Haut.*) Madame Poupard, sauf votre respect, c'est moi.

MADAME POUPARD. Ah! vous voilà, Grandouillet ; vous venez comme tous les ans?...

GRANDOUILLET. Si c'est un effet de votre bonté. Dame, Madame, les temps sont si durs... Du reste, je vas bien, je vous remercie.

MADAME POUPARD. Agathe, aidez donc le concierge à monter nos malles, nos cartons.

AGATHE. Oui, Madame.

(*Elle sort, et rentre bientôt avec des cartons ; elle en place un sur la table.*)

GRANDOUILLET, *à part.* Elle ne parle pas du petit... est-ce que la bonne aurait raison ?

MADAME POUPARD. Et vous, Monsieur Grandouillet, si vous n'êtes pas trop fatigué...

GRANDOUILLET. Oh! Madame Poupard, quand bien même...

MADAME POUPARD. J'attends de vous un service, c'est d'aller chercher à sa pension un jeune élève qui nous est recommandé.

GRANDOUILLET. Oui, Madame Poupard ; c'est-y loin ?

MADAME POUPARD. A deux pas d'ici.

GRANDOUILLET. Ce que j'en dis, ce n'est pas pour dire.

MADAME POUPARD, *lui donnant une lettre.* Sur la présentation de cette lettre, on vous confiera...

GRANDOUILLET, *étonné.* Ah! bah !

MADAME POUPARD. Un jeune garçon d'environ douze ans, que vous prendrez par la main et que vous amènerez ici.

GRANDOUILLET. Comment, vrai?

MADAME POUPARD. Oui ; mais allez donc !

GRANDOUILLET. On me le confira ?

AIR de *la Sirène*.

De vous obéir
J'aurai le plaisir,
Ici, dans l'instant,
Je vous rapport' l'enfant.
Quelle singulière méthode !
Ce que c'est pourtant que la mode !
On traite ici les p'tits garçons
Comme chez nous les cornichons !
De vous obéir, etc.

(*Ensemble.*)

MADAME POUPARD.

Si de m'obéir
Il a le désir,
Ici, dans l'instant,
Nous verrons l'enfant.

HENRIETTE.

De vous obéir
S'il a le désir,
Ici, dans l'instant,
Nous verrons l'enfant.

(*Grandouillet sort tout tranquillement.*)

SCÈNE III.

MADAME POUPARD, HENRIETTE.

MADAME POUPARD. Eh bien, ma chère Henriette, nous voilà arrivées, et bientôt sur les traces de votre cher Léon...

Son frère, le jeune Benjamin, que je viens d'envoyer chercher, nous donnera, je pense, tous les renseignements nécessaires.

Henriette. Ma chère marraine, que vous êtes bonne ! mais votre mari...

Madame Poupard. Lui ! il vaut mieux que moi !... Et puis, j'ai une si bonne nouvelle à lui apprendre que j'ose tout espérer.

Henriette. S'il est vrai que Léon m'ait oubliée, ainsi que me l'a dit son père, toutes vos bontés ne pourront...

Madame Poupard. Allons, chère enfant, chassez ces vilaines idées; on a voulu vous tromper, j'en suis sûre. Léon vous aime encore, et dès qu'il saura que vous êtes ici, il accourra vous le redire.

Henriette. Si vous pouviez dire vrai !

Madame Poupard. Je ne mens jamais.

Henriette. Que d'obligations j'ai contractées envers vous ! je n'eus besoin que d'implorer votre appui pour vous voir accourir à mon secours.

Madame Poupard. Mon mari me tourmentait pour que je fisse un voyage... pour des raisons à lui. Justement vous habitez Dieppe... Un voyage à Dieppe, ville de bains de mer ! cela rentrait on ne peut mieux dans ses idées.

Henriette. Vous avez bien voulu écouter mes confidences, m'aider de vos conseils, et, enfin, m'emmener avec vous.

Madame Poupard. L'histoire de vos amours avec monsieur Léon Lecoq m'a intéressée; cela n'a rien d'étonnant... Un père barbare, homme fort aimable du reste et ancien ami de mon mari, qui sépare deux amants, qui les trompe pour mieux les désunir, qui envoie son fils en exil à Paris...

HENRIETTE. Se perdre !
MADAME POUPARD. Oh ! nous le retrouverons !

SCÈNE IV.

MADAME POUPARD, HENRIETTE, AGATHE.

AGATHE. Madame, Madame, voici monsieur.

HENRIETTE. Déjà !

AGATHE. Chargé de joujoux comme à son ordinaire.

MADAME POUPARD. Comment ?

AGATHE. Depuis votre départ, il en a rempli la maison.

POUPARD, *en dehors*. Agathe, Agathe ! débarrassez-moi donc de tout cela.

AGATHE, *allant au-devant de lui*. Tout de suite, Monsieur.

SCÈNE V.

POUPARD, AGATHE, MADAME POUPARD, HENRIETTE.

POUPARD, *chargé d'une grande quantité de jouets d'enfants, entre sans voir d'abord sa femme ni Henriette, qui se tiennent un peu à l'écart.*

AIR : *Le royal tambour.*

D'être appelé papa
Je brûle, je pétille ;
Avoir une famille
Qui chante, qui sautille,
Désir qui grille !
Que jamais rien ne dissipa.
C'est d'entendre ma fille,
Ma petit' fille

M'appelant papa !
　　D'sa voix gentille
　Me disant papa,
　J'aime bien papa,
　J'veux baiser papa!

On achète la gloire,
L'amour et le plaisir ;
Un ivrogne peut boire,
Un banquier s'enrichir ;
Mais richesse, génie
N'ont plus d'utilité
Quand on a la manie
De la paternité.

D'être appelé papa, etc.

Devant chaque boutique
De marchand de jouets,
D'un courant électrique
J'éprouve les effets ;
Au charme qui m'attire
Je ne puis résister,
J'entre, et dans mon délire
Je veux tout acheter.

D'être appelé papa, etc.

(Apercevant sa femme.)

Comment! c'est toi, chère amie ! Ah! que ça me fait de bien de te revoir!... Viens donc m'embrasser... (*S'arrêtant tout à coup.*) Mais le docteur avait dit deux mois, et tu reviens au bout de trois semaines! Le temps voulu n'y est pas... c'est un voyage perdu... mes espérances à vau-l'eau ! Voilà des bains de mer qui ne feront pas plus d'effet que des bains à domicile.

Madame Poupard. Quand je t'aurai dit la cause de mon retour...

Poupard. Elle n'a pas le sens commun !... Tu sais le besoin de paternité qui me ronge, tu sais qu'à bout d'expédients et prêt à faire des neuvaines, prêt à me vouer au blanc si j'avais osé, un célèbre docteur, parfaitement décoré, nous donna d'amitié, moyennant vingt francs, valeur intrinsèque de cinq minutes de sa conversation, ce sage et consolant conseil :

Air de *Julie.*

J'ordonne à ma belle malade
De voyager, de changer d'air,
D'aller aux eaux, à Lucque, à Bade,
Ou de prendre des bains de mer ;
N'épargnant rien pour se distraire,
Jeux, bals, concerts, tout lui sera permis.
Monsieur vivra seul à Paris,
Et dans un an il sera père.
Vous vivrez bien sage à Paris,
Avant un an vous serez père.

Je t'envoie à Dieppe, te plonger dans la mer et dans les plaisirs ; moi, je reste ici à m'ennuyer selon l'ordonnance. Déjà la moitié de ce veuvage momentané s'était écoulée à grand'peine ; il ne me fallait plus que quelques semaines de patience et de résignation, et tu viens, par un caprice anticipé, détruire toutes mes espérances ! Ce n'est pas gentil. Je devrais t'ordonner de repartir à l'instant.

Madame Poupard. Si vous me donniez un ordre pareil, je ne vous obéirais pas. Je suis bien décidée à ne plus vous quitter.

Poupard. Par esprit de contradiction, sans doute. Les femmes le cultivent avec tant de succès.

Madame Poupard. Devais-je d'ailleurs laisser passer le jour de votre fête sans...

Poupard. Ma fête! je me la serais souhaitée moi-même. Un petit bouquet de deux sous...

Madame Poupard. Je te destine un autre cadeau.

Poupard. Une surprise?

Madame Poupard. Oui.

Poupard. Un homard, sans doute?

Madame Poupard. Mais, auparavant, j'ai une grâce à te demander.

Poupard. Déjà!

Madame Poupard, *lui montrant Henriette.* Ta protection pour cette pauvre orpheline.

Poupard, *apercevant Henriette.* Une jeune fille! Comment?... Oh! Mademoiselle, si je vous avais vue, il y a longtemps que je vous aurais saluée.

Henriette. Monsieur...

Madame Poupard. C'est Henriette, ma filleule.

Poupard. Dont tu m'as parlé dans ta dernière lettre. Pauvre enfant!... Je l'adopte, elle sera ma fille... Je l'aurais mieux aimée plus petite; mais enfin...

Henriette. Monsieur, que de bonté!...

Poupard. Je pourrais pourtant avoir une fille de cet âge-là si je m'étais marié de bonne heure, ou si.... Je me charge de son avenir; je la doterai, je la marierai.

Madame Poupard. Oh! mon ami, tu vas au-devant de mes vœux!

POUPARD. J'ai déjà pour elle un parti en vue, mon ami Gachinet, un homme mûr, mais encore vert.

HENRIETTE. Merci, Monsieur, mais je ne désire pas me marier.

POUPARD. Il vous rendra heureuse ; c'est un homme veuf, sur lequel on peut compter. Il a eu trois enfants avec sa première femme.

MADAME GRANDOUILLET, *en dehors.* Grandouillet ! Grandouillet !

SCÈNE VI.

POUPARD, MADAME POUPARD, HENRIETTE, MADAME GRANDOUILLET ET SES QUATRE ENFANTS.

(Elle porte les deux plus petits dans ses bras ; les deux autres la tiennent par sa jupe.)

POUPARD. La nourrice !... Oh ! elle vient encore, comme tous les ans, insulter à mon infortune ! Cette femme est mon cauchemar, un reproche vivant !

MADAME GRANDOUILLET, *dans le fond.* Excusez, Mosieur et Mam' Poupard, la compagnie, si j'entre comme ça tout de go... vous n'avez pas vu mon homme?

MADAME POUPARD. N'en soyez pas inquiète, ma chère madame Grandouillet, je l'ai envoyé en commission.

MADAME GRANDOUILLET. Ah ! vous me faites honneur, Mosieur, Mam' Poupard, la compagnie.

POUPARD, *à sa femme.* Où l'as-tu donc envoyé?

MADAME POUPARD, *à son mari.* Chercher le petit Benjamin.

POUPARD. Le fils de mon ami Lecoq?

Madame Poupard. Il passera chez nous ses jours de congé ; je l'ai promis à son père.

Poupard. Oh! la bonne idée!... Je le ferai jouer, je le mènerai promener... (*Regardant Henriette.*) J'ai déjà une fille, je croirai avoir un fils... (*A M*^{me} *Grandouillet.*) Mais approchez donc, grosse maman! venez nous faire admirer votre collection... Vous avez affaire à un amateur.

Madame Grandouillet. C'est une justice à vous rendre, Mosieur Poupard.

Poupard. Je parie bien que vous n'avez pas perdu votre temps depuis l'année dernière ?

Madame Grandouillet. Dame! on fait ce qu'on peut... (*Montrant l'enfant qu'elle porte dans ses bras.*) J'ons de plus ce petit chérubin-là, qui a juste aujourd'hui ses trois mois comme un homme.

Poupard. Ces paysans sont d'un prolifique humiliant.

Madame Grandouillet. C'est déjà fort comme père et mère, et ça vous a un appétit... Mais faut pas que ça vous inquiète; quand il y a pour un il y a bien pour deux.

Poupard. Nous y voilà!... Hélas! Madame Grandouillet, j'ai bien peur que celui-là ne soit, comme les autres, obligé de se passer de frère de lait.

Madame Grandouillet. Vraiment! Ah! tant pis, je comptais bien... cette année...

Poupard, *à sa femme.* Mais regarde donc, chère amie, comme ils sont gentils, bien portants.

Madame Poupard. Et propres!

Madame Grandouillet. Ne m'en parlez pas, ce n'est pas sans peine!

Poupard. Que vous êtes heureuse, bonne Grandouillet! que je voudrais être à votre place !

Madame Grandouillet. Vous en auriez bien vite assez. C'est pas tout couleur de rose, allez.

Madame Poupard. Ceux-là sont d'une sagesse, d'une tranquillité !...

Madame Grandouillet. C'est qu'ils sont t'honteux. Ordinairement c'est de vrais diables.

Poupard. La turbulence est l'apanage de l'enfance; parlez-moi des enfants terribles; il n'y a que ceux-là d'intelligents. Je veux qu'ils dînent à table avec nous; ça me fera illusion. Je croirai qu'ils sont à moi.

Madame Grandouillet. Ah! ben! ils vont vous faire un fier tapage.

    Poupard.

   Air : *J'aime le tapage.*

  J'aime le tapage,
   Le tapage,
   Le tapage.
 Mes amis, livrez-vous
  Aux jeux de votre âge.
  J'aime le tapage,
   Le tapage,
   Le tapage.
 Mettez tout sens d'sus d'sous,
  Faites les cent coups ;
Quittez donc cette mine chagrine,
Vous pouvez rire, chanter, danser.
Le plus grand bonheur, j'imagine,
C'est de vous voir tout boul'verser.
  Pour qu'une gaîté complète
  Vienne charmer mon séjour,
  A nous, mirliton, trompette;

A nous ce joli tambour.
J'aime le tapage,
Le tapage, etc.

(*Il leur distribue les joujoux qu'il portait à son entrée, et qu'Agathe avait posés sur la table.*)

SCÈNE VII.

Les Mêmes, AGATHE.

Agathe. Monsieur, il y a là un jeune homme qui vous demande.

Poupard, *occupé à jouer avec les enfants.* Dites que je suis en affaires.

Agathe. Voici sa carte.

Madame Poupard, *prenant la carte.* Ah!

(*Elle la montre à Henriette.*)

Henriette. Ciel!

Madame Poupard, *bas à Henriette.* Voilà un heureux hasard.

Poupard, *toujours occupé avec les enfants.* On ne peut pas être un instant tranquille.

Henriette, *à Mme Poupard.* Mais il ne faut pas qu'il le renvoie.

Madame Poupard, *à son mari.* Mon ami, tu ne peux te dispenser...

Poupard. Pourquoi ça?

Madame Poupard. C'est M. Léon Lecoq.

Poupard. Ah! bah! Mais ces enfants, nous nous amusions si bien.

Madame Poupard. Je m'en charge. (*Aux enfants.*) Venez, mes petits amis.

Poupard. Fais-les patienter; donne-leur des gâteaux, des confitures. (*Aux enfants.*) Et surtout, mes enfants...

(*Reprenant l'air*)

(*Ensemble.*)

Faites du tapage,
Du tapage,
Du tapage ;
Chers bijoux,
Livrez-vous
Aux jeux de votre âge !
Faites du tapage,
Du tapage,
Du tapage ;
Mettez tout sens d'sus d'sous,
Faites les cent coups.

Madame Grandouillet *et* Agathe.

(*Ensemble.*)

Faisons du tapage,
Du tapage,
Du tapage.
Chers bijoux,
Livrez-vous
Aux jeux de votre âge.
Faisons du tapage,
Du tapage,
Du tapage ;
Mettons tout sens d'sus d'sous,
Faisons les cent coups.

Madame Poupard *et* Henriette.

(*Ensemble.*)

Pas trop de tapage,
De tapage,

De tapage.
Mes enfants, livrez-vous
Aux jeux de votre âge
Sans trop de tapage,
De tapage,
De tapage;
Sans trop nous étourdir tous,
Divertissez-vous.

(*Ils sortent tous, excepté Poupard.*)

SCÈNE VIII.

POUPARD, LÉON.

Léon, *à part*. Allons, du courage et de l'adresse; si cet honnête citoyen ne m'ouvre pas ses bras, Clichy m'ouvrira ses portes.

Poupard, *à part*. Ah! mon ami Lecoq m'envoie aussi son fils aîné... quelque grand nigaud de province!

Léon. C'est à monsieur Poupard que j'ai l'honneur de parler?

Poupard. A lui-même.

Léon, *à part*. Il a une tête qui me donne de l'espoir.

Poupard, *à part*. Il est fort bien, ce garçon.

Léon. Mon père, en m'envoyant à Paris, m'avait donné pour vous, Monsieur, une lettre de recommandation. J'ai un peu tardé à vous la remettre, des affaires... indispensables... on a si peu de temps à soi... Mais je l'ai conservée avec soin, et la voici.

Poupard, *à part*. Que ce Lecoq est heureux! Ah! (*Il prend la lettre et l'ouvre.*) Trois mois de date; il n'est pas venu en chemin de fer! ou plutôt, mon gaillard... Ah! ah! ah!...

Léon, *à part*. Pourvu que ma lettre d'introduction ne me fasse pas mettre à la porte.

Poupard, *lisant*. « Mon vieux Poupard, je t'envoie un drôle. » (*Riant.*) Ah! ah! ah!

Léon, *embarrassé*. Mon père est très gai, vous savez...

Poupard, *lisant*. « Qui malheureusement est mon fils. »

Léon, *à part*. Diable! si j'avais su...

Poupard, *indigné*. Eh bien! je lui conseille de se plaindre; comment les lui faut-il donc! Un jeune homme charmant, qui ne lui ressemble pas du tout. Il y a des gens qui ne connaissent pas leur bonheur!

Léon, *vivement*. Ah! vous avez bien raison, Monsieur. (*A part.*) Mais c'est un excellent homme... pourquoi ne suis-je pas venu plus tôt? je ne serais pas dans le cruel embarras où je me trouve.

Poupard, *lisant*. « Il est amoureux. » (*Parlé.*) Parbleu! c'est de son âge.

Léon, *vivement*. N'est-ce pas, Monsieur?

Poupard, *lisant*. « D'une fille de rien. »

Léon, *à part*. Oh! ma pauvre Henriette!

Poupard, *lisant*. « Qui n'a rien. » (*Parlé.*) Vieille rengaine paternelle... Je suis certain qu'elle possède...

Léon. Toutes les qualités, Monsieur, la beauté, la douceur...

Poupard, *lisant*. « Mon coquin voulait l'épouser. » (*Parlé.*) Eh bien, pourquoi pas ?... s'ils s'aimaient ces pauvres enfants! (*Lisant.*) « Mais j'y ai mis bon ordre. »

Léon. En me forçant de partir, Monsieur, en m'envoyant passer loin d'elle les plus belles années de ma vie, dans cet affreux Paris, où j'essaye en vain de m'étourdir.

Poupard. Pauvre garçon! (*Lisant.*) « Il part avec très peu d'argent. » (*Parlé.*) Juste quand il a besoin de s'étourdir.

Léon, *à part.* Mon trimestre m'a duré trois jours.

Poupard, *lisant.* « Et une forte dose de morale. » (*Parlé.*) Monnaie qui n'a plus cours depuis qu'on l'a mise en actions.

Léon, *à part.* J'ai eu de la morale de reste, et j'ai emprunté de l'argent au poids de l'or.

Poupard, *lisant.* « Surtout ne lui fais aucune avance de fonds. » (*Parlé.*) Tyran peu délicat!... Eh bien, si, je lui avancerai des fonds, et tant qu'il en voudra. Es-tu en fonds? en veux-tu des fonds?...

Léon, *à part.* Si j'en veux! (*Haut.*) A vous parler franchement, j'ai quelques petites dettes.

Poupard. Pauvre jeune homme!

Léon, *à part.* Dix petits mille francs.

Poupard. Ne te tourmente pas, nous arrangerons cela.

Léon, *à part, avec joie.* Ça va comme sur des roulettes! (*Haut.*) Ah! Monsieur, vous étiez né pour être père!

Poupard. N'est-ce pas? Je le croyais aussi, mais il paraît que non...

SCÈNE IX.

Les Mêmes, GRANDOUILLET, BENJAMIN.

Grandouillet, *tenant Benjamin par la main.* Madame, voilà le jeune garçon qu'on m'a confié.

Léon, *étonné.* Benjamin!

Benjamin. Tiens... v'là grand frère!

Poupard. Tu ne t'attendais pas à cette rencontre! Il passe ici ses jours de congé.

Léon. Comment! vous avez la bonté de vous embarrasser de ce gamin?

Benjamin, *à Léon.* Comme tu es bien mis à présent! tu n'as donc plus ton petit habit gris?

Léon. Salue donc monsieur.

Benjamin, *à Poupard.* Bonjour, M'sieu, ça va bien?

(Il renifle.)

Poupard. Très bien, mon petit ami. Qu'il est gentil! quel air éveillé!

Benjamin, *à Grandouillet, qui le tient toujours par la main.* Lâche-moi donc, toi!

Grandouillet. Un instant; ne bousculons pas le pauvre monde. *(A Poupard.)* Monsieur Poupard, je vous présente bien mes civilités, si j'en étais capable. *(D'un air mystérieux.)* Le maître d'école a dit comme ça que si ce n'avait pas été la chose de votre fête, il n'aurait pas laissé sortir le jeune citoyen. Il paraît qu'il a des mauvais points.

Benjamin, *lui donnant un grand coup de poing.* Veux-tu te taire, capon!

Grandouillet, *se frottant le bras.* Il s'est trompé... c'est des bons poings. Vous m'avez fait mal.

Poupard. Ne pas le laisser sortir! Voilà donc comme l'Université comprend la liberté individuelle!

Benjamin. C'est une injustice!

(Il renifle.)

Poupard. Je suis sûr que tu es bien sage, que tu travailles bien; que tu es déjà fort.

Benjamin, *montrant Grandouillet*. Je suis plus fort que lui.

Grandouillet. Oh! que c'est petit!

Poupard, *riant*. Oh! oh! petit espiègle.

Air du *Charlatanisme*.

Mais dans les études tu dois
Être avancé?
        Benjamin.
           J'suis en sixième.
        Poupard.
Es-tu le premier quelquefois?
        Benjamin.
Moi, je suis toujours le dixième.
        Poupard.
Dans vos classes l'on n'est jamais
Moins de soixante?
        Benjamin.
           Oh! dans la mienne,
En comptant deux petits Anglais
Qui ne veul'nt pas apprendre le français,
Nous ne sommes qu'une douzaine,
Nous sommes juste une douzaine.

Léon. Comme les huîtres.

Poupard. Il est plein d'esprit et d'intelligence.

SCÈNE X.

Les Mêmes, AGATHE.

Agathe. Monsieur, vous êtes servi. Je vais prévenir madame.

                (*Elle entre dans la pièce à droite.*)

Poupard, *à Léon, qui vient de prendre son chapeau.* Tu dînes avec nous?

Léon. Je regrette de ne pouvoir accepter, mais...

Poupard. Sans cérémonie; nous serons en famille.

Léon, *à part.* Raison de plus pour refuser; j'espère goûter ce soir des plaisirs plus vifs. (*Haut.*) Je suis vraiment désolé; mais des engagements antérieurs...

Poupard. Je n'accepte pas tes excuses, et je veux... (*Appelant sa femme.*) Viens donc, chère amie, m'aider à retenir ce mauvais sujet.

Benjamin, *à Léon.* Es-tu bête! Il y a un bon dîner. J'ai vu une tourte qui entrait avec un marmiton.

SCÈNE XI.

POUPARD, LÉON, BENJAMIN, MADAME POUPARD, HENRIETTE.

Léon, *à part.* Comment me tirer de là? (*Apercevant Henriette.*) Henriette ici... oh!

Madame Poupard. Monsieur a sans doute de fortes raisons pour ne pas se rendre à tes désirs, et je n'oserais insister...

Léon. Madame, certainement, si j'avais su... Ce que vous venez de me dire me décide, et je reste.

Henriette, *à part avec joie.* Il reste, il m'aime encore!

Poupard. Allons donc, est-ce qu'on peut refuser quelque chose à ma femme! Mais où sont donc nos petits enfants? et notre grosse nourrice, qu'en as-tu fait?

Madame Poupard, *souriant.* La nourrice, elle donne à dîner à son petit dernier.

Poupard. Je veux qu'il dîne à table.

Madame Poupard. Mais... mon ami...

Poupard. Je le lui ai promis, à cet enfant. *(Appelant.)* Madame Grandouillet!

SCÈNE XII.

Les Mêmes, MADAME GRANDOUILLET et ses Enfants.

Madame Grandouillet. Me voilà, me voilà.

(Léon, Benjamin, Henriette et tous les enfants de la nourrice se trouvent former un groupe séparé des autres acteurs.)

Poupard, *les contemplant avec bonheur.* Quel beau coup d'œil! la belle réunion! Il y en a de tous les âges, de tous les genres! Ma vue se repose tendrement. Une telle famille!... Mais voilà tout ce que je désire, moi... je n'en demande pas davantage!... Ma foi! l'occasion est belle, je veux goûter les douceurs de la paternité, je m'en vais m'en régaler toute la soirée.

Air : *A la papa.*

Il est un espoir bien doux
Qui me fait tourner la tête,
Que vous pourriez entre nous
Réaliser, l'voulez-vous?

Tous les Enfants.

Nous l'voulons tous!

POUPARD.

N'me refusez pas ça
Pour le jour de ma fête ;
Mon d'sir le voilà,
C'est d'êtr' pour ce jour-là
Votre papa.

Tous les Enfants.

Voilà notre papa!

Benjamin. Si t'es mon père, j'irai-t-y plus au collège?

Poupard. Non, mon ami, tu resteras avec moi; nous rirons, nous jouerons.

Benjamin. Sais-tu jouer à saute-mouton? c'est amusant, va.

Poupard. Tu m'apprendras... Allons, mes enfants, venez tous dans mes bras.

Grandouillet. Il ferait bien mieux d'en avoir à lui que de chiper ceux des autres.

(*Poupard s'empare du petit enfant de la nourrice; les autres s'accrochent à lui.*)

Poupard, *au petit enfant*. Veux-tu que je sois ton papa, petit gaillard?

Madame Grandouillet. Dis oui au monsieur.

Grandouillet, *fâché, à sa femme*. Ne donnez donc pas de mauvais conseils à mon fils.

Poupard. Il a fait une risette à papa.

Air :

A table, à table, à table!
Voir tous ses enfants à table,
Réunis autour de lui,

Pour un père véritable
C'est l'instant le plus agréable.
Je vais le goûter aujourd'hui.
A table, à table!

(*Ensemble.*)

A table, à table, à table!
Voir tous ses enfants à table,
Réunis autour de lui,
Pour un père véritable
C'est l'instant le plus agréable.
Il va le goûter aujourd'hui,
A table, à table !

(*Poupard sort le premier avec tous les petits enfants ; Léon offre son bras à madame Poupard, qui lui fait signe de prendre celui d'Henriette. Elle prend Benjamin par la main. Madame Grandouillet s'empare du bras de son mari. Léon et Henriette restent les derniers, et, au moment d'entrer dans la salle à manger, Léon retient Henriette.*)

SCÈNE XIII.

LÉON, HENRIETTE.

Léon. Henriette, un mot!

Henriette. Impossible maintenant.

Léon. Oh! je vous en prie!

Henriette. On va remarquer notre absence.

Léon. Qu'importe! je suis heureux.

Henriette. Vraiment!

Léon. Mais, par quel miracle êtes-vous ici?

Henriette. Vous le saurez, si vous m'aimez encore.

Léon. En doutez-vous?

Henriette. Je le devrais... car on m'a dit...

Léon. Quoi donc?

Henriette. Bien des choses...

Léon. Qui a osé?

Henriette. Votre père.

Léon. Vous avez pu le croire, Henriette?

Henriette. Pas tout à fait, puisque me voilà!

Léon. Ah! vous êtes un ange.

Poupard, *en dehors.* Henriette, Léon!

Henriette. On nous appelle, venez.

Léon. De grâce, encore un instant!

Henriette. Laissez-moi.

Léon. Ne me quittez pas avant de m'avoir promis que, quels que soient mes torts, vous me les pardonnez. Je vous le demande à genoux.

(Il se jette à ses pieds.)

Henriette. Je le promets.

Poupard, *en dehors.* Mais arrivez donc, je ne peux pas dîner sans mes deux aînés.

(Léon baise avec passion la main d'Henriette.)

SCÈNE XIV.

POUPARD, LÉON, HENRIETTE.

(Pendant cette scène, on entend les enfants rire et chanter dans une autre pièce.)

Poupard, *apercevant Léon aux pieds d'Henriette et lui baisant la main.* Ciel! que vois-je?

Léon. Ah! Monsieur, apprenez...

Henriette. Monsieur!...

Poupard. Taisez-vous, Mademoiselle, vous devriez rougir de honte.

Léon. Elle m'aime toujours!

Poupard. Parbleu! je l'ai bien vu! le frère et la sœur!... c'est-à-dire non; mais enfin... sous mon propre toit! au moment de se mettre à table! quel scandale!

Léon. Le bonheur nous fait oublier...

Poupard. Vous allez vite en besogne, Monsieur.

Léon. Nous étions séparés depuis si longtemps!

Poupard. Comment! vous vous connaissez?

Léon. Mais oui, Monsieur, c'est elle!

Poupard. Qui ça, elle?

Léon. Mon Henriette.

Poupard. Ah! la jeune fille de rien, qui n'a rien! Moi qui la destinais à mon ami Gachinet, homme mûr, mais encore vert.

Léon. Ce n'est pas possible!

Poupard. Je te dis que si.

Henriette. Vous aurez pitié de nous, n'est-ce pas?

Léon. Vous plaiderez notre cause auprès de mon père.

Poupard. N'y comptez pas.

Henriette, *presque à ses genoux*. Vous qui êtes si bon!

Léon, *de même*. Si généreux!

Poupard, *presque attendri et se baissant un peu pour leur répondre*. Mais, mes bons amis, soyez certains que, si c'était possible, je...

SCÈNE XV.

HENRIETTE, POUPARD, LÉON, BENJAMIN.

(*Benjamin entre en courant, et, apercevant que Poupard est placé comme pour jouer au cheval fondu, il saute à califourchon sur ses épaules.*)

BENJAMIN, *sur le dos de Poupard.* Garde à vous !

HENRIETTE, *effrayée.* Ah ! mon Dieu !

POUPARD, *stupéfait.* Peuh ! qu'est-ce qui me monte là ?

LÉON. Benjamin, es-tu fou ?

BENJAMIN. Ah ! ah ! demi-tour à droite.

POUPARD, *cherchant à se débarrasser.* Ce polisson me prend donc pour une bourrique !

LÉON, *faisant descendre Benjamin.* Voyons, gamin, veux-tu finir ?

POUPARD. Je suis moulu, meurtri !

BENJAMIN. On joue avec vous, tu te fâches !

POUPARD. Allez vous ébattre avec vos pareils, et laissez-moi tranquille.

BENJAMIN. Tiens, tout à l'heure c'est toi qui voulais jouer.

POUPARD, *à Léon et à Henriette.* Vous sentez bien, mes bons amis, que si c'était possible...

BENJAMIN. Alors, pourquoi ne viens-tu pas dîner ? Que la nourrice a déjà chiqué la moitié de la tourte.

POUPARD. Ah çà ! as-tu bientôt fini de m'agacer ?

Benjamin, *chantant et le narguant.*

> Papa, les p'tits bateaux
> Qui vont sur l'eau
> Ont-ils des jambes ?

Poupard. Ah! quel petit cauchemar! (*A Léon et à Henriette.*) Vous sentez bien, mes bons amis, que...

SCÈNE XVI.

POUPARD, LÉON, HENRIETTE, BENJAMIN, GRANDOUILLET.

(*Le bruit que font les enfants va toujours croissant.*)

Grandouillet, *arrivant tout effaré.* Monsieur Poupard, Monsieur Poupard !

Poupard. Eh bien, qu'est-ce encore ? Il n'y a donc plus moyen de dire deux mots de suite ici ?

Grandouillet. Figurez-vous que j'étais à regarder à la fenêtre en attendant que vous arriviez dîner ; que tout se refroidit ; que c'est un vrai meurtre ; que mademoiselle Agathe se fait un mauvais sang...

Poupard. Après, après !

Grandouillet. Tout à coup j'aperçois des gens de mauvaise mine, avec des cannes et un fiacre, qui regardaient la maison d'un air en dessous.

Léon, *à part.* Ça ressemble bien à des gardes du commerce !

Poupard. Tu me fais frémir !

GRANDOUILLET. Je descends, je m'informe, et j'apprends qu'ils venaient pour arrêter monsieur Léon Lecoq.

HENRIETTE. Est-il possible !

LÉON. C'est bien cela ! pour ma lettre de change de dix mille francs.

POUPARD. Comment, malheureux ! tu as fait des lettres de change ?

LÉON. Hélas ! oui, Monsieur.

POUPARD. Et pour dix mille francs ! Il a englouti dix mille francs en trois mois ! Mais ça n'a pas de nom ! Ça ne s'est jamais vu ! Tu veux donc me faire mourir de chagrin ?

LÉON. Vous m'aviez fait espérer que vous viendriez à mon secours.

POUPARD. Je ne te connaissais pas encore, mauvais sujet. *(Ici les deux aînés des enfants de madame Grandouillet entrent en scène, l'un battant du tambour, l'autre jouant de la trompette.)* Moi, te soutenir dans tes déportements ! t'aider dans tes folies ! approuver ta mauvaise conduite ! Non, non, non, mille fois non ! Va, sors de ma présence, et que je n'entende jamais parler de toi.

(Le bruit des enfants redouble.)

HENRIETTE. Ah ! Monsieur, n'aurez-vous pas un peu de pitié !

POUPARD, *aux enfants*. Mais taisez-vous donc, vous autres ! *(A Henriette.)* Vous épouserez mon ami Gachinet, homme mûr...

HENRIETTE. Moi, jamais !

POUPARD. Ou je vous mettrai dans un couvent.

Benjamin, *qui s'est emparé de la canne de Poupard, fait le tambour-major, et commande aux deux petits enfants.* En avant, marche ! ran, plan plan, ran, plan plan...

Léon. Vous n'avez aucun droit sur mademoiselle.

Henriette, *pleurant et sanglotant.* Mon Dieu ! que je suis malheureuse !

Benjamin. Ran, plan plan, ran, plan plan...

Poupard. Ah ! quel tapage infernal ! Vous tairez-vous à la fin, maudits gamins ! (*Le bruit augmente encore.*) Mais c'est à devenir fou, c'est à déserter la maison.

SCÈNE XVII.

Les Mêmes, MADAME GRANDOUILLET, puis AGATHE.

Madame Grandouillet, *son plus petit enfant dans les bras, à Poupard.* Qu'est-ce que vous avez donc à crier comme ça ?

Poupard. Ce que j'ai ? vous ne les entendez donc pas ? vous êtes donc sourde ?

Madame Grandouillet. Tiens, ces pauvres enfants, il faut bien qu'ils s'amusent.

Poupard. S'amuser ! vous appelez cela s'amuser ! (*Le petit enfant effrayé se met à crier.*) Bon ! à l'autre, à présent !

Agathe, *ayant dans ses bras l'autre petit enfant qui crie aussi de toutes ses forces.* Dites donc, la nourrice, débarrassez-moi donc de votre mioche. Je ne sais qu'en faire.

POUPARD. De plus fort en plus fort! (*Il s'élance sur les enfants, veut leur arracher le tambour et la trompette.*) Ah! maudite marmaille! mauvaise engeance! tas de gredins! (*Benjamin, en se reculant, renverse une table chargée de porcelaines.*) Patatras! voilà le bouquet!

SCÈNE XVIII.

Les Mêmes, MADAME POUPARD.

MADAME POUPARD. Mon Dieu! quel vacarme! que se passe-t-il donc?

POUPARD. Emmenez-moi tout ça; que je ne les voie plus... que je ne les entende plus surtout; ou je fais un mauvais coup.

MADAME POUPARD. Venez, venez, mes amis.

POUPARD. Allez tous au diable! et recevez ma malédiction.

TOUS, EXCEPTÉ POUPARD.

AIR :

Notre présence l'irrite ;
Il faut décamper bien vite,
Et, par une prompte fuite,
Rendre le calme à ses sens.
Avec un tel caractère
Comment faire
Pour lui plaire?
S'il devenait jamais père,
Quel malheur pour ses enfants !

(*Ils sortent tous, emmenés par madame Poupard qui tâche de les calmer.*)

SCÈNE XIX.

POUPARD, seul.

Et vous demandez des enfants, hein ! Voilà un échantillon des douceurs de la paternité ! Voilà la dose de bonheur qui vous attend ! Quelle leçon ! quelle épreuve ! Tous, du plus petit jusqu'au plus grand, m'ont supplicié selon leur degré de force et d'intelligence. Ils semblaient s'être donné le mot. Ah ! me voilà bien guéri de ma folle manie ! Quel calme maintenant ! (*Il va s'asseoir dans un fauteuil.*) Je me retrouve ; je me sens un bien-être ; je savoure l'existence. Dame, je n'ai pas d'enfants ! je n'en aurai jamais. Comme c'est heureux que ma femme ne soit pas restée à Dieppe le temps voulu : car, enfin, on ne sait pas ce qui aurait pu arriver. (*Il fait un geste et renverse le carton placé sur la table par Agathe au moment de l'arrivée de madame Poupard, plusieurs vêtements s'en échappent.*) Qu'est-ce que c'est que ça ! des béguins, des brassières, une layette complète ! (*Il regarde le couvercle du carton.*) Ce carton appartient à ma femme... A qui peut-elle destiner un pareil cadeau ? Dans ses connaissances, je ne vois personne d'assez jeune... Ah ! le petit de la nourrice... (*Il examine les vêtements.*) Diable ! de la futaine, du molleton ; il n'aura pas froid, ce jeune maraîcher. Des bonnets bordés de valencienne pour un petit va-nu-pieds, pour coiffer la tête agreste d'un marmot rural !... Oh ! non, ce ne peut être que pour un enfant... (*Regardant la marque.*) U. P., Ugolin

Poupard ! ma marque ! c'est pour moi ! oh ! Madame Poupard !

(*Il reste accablé.*)

SCÈNE XX

MONSIEUR POUPARD, MADAME POUPARD.

Madame Poupard, *à part*. Le voilà tranquille ; enfin je vais pouvoir lui parler.

Poupard. Ah ! c'est vous, Madame ! nous avons un terrible écheveau à débrouiller ensemble.

Madame Poupard. Encore en colère ? mais ça devient inquiétant.

Poupard, *lui montrant la layette*. Pour qui ces ornements du premier âge ? pour qui ces langes, ces drapeaux ? qui comptez-vous emmaillotter dedans, Madame ?

Madame Poupard. Comment ! vous ne devinez pas !

Poupard. Je ne devine jamais.

Madame Poupard. Je vous avais promis une surprise. Vous trouvez une layette, et vous ne comprenez pas que vous allez être père ?

Poupard. Mais je ne veux plus être père, moi ! Les enfants, je les exècre, je les abhorre ! j'en ai par-dessus la tête. Je ne veux pas même être soupçonné d'avoir doté ma patrie d'un de ces petits malfaiteurs. Je demande l'abolition de la famille, je nie la paternité : car, enfin, il y a trois semaines, il n'était pas question...

Madame Poupard. De layette ? Si, mon ami, elle était commencée bien avant mon départ.

Poupard. Vraiment ? alors pourquoi ce voyage ?

Madame Poupard. Pour aller au secours de ma pauvre Henriette.

Poupard. Vraiment ! alors, pourquoi m'avoir caché... ?

Madame Poupard. Tu ne m'aurais pas laissée partir.

Poupard. Vraiment ! sans doute, car c'était une imprudence... Es-tu bien sûre que ça ne t'a pas fait de mal ?

Madame Poupard. Allons, tu n'es pas aussi fâché que tu veux le paraître.

Poupard. Si, je suis fâché... je suis très fâché. Hier, ce matin même, j'aurais été transporté de joie ; mais, après une journée aussi désastreuse, après un pareil avant-goût des délices qui m'attendent, je dois être au désespoir. Tu conviendras qu'ils ont dépassé toutes les bornes.

Madame Poupard. Je ne dis pas... mais il y avait bien un peu de ta faute.

Poupard. Tu crois ? C'est égal, je suis bien aise de ne pas être leur père.

Madame Poupard
Air : *La brune Thérèse.*

Pour les enfants des autres
Sévères, exigeants,
Nous saurons pour les nôtres
Nous montrer indulgents.

Poupard

Mais ils crieront,
Ils glapiront
Comme les autres.
Ils m'ennuieront,
M'étourdiront,
M'abrutiront.

MADAME POUPARD

Non, tranquillisez-vous,
Calmez ce grand courroux,
Fiez-vous à leur mère,
Nous aurons des enfants
Soumis, obéissants,
Aimables, caressants;
Par leur bon caractère
Que j'aurai su former,
Leur grâce, leur manière,
Ils sauront vous charmer.
Comment, en bon père,
Pourrez-vous donc faire
Pour ne pas les aimer ?

POUPARD. Je les aimerai, je les adorerai! j'en serai fou! Oui, tu as raison, chère amie, ils seront charmants, ces petits amours, ces chers trésors; ils te ressembleront. Je serai intégralement leur père. J'oublie les tribulations de ce jour néfaste, et je suis le plus heureux des hommes! Je cours prévenir la nourrice. (*L'appelant.*) Madame Grandouillet, Madame Grandouillet!

SCÈNE XXI.

POUPARD, MADAME POUPARD,
MADAME GRANDOUILLET
ET TOUS SES ENFANTS, APRÈS GRANDOUILLET ET BENJAMIN.

(*Poupard ouvre la porte du fond. On aperçoit
Mme Grandouillet et ses enfants.*

MADAME GRANDOUILLET, *sans entrer*. Adieu, M'sieu, Mam' Poupard, la compagnie. Je m'en retourne dans mon endroit avec mon homme et mes mioches.

Poupard, *la faisant entrer.* Du tout, je m'y oppose. Vous ne vous en irez pas.

Madame Grandouillet. Puisque ces pauvres innocents ont évu l'inconséquence de vous importuner, vous ne les reverrez plus, Mosieu, Mam' Poupard, ni moi, ni mon homme.

Grandouillet, *qui a suivi sa femme.* Ni elle, ni son homme, Mosieu, Mam' Poupard.

Poupard. Mais, puisque je vous dis...

Grandouillet. Nous ne savons pas ce que c'est que d'être à charge à quiconque, et, si ce n'avait pas été la chose que nous pensions toujours que vous auriez besoin de nous...

Poupard. Justement!

Madame Grandouillet, *étonnée.* Ah! bah! Et quand donc?

Poupard. Demandez à ma femme.

Madame Grandouillet. Comment! vrai?

Poupard, *se frottant les mains.* Oui.

Madame Grandouillet. Enfin!

Grandouillet. Mosieu Poupard. *(Il donne affectueusement une poignée de main à Poupard.)* Je ne vous dis que ça...

Benjamin. M'sieu *(il renifle),* est-ce qu'il faut que je retourne à la pension?

Poupard. Non, mon ami, tu resteras, tu dîneras.

Benjamin, *sautant de joie.* Oh! quel bonheur! je mangerai de la tourte!

Poupard, *aux autres enfants.* Vous resterez tous.

(Les enfants se reculent effrayés.)

Madame Grandouillet. Ces pauvres enfants! c'est que

vous leur avez fait une fière peur. Ils ne savaient plus à quel saint se vouer.

Poupard. Heureusement que vous étiez là !

SCÈNE XXII.

Les Mêmes, HENRIETTE.

Henriette, *hors d'elle-même.* Ah ! ma bonne marraine ! quel affreux malheur ! si vous saviez !

Madame Poupard. Qu'est-ce donc, ma chère Henriette?

Henriette. Ce pauvre Léon !

Poupard. Que lui est-il arrivé?

Henriette. Malgré mes instances, il a voulu partir.

Poupard. Eh bien?

Henriette. Ces vilains hommes qui l'attendent dans la rue... ils l'ont arrêté, ils l'emmènent...

Poupard. A Clichy, pauvre garçon !

Madame Poupard, *à son mari.* Ah ! mon ami !

Poupard. Ne te bouleverse pas. *(Courant à la fenêtre et criant de toutes ses forces.)* Je payerai. *(A Grandouillet.)* Grandouillet, cours donc leur dire que je payerai.

(Grandouillet sort en courant.)

Henriette. Oh ! merci mille fois, Monsieur ; je n'osais plus espérer en vous, et j'avais tort.

Poupard. Vous m'avez donc cru bien méchant, bien terrible, ma jolie petite Henriette ? J'ai pu avoir un instant d'impatience, de colère, mais le fond n'est pas mauvais.

Madame Poupard, *l'embrassant.* Tu es le meilleur des hommes.

Madame Grandouillet, *pleurant.* Hein ! je suis émouvée, je suis émouvée.

Benjamin. Est-ce qu'on va pleurnicher comme ça toujours? Ça finit par être embêtant.

SCÈNE XXIII.

MONSIEUR et MADAME POUPARD, HENRIETTE, BENJAMIN, MADAME GRANDOUILLET et ses Enfants, GRANDOUILLET et LÉON.

Grandouillet. Le voilà, le voilà. Je vous le ramène, et ce n'est pas sans peine.

Léon. Ah! Monsieur, que d'obligations!

Grandouillet. C'est qu'ils ne voulaient pas le lâcher; ils vous attendent dans votre cabinet pour payer, Monsieur.

Madame Grandouillet, *très émue.* Grandouillet, embrasse-moi.

Léon. Comment pourrai-je jamais m'acquitter?

Madame Poupard, *montrant Henriette.* En la rendant bien heureuse.

Léon. Comment! vous consentez...?

Poupard. Je me charge de tout. Lecoq n'est pas si coriace qu'il en a l'air; il m'approuvera, à moins qu'il ne préfère que tu recommences à t'étourdir.

SCÈNE XXIV.

Les Mêmes, AGATHE.

AGATHE. Ah çà! vous ne voulez donc pas vous mettre à table, que mon dîner se morfond?

POUPARD. Si, à table, à table; nous boirons à la santé de la mariée. (*Montrant Henriette. A part.*) Il me tarde de savoir si elle aura des enfants. Avec Gachinet c'était plus sûr...

CHŒUR.

A table, à table, à table!

MUSÉE NATIONAL

DE L'HOTEL CLUNY ET DES THERMES

Parmi les cent mille belles choses de sa ville dont le Parisien ignore l'existence, il n'est peut-être rien qui lui soit plus complètement inconnu que l'hôtel de Cluny. Le citadin de la rive droite a bien entendu vaguement dire qu'il existe une précieuse collection de meubles, d'ustensiles, d'émaux, de cristaux et d'autres curiosités du Moyen-Age ou de la Renaissance dans un vieil hôtel de la rue des Mathurins-Saint-Jacques; mais il ne s'en est pas autrement occupé. Il a cru, dans sa bonne foi d'enfant de Paris, d'homme qui sait tout, que cette rue ou ce quartier étaient situés dans quelque province, ou sur les confins d'un pays étranger ; qu'il fallait, comme au XVIe siècle, faire son testament avant d'y aller. On lui a parlé des Thermes de Julien, du Collège de France et de la Sorbonne, mais tout cela est resté dans sa mémoire à peu près comme les démêlés de Mme Éléonore d'Aquitaine et du roi Louis le Jeune.

En effet, à l'exception de quelques savants, hommes spéciaux qui passent leur vie à reconstruire pièce à pièce, heure à heure, ce passé si précieux, de quelques fabricants artistes par intérêt, de quelques industriels esclaves de la mode, on ne rencontre guère, dans les admirables galeries de l'hôtel de Cluny, que des étrangers et des étudiants flâneurs qui ne savent comment tuer leur dimanche entre l'heure du déjeuner et celle du Prado. Mais, c'est ici le cas, ou jamais, de nous l'avouer en toute humilité, Paris, notre Paris à nous, cette ville dont nous sommes tous si fiers, quoi qu'en puisse dire M. Grammont, ce foyer sur lequel tous les peuples ont les yeux fixés, car ils savent que c'est de là seulement que leur viendra la lumière, Paris ne nous appartient pas; nous ne le connaissons pas; nous ne savons pas en jouir; il est tout entier aux étrangers; il est beaucoup plus le domaine du *cockney* de la Cité de Londres, beaucoup plus le fief du boyard de Saint-Pétersbourg, que la patrie des bourgeois de la rue Saint-Honoré.

A quoi bon, d'ailleurs, s'étendre sur un pareil sujet? L'indifférence du Parisien pour sa ville natale n'est-elle pas proverbiale? Ne doit-il pas toujours aller en visiter les monuments et les curiosités la semaine prochaine, semaine proverbiale qui n'arrive jamais !

Le Parisien apprend l'histoire de sa ville natale au théâtre;

il n'en voit les monuments que peints par MM. Séchan et Cambon, et il ne les connait que lorsque son journal lui en donne l'historique et la description.

On croit communément que le goût des objets d'art du moyen âge ne date que des dernières années de la Restauration, alors que l'école romantique faisait fureur. Il est vrai que l'école grecque et romaine avait, pendant le Consulat et l'Empire, éloigné des esprits toute sympathie pour ce qu'on nomme l'époque gothique. Mais, en remontant plus haut, au temps de la Révolution française, on trouve la création du Musée des monuments français, qui excite à sa naissance une immense curiosité. Plus haut encore, nous voyons les Mabillon, les Montfaucon, les Lebœuf, les Gaignière et toute une foule de savants illustres apporter une grande attention aux monuments français. Et si nous ouvrons l'excellent livre de M. Jules Labarte, intitulé : *Description des objets d'art de la collection Debruge-Duménil*, nous voyons que, même au temps de l'Empire, au moment où les femmes portaient des *chlamydes* et s'enveloppaient de *péplums*, des hommes d'un mérite transcendant, MM. Vivant-Denon, Willemin, Langlois, Révoil, du Sommerard, Sauvageot, Carrand, Pourtalès, de Monville, faisaient de nobles efforts pour sauver de la barbarie contemporaine ces monuments dédaignés depuis plusieurs siècles, enfouis dans les réduits les plus obscurs des sacristies, relégués dans les greniers, employés aux usages les plus vulgaires, livrés aux enfants et répandus dans une foule de mains qui en ignoraient la valeur.

Déjà, sous la Restauration, Charles X avait fait l'acquisition de la collection Révoil, collection considérable et très précieuse par le choix des objets, qui fut placée dans les salons du Louvre, où elle existe aujourd'hui. Enfin, en vertu d'une loi du 29 juillet 1843, la collection du Sommerard est devenue la propriété de l'État, qui fit également l'acquisition de l'hôtel de Cluny, où cette collection se trouvait conservée depuis 1832. Cet hôtel, réuni au palais romain des Thermes, forme aujourd'hui un musée d'antiquités nationales, musée qui, sous l'habile direction de M. du Sommerard, s'augmente chaque jour de monuments très précieux.

Le musée de l'hôtel de Cluny, destiné par le gouvernement, si nous en croyons le rapport fait aux Chambres lors de son acquisition, à favoriser l'étude de l'histoire de France, et principalement de l'histoire de Paris, a longtemps été une collection particulière, collection d'un riche amateur, et il se ressent peut-être encore un peu trop de son origine. Nous croyons que, malgré les soins du conservateur, M. Edmond du Sommerard, il y a beaucoup à faire pour rendre ce musée vraiment utile et vraiment digne de sa destination nationale. Mais, avant de pénétrer dans les galeries et de discuter la valeur de tous ces monuments et leur origine, nous croyons nécessaire de faire en quelques mots l'histoire de ce vieil hôtel et de ses dépendances. Pour cela nous nous servirons de l'excellent travail publié dans la *Revue archéologique* par M. A. Duchatelet, employé au cabinet des médailles de la Bibliothèque nationale, et l'un de nos antiquaires les plus érudits qui, en même temps, nous donnera l'histoire de toutes les tentatives faites pour ériger à Paris un musée des monuments français.

D'ordinaire, lorsqu'on entre dans un musée, quel qu'il

soit, ce qui frappe le plus, ce sont les objets d'art qu'il renferme ; ici, au contraire, on ne sait sur quoi arrêter d'abord son attention. La précieuse collection qui tapisse les murs à l'intérieur, l'édifice lui-même, les souvenirs qui se groupent en foule autour de ces vénérables murailles, tout cela se présente à la fois, éblouit, étonne et captive.

C'est là que sous les Césars on bâtit un somptueux palais, et que Julien rêva la réhabilitation du vieux culte. C'est de là que, proclamé Auguste par l'acclamation des soldats dont il était l'idole, l'Apostat partit pour galvaniser un instant le cadavre du paganisme. Plus tard, le rusé Clovis, le sanguinaire Childebert, le débauché Caribert, Sigebert, Chilpéric, Dagobert, tous les rois francs se sont tour à tour succédé dans le palais romain. Clotilde y a vu couler le sang de ses petits-fils ; Bathilde, cette bonne *sainte Baudour* dont les habitants de Paris ont gardé le souvenir, y a guidé l'enfance de Clotaire III ; lorsque l'Austrasie l'emporta sur la Neustrie, lorsque Aix-la-Chapelle devint la capitale de l'empire délaissé par les rois de la race de Pépin et par les rois fils de Hugues Capet, le *vieux palais* tombait déjà en ruines, et la tradition vint animer de ses poétiques récits ses salles abandonnées. La famille des Atrides du moyen âge joue le premier rôle dans ces contes populaires ; ce sont les propres filles du grand empereur, Gilde et Rotrude, coupables d'avoir trop aimé, que Louis, leur frère, est accusé d'y avoir retenues captives.

Si l'on en croit les chroniqueurs, en 1180 le palais des Thermes était encore un majestueux édifice. C'est alors que Philippe-Auguste en fit présent à Henri, son chambellan. En 1340, l'abbé de Cluny, Pierre de Chalus, l'acheta au nom de sa communauté. Vers la fin du XVe siècle, l'abbé de Cluny, qui, dans ses vastes possessions de Paris, n'avait pas un hôtel digne de l'abriter lorsqu'il venait faire sa cour au roi, résolut de construire en cet endroit une demeure princière. Dès lors, l'hôtel fut projeté. L'allié Jehan, bâtard de Bourbon, en jeta les fondements; mais il mourut le 2 décembre 1483, laissant son œuvre inachevée : c'était à Jacques d'Amboise, sixième frère du ministre de Louis XII, qu'il appartenait d'édifier cette demeure. « Dom. Jacques ..., par un compte de trois années, reçut de son receveur 50,000 angelots (plus de 2,000,000 de francs) des dépouilles d'Angleterre, lesquels il employa à la réparation du collège et à l'édification de fond en cime de la superbe et magnifique maison de Cluny. » Ainsi parle un contemporain qui prétend l'avoir su de bonne part. Les abbés de Cluny l'habitèrent peu; ils la prêtèrent volontiers à de grands personnages. C'est à ce titre que Marie d'Angleterre, veuve de Louis XII, l'habita pendant quelque temps après la mort de son mari. Parmi les hôtes passagers de cette maison, on cite encore plusieurs légats du pape; peu à peu les habitations d'un autre goût se multiplièrent dans Paris; l'hôtel devint désert; il fut loué à des particuliers, jusqu'à ce que la Révolution vînt effacer le titre de propriété des abbés de Cluny.

Du côté de la rue de La Harpe, une grille donne accès dans le musée des Thermes. Une cour s'offre d'abord aux visiteurs; à gauche et à droite, deux murs en pierre, de petit appareil, que viennent soutenir de distance en distance des chaînes de brique, annoncent qu'on se trouve au milieu des ruines romaines. Cette cour, en effet, n'est que l'ancien *tepidarium* des Thermes; c'est là qu'on prenait des bains tièdes, dans les dix niches à plein cintre dont on aperçoit les restes. Le long des murs étaient placées des baignoires; plus à l'ouest était l'hypocauste, et, plus à l'ouest encore, un égout, toujours bien conservé, et qui sans doute se continuait jusqu'à la Seine. Lorsqu'on a franchi la porte, on pénètre dans une petite chambre servant à faire communiquer ce *tepidarium* et le *frigidarium,* l'endroit où l'on prenait des bains tièdes et l'endroit où l'on prenait des bains froids. Ce *frigidarium* est une magnifique salle, encore intacte, la seule peut-être en son genre qu'on possède en France. C'est là que se trouvent les monuments en pierre déposés dans le musée, monuments gallo-romains découverts à Paris.

En passant du palais des Thermes à l'hôtel de Cluny, on se trouve transporté dans un tout autre monde. A la noble sévérité romaine succède tout à coup la coquetterie surchargée d'ornements, mais cependant gracieuse, des XVe et XVIe siècles. Ce ne sont pas seulement les masses et l'harmonie des proportions qui captivent l'œil, mais c'est encore la profusion, la délicatesse, le nombre infini, bizarre et capricieux des détails qui forcent à admirer.

Nous ne ferons certes pas ici l'histoire des tentatives faites pour doter Paris d'un musée des monuments français. Il nous suffira de dire que le citoyen Alexandre Lenoir, grand partisan du nouvel ordre de choses, et qui avait souvent exposé sa vie pour arracher à la destruction des chefs-d'œuvre de l'art, fut nommé conservateur du musée des Petits-Augustins en 1793, sur la motion des membres les plus exaltés de la Montagne. Ce musée exista jusqu'en 1815, où il fut fermé par ordre de Louis XVIII, qui prétendit qu'il fallait rendre aux églises ce que la Terreur leur avait enlevé, comme s'il y avait eu encore une abbaye de Sainte-Geneviève pour recevoir les sarcophages de Clovis et de Clotilde ; un Paraclet pour abriter Héloïse et Abailard. Les curés de diverses paroisses de France s'arrachèrent ces monuments ; la répartition se fit sans intelligence ; les morts furent logés dans des églises où certainement ils n'étaient jamais entrés. Les objets dédaignés du clergé, qu'on ne savait plus où loger, furent abandonnés à la pluie pendant plus de vingt ans. En 1836, bien des sculptures curieuses étaient encore jetées où la Restauration les avait entassées, dans une cour humide, où l'herbe poussait comme en une prairie.

Enfin le musée de Cluny fut ouvert, réparation tardive mais nécessaire de la Restauration. Nous ne décrirons pas toute la richesse de ces salles magnifiques, ces moulages, ces fragments de sculpture, ces meubles précieux, ce charmant groupe des trois Parques, attribué à Germain Pilon, ni ces morceaux précieux si merveilleusement sculptés dans le chêne, l'ivoire et l'ébène, ni les charmantes statuettes de marbre de la Renaissance, ni toute cette inappréciable collection de poteries de faïence, d'émaux de Pierre Courtois, au milieu de laquelle on voit resplendir comme des joyaux tous les caprices de Bernard de Palissy et de son école, mis en regard des compositions de Luca et d'Andrea della Robbia.

Nous nous occuperons du musée, qui ne nous semble pas avoir tout à fait atteint le but auquel il avait d'abord été destiné ; car, si ce musée a été fondé afin qu'on y trouvât réunis tous les monuments relatifs à l'histoire de Paris, nous croyons qu'il en faudrait aussi écarter avec soin tous les objets qui se rattachent à d'autres collections, en un mot, lui donner, autant que possible, l'aspect grandiose et sévère qui convient à sa destination nationale, et non celui d'une collection d'amateur ou d'une boutique bien tenue du quai Voltaire ou du boulevard Beaumarchais.

Ainsi, on pourrait classer avec plus de soin et d'ordre les monuments français, réunir ceux de même nature, les placer dans un arrangement régulier, systématique, chronologique, qui permît d'embrasser d'un coup d'œil toute une série d'objets qui se rattachent à une même époque; tâcher, autant que possible, de meubler complétement certaines pièces dans un même style, afin que le public crût visiter un appartement du XVe siècle, par exemple, pendant l'absence du sire de Rohan, de Bourbon ou de la Trémouille, son propriétaire. Car nous concevons parfaitement qu'un tableau, une statue, soient exposés n'importe où on les admire pour eux-mêmes, pour leur propre beauté; mais ces bahuts, ces lits, ces armoires, meubles fort curieux, il est vrai, ne sont beaux, après tout, que chronologiquement parlant. Un meuble du XVIIe siècle par exemple, rapproché d'un autre du temps des Valois, perdra nécessairement beaucoup à la comparaison. Ce n'est donc qu'aux artistes et aux savants que ces choses-là servent pour leurs études, et ils se rendent bien mieux compte des mœurs, du goût et des idées d'une époque en voyant tous ces monuments réunis, qu'en en rencontrant çà et là des morceaux pris au hasard, ou selon les besoins de cette affreuse chose qu'on nomme la symétrie, et sacrifiés à l'horrible manie des pendants.

Et puis l'hôtel de Cluny renferme quantité d'objets qui ne sont nullement dans ses attributions. Il faudrait écarter ces armures, qui seraient si utiles au musée d'Artillerie; ces tableaux, qui viendraient si heureusement compléter la collection du Louvre, hélas! si pauvre en œuvres des écoles primitives française, flamande et allemande. Il faudrait reporter à la Bibliothèque nationale des manuscrits qu'à l'hôtel de Cluny on n'aperçoit qu'à travers des vitrines, et demander en échange cet autel à quatre faces sur lequel sont représentés les dieux de la Gaule, monument découvert à Paris, et dont la véritable place est près des autels gaulois où l'on voit le *Tarvos Trigarannus, Esus, Cerninos*, etc.; actuellement cet autel est placé au pied du grand escalier de la bibliothèque, où il est à peine connu. On sait que ceux qui sont déjà aux Thermes proviennent des fouilles de la Cité.

Par la même raison, il faudrait porter au Louvre ces ivoires antiques, ces bas-reliefs de marbre, qui n'ont rien à faire avec notre histoire. Dans une des salles basses des Thermes, on voit une série de grandes briques avec bas-reliefs. Ce sont évidemment des objets trouvés à Rome et semblables à ceux qui forment la célèbre collection du chevalier Campana, dont la publication se fait en ce moment à Paris.

En compensation, nous voudrions qu'on donnât à l'hôtel de Cluny tous les émaux, joyaux, ivoires, verreries, vitraux, bahuts du moyen âge, qui errent dans nos différents musées. Et Dieu sait quelle rafle il pourrait faire au garde-meuble, à la Bibliothèque et au Louvre, où tout lui appartiendrait, depuis la collection Révoil jusqu'au soi-disant trésor du petit salon des Saisons, y compris les serrures, les plats, les faïences et les émaux du salon dit de Palissy. Si le ministère de l'intérieur, dont dépendent les musées, voulait s'en donner la peine, on aurait enfin une collection nationale riche et utile par son classement, une collection qui, par l'ordre sérieux qu'elle présenterait, ferait assister le visiteur à toutes les phases de notre art.

RÉPARATION DES PEINTURES
DE FONTAINEBLEAU
(GALERIE DE FRANÇOIS Ier)

Depuis quelque temps on se préoccupait beaucoup, dans le monde des arts, des réparations entreprises à Fontainebleau par ordre de M. Bineau, ex-ministre des travaux publics. La chose nous paraissait extraordinaire. En effet, par quelle aberration du pouvoir l'homme chargé de présider au dépavage du boulevard pouvait-il être chargé de faire exécuter des travaux de réparation dans une des plus célèbres galeries peintes du monde? Quel rapport pouvait-il exister entre le macadam et le Rosso? M. Bineau est-il donc un Laurent de Médicis? L'a-t-on vu fournir les plans d'un nouveau système de canalisation, parcourir les ateliers et guider de ses conseils les grands artistes de son époque? Hélas! Monsieur, cet ex-ministre des travaux publics n'a, que nous le sachions, aucune prétention à cette double réputation ; il est très amateur du macadamisage ; mais encore cela est-il bien loin de constituer une réputation de Léon X. Aussi avons-nous voulu voir pour croire. Nous avons vu.

Hélas! le sacrifice est consommé, le vandalisme triomphe. Et ce qu'il y a d'inouï, c'est qu'un peintre auquel nous devons quelques tableaux d'un certain mérite, un homme qui jusqu'ici avait joui d'une réputation méritée, se trouve complice de cet acte de barbarie, de ce macadamisage artistique. Il y a quelques années, c'était aux applaudissements des gens de goût qu'on accueillait la mesure qui suspendait les restaurations de la galerie François Ier à Fontainebleau. Depuis février, M. Couderc, qui en avait été chargé sous le dernier règne, s'était fait autoriser de nouveau ; mais ses travaux étaient à peine commencés que des réclamations s'élevèrent de toutes parts. Les rares personnes qui avaient pu les voir déclarèrent que, s'ils continuaient, c'en était fait des peintures du Rosso.

L'on s'émut; une commission présidée par M. d'Albert de Luynes, ayant M. de Nieuwerkerke pour secrétaire, fut nommée. Elle se transporta sur les lieux, et son rapport conclut très énergiquement, non pas à la suspension, mais à la cessation absolue de tous les travaux de réparation, et cela par les motifs très bien établis « que la galerie pouvait et devait rester dans l'état où elle est; qu'y toucher ne pouvait que lui être préjudiciable ».

Cette commission arriva au but désiré ; mais ce succès n'a pas été de longue durée. Quelques lignes insérées au *Moniteur*, et que nous n'avons pu lire sans étonnement, nous ont appris ultérieurement que M. Bineau avait autorisé M. Couderc à reprendre ses travaux de restauration de cette même galerie de François Ier.

Si l'ex-ministre des travaux publics croit qu'une fresque est une partie quelconque de la maçonnerie, il est de notre devoir de l'avertir qu'il se trompe. Car si nos efforts ne réussissent pas à arrêter une seconde fois une ruine qui paraît si fermement résolue, ils n'en doivent pas moins être tentés. Il ne faut pas que de pareilles choses s'accomplissent sans qu'elles soient signalées, et sans que le pouvoir, dont elles dépendent, soit éclairé sur ce qu'il permet.

Une chose des plus graves, et que nous ne pouvons nous empêcher de faire remarquer en ces circonstances, c'est que cette mutilation est une des dernières qu'il soit possible de faire subir à ce malheureux château de Fontainebleau. Tout le monde semble s'être plu à le détériorer : Louis XV fit abattre la galerie d'Ulysse pour bâtir des appartements comme à Versailles; il détruisit le magnifique escalier des Ambassadeurs pour avoir trois chambres de plus.

La salle de bal a été entièrement repeinte sous le dernier règne. Quoiqu'elle soit la moins maltraitée, il est impossible de la voir sans regrets. De rares figures peintes dans les embrasures des fenêtres conservent seules quelque chose du caractère de l'ancienne peinture; mais les autres parties n'en ont plus rien; c'est tout simplement de la médiocre peinture moderne. A voir ces amas d'armes qui sont au-dessus des grands sujets, il est impossible d'y soupçonner, nous ne disons pas une main, mais seulement une disposition du XVIe siècle ; ce sont des fusils, des couteaux et autres instruments qui semblent sortir des magasins de M. Devisme. La chambre d'Alexandre avait déjà perdu tout son caractère, lorsque dans le dernier siècle elle fut convertie en escalier. Les peintures en sont plus détruites que si elles avaient été grattées, car elles sont devenues, sous le pinceau du réparateur, d'une insignifiance désespérante. Si l'on veut en avoir une idée, il faut recourir aux anciennes gravures qui sont maintenant tout ce qui en reste.

Nous rappelons ces faits pour qu'ils démontrent irrévocablement à tout homme qui a des yeux, que la restauration de la galerie de François Ier ne peut être que la ruine de cette magnifique page de l'art du XVIe siècle, en aboutissant au même résultat.

Nous tirerons encore un exemple contraire, mais tout aussi frappant, de ce même château de Fontainebleau : nous voulons parler de la grande chapelle de la Trinité, peinte sous Henri IV et Louis XIII, par Martin Fréminet. La voûte a souffert dans quelques parties ; la couleur a perdu de son éclat, elle est devenue mate ; certaines figures se sont estompées, elles ont poussé au noir, on ne les voit qu'avec difficulté. Néanmoins, en regardant ce qui nous reste du maître, nous nous demandons comment on pourrait restaurer ce plafond sans le repeindre en entier. Si on le tentait, il ne resterait plus rien de Fréminet, ni sa couleur, ni son dessin. Un homme de notre époque saurait-il peindre avec le pinceau et avec la ligne du temps de Louis XIII, avec la main de maître Roux ou de Fréminet? il croirait corriger souvent ; il changerait toujours, c'est-à-dire qu'il gâterait.

A la fin de la Restauration, on eut l'idée de faire repeindre cette voûte; les échafaudages en étaient déjà dressés, tout était prêt, lorsque heureusement la révolution de Juillet vint mettre obstacle à ce fameux projet. Espérons que la révolution de Février sauvera le Rosso comme la première a sauvé Fréminet.

N'est-il pas d'ailleurs étrange, nous disons presque barbare, que cette question dépende du ministère des travaux publics! Il ne s'agit pourtant ni de canaux, ni de route, ni de pont, ni de maçonnerie.

Pourquoi donc cette affaire n'est-elle pas du ressort du ministère de l'intérieur, où du moins il y a une direction des beaux-arts? Mais depuis février, Sèvres, les Gobelins et tous les châteaux autrefois royaux relèvent des travaux publics. C'est un mal. Des choses analogues ne peuvent être séparées sans de graves inconvénients. Mais ce n'est point la place d'une telle discussion, le moment n'est pas propice; nous ne voulons que défendre la galerie de François Ier.

Nous reconnaissons hautement que M. Couderc est un homme de talent. Qu'on lui donne à peindre toutes les murailles du monde, il fera des choses charmantes, son tableau de la *Fédération* nous en est un sûr garant. Mais, pour Dieu! les peintures du Rosso ne doivent être repeintes ni par lui ni par personne.

Que dirait-il s'il prenait fantaisie à un ministre quelconque de faire repeindre un Rubens, un Titien ou un Véronèse par M. Eugène Delacroix? Il vaudrait mieux blanchir ces peintures à la chaux; au moins subsisteraient-elles sous le badigeon, et, un jour ou l'autre, il se trouverait bien quelque amateur pour les découvrir. Mais, repeintes, elles sont perdues sans remède. Si cette profanation continue et s'achève, ceux qui les connaissent ne les verront plus, ceux qui les ignorent ne les verront pas.

MANUEL DE LA CHARITÉ

PAR

M. L'ABBÉ ISIDORE MULLOIS

Voici donc un prêtre catholique qui a écrit un livre de près de six cents pages sans un mot de politique, sans une seule ligne contre les idées anarchiques et subversives enfantées par les révolutions de 1789, 1830 et 1848. C'est chose si rare, en ce temps de discussions où nous vivons, que nous avouons naïvement notre admiration pour M. l'abbé Mullois. On ne nous a malheureusement pas accoutumés à tant de tolérance, à tant de placidité, à tant d'amour! Nous dirons encore plus : c'est qu'il n'est question, dans ces volumes, ni de Voltaire, ni des encyclopédistes, ni des panthéistes. Ceci se passe en famille, à la bonhomme. M. Mullois avait un sujet immense, une tâche difficile : il l'a remplie en honnête homme et en homme de bien, dédaignant toute haine, acceptant tout amour, prenant le bon où il le trouvait, dans un camp aussi bien que dans l'autre, avec une impartialité digne de tous éloges.

M. l'abbé Mullois est d'une franchise à toute épreuve ; il

n'y va pas par quatre chemins. Il aborde les questions en face, tout en respectant les idées ; il dit en passant ses vérités à chacun ; il n'épargne ni riche ni pauvre ; il veut le vrai, il le cherche ; qu'il soit à gauche, qu'il soit à droite, s'il le rencontre, il s'en saisit. Peu lui importe sa couleur, bleu, blanc ou rouge ! C'est un fait ; il l'admet et le voit jusque dans ses dernières conséquences. Il n'a pas eu l'intention de faire un livre éclectique. Il prêche l'abnégation, la charité, l'amour du prochain, et il a raison.

En effet, est-il un pays au monde où les instincts soient meilleurs et plus généreux que dans ce beau pays de France ? Trouvez un autre peuple, sur la surface du globe, qui possède à un si haut point l'oubli de ses haines, l'abnégation, la générosité !

On essayera vainement de faire pénétrer dans nos mœurs l'égoïsme, la méfiance, le culte de la matière ! Nous sommes bons avant tout et libéraux quand même. Le gouvernement qui a essayé de faire entrer toutes ces vilaines passions dans la direction des affaires a été, dès l'origine, un gouvernement perdu, et nous l'avons tous vu tomber dans le mépris des citoyens. S'il faut absolument se servir de ces choses hideuses dans les affaires, il faut les y faire entrer comme on se sert du poison dans la composition de certains médicaments. Oh ! ne faisons jamais appel aux mauvais instincts, car ils sont toujours trop prompts à répondre à cet appel ! Et bientôt on voit apparaître la ruse, l'égoïsme, l'immoralité ; de là, tout ce que nous avons eu à subir, et tout ce que nous avons subi était bien triste, hélas !

Il faut, au contraire, retourner aux meilleurs sentiments,

faire le bien, en faire beaucoup, apaiser les haines, adoucir les cœurs aigris, soulager toutes les misères du corps et de l'âme, généraliser la charité partielle, la populariser en un mot.

Il faudrait, pour ainsi dire, fonder le congrès de la bienfaisance, de la fraternité, où chaque citoyen français, qu'il fût du Nord, du Midi, de l'Est ou de l'Ouest, vînt dire ce qu'il a vu, ce qu'il sait, communiquer ses vues, ses plans; il faudrait que chacun y pût émettre ses idées sur le travail des classes déshéritées, les secours à leur donner et les moyens qu'il croit bons pour cicatriser cette plaie honteuse qui ronge notre malheureuse génération, et qu'on nomme le paupérisme. Après tout, cette assemblée, ce congrès, cet institut de fraternité n'aurait-il pas aussi bien sa raison d'être que tout ce que nous voyons chaque jour? Est-ce qu'il n'y a pas dans tous nos départements des congrès de sciences, des congrès agricoles, des congrès pour l'amélioration des races chevalines, bovines et ovines? Il y a même à Paris une société des amateurs de pigeons; pourquoi n'y aurait-il pas un congrès pour l'amélioration du sort des hommes?

C'est fort beau, nous n'en disconvenons pas, d'embellir tout ce qui doit approcher de l'homme, d'élever des moutons qui deviennent gros comme des bœufs et des bœufs qui ressemblent à des éléphants; mais, avant tout, ne doit-on pas donner du pain, du travail et un gîte à ceux qui manquent de tout cela? Ne serait-ce pas là un moyen mille fois plus efficace pour apaiser ces haines sourdes, ces colères mal comprimées, ces jalousies immenses dont on nous a tant entretenus depuis quelques années, que toute la politique, toute l'éloquence et toute la force? Car elles pourront bien résister un moment au torrent, mais elles seront brisées ; et alors vous les entendrez crier à la force morale, aux sentiments d'humanité : « A l'aide ! guérissez toutes les plaies de ce peuple, satisfaites à ses besoins, car nous ne pouvons plus tenir : nos forces sont à bout ! »

Oui, la charité, la fraternité sont les seuls terrains sur lesquels tous les partis peuvent se rencontrer, se regarder en face, sans haine, et s'entendre en tous points. Là, personne ne repoussera son voisin, parce que nous serons tous réunis par un même sentiment : l'amour.

La politique est inhabile jusque dans ses plus généreux efforts ; elle est malheureuse, elle ne sait pas même choisir les titres de ses œuvres. Lorsqu'elle a voulu fonder un refuge pour les pauvres, elle s'est tout de suite heurtée à un titre brutal, honteux ; elle a établi des dépôts de mendicité, tandis que la bienfaisance particulière s'ingénie à trouver des mots qui cachent l'idée, qui déguisent la chose. Elle a l'asile de l'enfance, le séjour des vieillards, la crèche, etc., etc. Comparez cela aux noms des hôpitaux de Paris, la Pitié, la Charité, etc., tous noms qui rappellent plutôt des idées de terreur que des idées de secours. Mais, enfin, sachons-lui gré de ses efforts, du bien qu'elle a fait et du mal qu'elle empêche ; espérons que l'avenir la trouvera plus humaine et plus charitable.

Et, d'ailleurs, qu'est-ce qu'a pu faire la charité patentée auprès de ce qu'a fait la charité privée ? Voyez les *Petites sœurs des pauvres*. Il y a une douzaine d'années à peu près, deux jeunes ouvrières du village de Servan, près de Saint-Malo, l'une âgée de seize ans, l'autre de dix-huit ans, frappées du grand nombre de vieillards des deux sexes qui se trouvaient sans ressources, se sentirent portées à venir à leur secours. Elles découvrirent dans le pays une ancienne domestique, qui filait de la laine pour vivre ; elle était parvenue à économiser un petit capital de six cents francs, qu'elle voulut bien consacrer à l'œuvre. Ces trois pauvres femmes rédigèrent un petit règlement, et, dès le lendemain, elles portaient (sic) dans la mansarde de Jeanne, une pauvre vieille aveugle et paralytique. Le nombre des femmes secourues, nourries, logées avec le seul travail de ces braves ouvrières, s'accrut avec rapidité ; le logement devint trop étroit ; les quêtes faites soulageaient un peu la communauté, il est vrai, mais le linge manquait. On donnait du pain, des légumes ; quant aux autres nécessités de la vie, il n'en était pas question. Elles se décidèrent à faire un appel aux âmes charitables ; il leur arriva quelques chemises et des draps. Avec ces dons, les pauvres vinrent en foule ; il fallut changer de domicile. On acheta une maison, à la grâce de Dieu, ne sachant trop comment on la payerait. Les petites sœurs firent tant des pieds et des mains, qu'un jour la propriété fut payée avec l'aumône de tout le monde.

Encore une fois le local fut trop petit ; il fallut construire. La communauté, en voyant augmenter chaque jour ses membres, n'augmentait pas son revenu, qui était toujours à zéro ; mais il y avait là bonne volonté et courage. Un jour que leur cœur saignait plus que jamais de voir tant de misères se presser à leur porte, elles se décidèrent, et sans plus attendre, elles empruntèrent des pioches et des bêches. Aidées par leurs pensionnaires à peu près valides, elles se mirent à creuser elles-mêmes les fondations d'un établissement annexe à leur maison.

Ce fut, dès ce jour, un enthousiasme étrange dans tout le pays ; chacun voulut contribuer pour sa part à cette nouvelle fondation. Les riches envoyèrent de l'argent; les manœuvres, les maçons, les charpentiers, les menuisiers, donnèrent leurs journées; les fermiers et les propriétaires donnèrent du bois, et, enfin, l'Académie française, sur un rapport de M. Dupin, donna le prix Montyon de trois mille francs à Jeanne Jugan, et l'éloquent procureur général terminait ainsi le rapport dans lequel il racontait cette naïve histoire, toute pleine de prodiges de charité et de volonté : « Mais il reste un problème qui se présente sans doute à l'esprit de chacun de vous : Comment est-il possible que Jeanne puisse suffire aux dépenses de tant de pauvres? Que vous dirai-je? la Providence est grande, Jeanne est infatigable, Jeanne est éloquente, Jeanne a les prières, Jeanne a le travail, Jeanne a les larmes, Jeanne a son panier qu'elle emporte sans cesse sous son bras, et qu'elle rapporte toujours plein. Sainte fille! l'Académie dépose dans ce panier une somme dont elle peut disposer, elle vous donne le prix de trois mille francs. »

Depuis ce temps, l'œuvre a fait des progrès; des maisons se sont formées dans plusieurs villes de France, et il y en a même une à Londres. Ces vaillantes filles sont si faciles à contenter ! Tout leur est bon : une maison belle ou délabrée, meublée ou non, une masure, peu leur importe! Elles y logent leurs vieillards, et, peu à peu, le mobilier vient pièce à pièce; la nourriture arrivera aussi, un peu de partout.

Elles iront demander dans toutes les maisons les restes de

pain, de viande, de légumes ; dans les cafés on leur accordera du marc ; et tout cela, réchauffé, raccommodé comme on peut, sert à la nourriture de toute la communauté, des vieillards d'abord, et des petites sœurs ensuite.

La maison fondée à Paris, avec le secours de la dixième légion de la garde nationale, est un véritable modèle de simplicité, d'ordre et d'économie. Là, un vieillard entretenu propre, bien nourri, entouré de tous les soins que réclament son âge et ses infirmités, coûte beaucoup moins qu'un soldat, et par conséquent une somme qui ne permet aucune comparaison avec les sommes consacrées par l'administration aux vieillards des hospices de Bicêtre et de la Salpêtrière.

La douceur de ces excellentes femmes est communicative ; elles ont tant de soins pour leurs pensionnaires qu'elles ont fini par faire vivre en parfaite intelligence tous ces gens de caractères, de mœurs et d'éducation différents. C'est maintenant une même famille, vivant en paix, presque au sein de l'abondance.

Mais ce n'est pas tout encore : car, en soignant les vieillards de l'intérieur, elles ont pensé aux pauvres du dehors ; elles sont parvenues à faire établir près de la maison de la rue du Regard un fourneau économique, la marmite des pauvres, où, pour un prix incroyable, pour dix et quinze centimes, elles donnent la soupe, le bœuf et des légumes à tous venants. Elles vendent des bons aux riches, qui les donnent aux pauvres, et l'on peut offrir un dîner confortable à un homme pour dix centimes. Nous avons voulu voir par nous-même ce phénomène de bon marché, et nous avouons que tout ce qui nous a été apporté pour nos quinze centimes, consommé, bœuf au naturel et haricots, nous a paru exquis et servi avec une propreté et une promptitude admirables. Mais, chose encore plus incroyable, c'est que ce fourneau, après les frais de premier établissement, qui ont été faits par une société de secours, ce fourneau se soutient lui-même, avec les seules dépenses des consommateurs, dépenses qui ne montent jamais au delà de quatre sous.

En présence de pareils faits obtenus par la charité privée, par la bonne administration d'une maison, nous sommes obligé d'avouer que la charité publique nous semble bien en arrière ; mais, nous l'avons dit, nous la respectons, parce qu'elle fait ce qu'elle peut.

Dans son livre plein de renseignements utiles, M. l'abbé Mullois ne se contente pas de faire à tout le monde un véritable cours de charité pratique, d'enseigner à chacun comment il peut donner, visiter les pauvres et les malades, les consoler, les encourager; mais il prend aussi la tâche de justifier les pauvres de beaucoup d'inculpations fausses, qui servent à la plupart des hommes qui veulent cacher leur indifférence sous un prétexte souvent spécieux.

On dit (page 79) : « Les pauvres sont menteurs. Il faut avouer que, sur ce point, l'époque leur a donné assez bon exemple. Que voulez-vous? c'est leur diplomatie, à eux, et la nôtre doit être de leur faire du bien sans nous laisser tromper! Ils sont pauvres par leur faute, à cause de leur paresse, à cause de leur immoralité!... Voilà une parole qui ne doit être prononcée qu'avec beaucoup de précaution et de réserve; elle peut facilement être injuste et cruelle. Il en est chez les pauvres comme dans les autres classes de la société : ce ne sont pas les bons qui font le plus de bruit, qui se montrent davantage; il y a une certaine catégorie d'aventuriers, que malheureusement nous avons encouragés en donnant, qui se rencontrent partout, tandis que les vrais pauvres attendent et souffrent dans le silence.

« Sans doute, il y a des gens qui sont les artisans de leur propre misère; mais beaucoup sont innocents. Est-ce la faute de cette famille honnête, qui vivait au jour le jour de son travail, si une affreuse maladie est venue la frapper? Est-ce la faute de ces ouvriers, de ces domestiques, qui ont confié toutes leurs économies, tout le fruit de leurs sueurs à un négociant ou à un agent de change, si celui-ci, après avoir mené joyeuse vie, après avoir affiché un luxe scandaleux, s'échappe à l'étranger et les laisse dans le plus complet dénûment? Est-ce la faute de ces petits enfants, s'ils sont orphelins? Est-ce la faute de ces pauvres vieillards qui ont travaillé soixante ans de leur vie, s'ils n'ont pas d'enfants qui les soutiennent? Est-ce la faute de cette malheureuse jeune fille, si des hommes sans cœur abusent de leur position et de leur fortune pour lui enlever toute ressource si elle ne consent à perdre l'honneur? Oh! plaignons-les, mais ne les accusons pas; prenons garde d'insulter au malheur! Il est si facile de devenir pauvre! il y a tant de chemins qui mènent à cet abîme! Oh! ne remuons pas toutes ces questions, ne réveillons pas le lion endormi ; son réveil pourrait être terrible, et tous les battus ne seraient pas du côté des pauvres. Oublions le passé, et donnons-nous la main pour réparer le mal présent, sans trop rechercher quels en sont les auteurs. Les pauvres ne sont pas toujours ce qu'ils devraient être; essayons de les rendre meilleurs, ne nous laissons jamais aller au découragement. Nous avons été trompés une fois, ce n'est pas une raison pour tout abandonner. Que voulez-vous? c'est une mauvaise affaire, c'est un mauvais placement de fonds que vous avez fait; une autre fois, vous serez plus heureux. »

Certes, si nous voulions suivre M. l'abbé Mullois dans tous les développements de sa pensée, nous irions peut-être un peu loin; nous serions obligé d'aller prendre le mal à sa source, et de le suivre jusque dans ses dernières branches. Nous ne lui trouverions peut-être pas les mêmes causes que celles qu'a trouvées M. Mullois; nous n'emploierions peut-pas les mêmes remèdes que ceux qu'il indique, mais certainement nous nous rencontrerions sur beaucoup de points. Nos idées peuvent différer quant à la forme; elles sont peut-être les mêmes pour le fond. Mais ce que nous avons trouvé dans ce livre, que nous approuvons en tous points, c'est ce grand esprit de tolérance, ce sont ces sages conseils donnés aux membres des sociétés de secours, et qui peuvent se résumer par ces mots : « Surtout, pas trop de zèle. »

AUGUSTIN BIGNON

Le théâtre et les lettres viennent de perdre un de leurs plus fervents lutteurs. Augustin Bignon est mort le 6 décembre, après une courte mais très cruelle maladie. Bignon était un de ces hommes d'élite qui aiment les arts avec passion, qui voudraient pouvoir, dans leur courte existence, les cultiver tous à la fois et s'y distinguer. C'était un ambitieux dans toute l'acception du terme. Il aimait à disputer au public les succès qu'il savait souvent emporter d'assaut. Nature ardente et poétique, il aimait les grands dangers et les premières représentations bruyantes. Nous nous souvenons encore des premières soirées de l'ancien Odéon, lorsque le public ne connaissait point encore le chemin de ce théâtre, et que M. Auguste Lireux y faisait jouer une pièce en cinq actes tous les samedis, quand les rares intrépides qui fréquentaient cette grande glacière n'avaient pas sifflé deux tragédies nouvelles dans la semaine.

C'était le bon temps, le temps des grands essais, lorsque les soldats de la dernière heure, je veux dire de la lutte de 1829, venaient se présenter en face de cet ennemi féroce qu'on nomme un public enragé. Il nous souvient encore des terribles soirées des *Enfants blancs* de Félicien Mallefille, et surtout de la première de *Cedric le Norwégien* de Félix Pyat. C'est là un de nos plus curieux souvenirs dramatiques. Deux fois le parterre fut évacué, deux fois il fut repris par escalade. Applaudisseurs et siffleurs se battaient, se horionnaient à coups de pied, à coups de poing. Les chapeaux volaient d'un bout du théâtre à l'autre, les habits se déchiquetaient. Bref, un tapage d'enfer. Quant aux auteurs, ils perdaient la tête au milieu de ce tohu-bohu général. Seul, Bignon restait impassible et calme, comme un dieu antique au milieu des éclairs et du tonnerre. Il semblait être dans son élément et marchait tranquille et fier, plein de sang-froid et d'espérance, car il espérait encore sauver la pièce malgré la cabale et la politique.

En moins de deux ans, Bignon créa plus de trente rôles : vieillards, pères nobles, traîtres, jeunes premiers rôles, grands premiers rôles, vers, prose et patois de littérateur amateur, tout lui était bon ; il acceptait tout et savait encourager les auteurs par la grande confiance qu'il semblait avoir en toutes leurs œuvres. La bonté de cet excellent cœur perçait dans la moindre de ses actions. Il ne savait pas faire de la peine à quelqu'un ; il serait mort plutôt que de nuire. A l'entendre, tous ses camarades auraient eu du talent ; tous, hélas !

Quoique né d'une famille presque noble, ou du moins sénatoriale, Bignon fut un véritable enfant du peuple. Il eut à subir toutes les misères et les douleurs des plus pauvres. Il n'apprit que ce qu'on enseigne gratuitement aux écoles mutuelles, et, malgré son intelligence et ses rapides progrès, qui avaient fait de lui l'enfant chéri de ses professeurs, il lui fallait bientôt quitter même cette pauvre école. C'est que la misère était là, frappant incessamment à la porte de sa mère, pauvre femme qui avait sacrifié le peu qu'elle avait à vouloir faire de son fils un homme. L'heure était arrivée de suffire par lui-même aux besoins matériels. Il entra en apprentissage, et voici ce futur artiste dramatique devenu cordonnier, et peut-être dans un grade un peu moins élevé que cordonnier encore. Il rêvait d'être artiste. Il rêvait une grande réputation. L'art seul pouvait lui donner ce nom.

Rêver, étudier, n'était pas tout. Ouvrier et apprenti comédien, il quitta son métier pour se faire sculpteur, avec Ambroise, Jacquemart et Froment. Mais la longueur des études, les difficultés du dessin, et par-dessus tout la misère, le forcèrent encore d'abandonner l'atelier. Cependant, pendant son court séjour parmi les artistes, il avait vu des auteurs, il avait appris des vers, il disait avec un charme tout particulier les grandes pièces de Victor Hugo : *Dix-huit cent onze, le Retour des cendres, Sunt lacrymæ rerum*. Ricourt, le bon Ricourt, qui a deviné et fait tant d'artistes, l'avait initié à la poésie lyrique.

Sa vocation était enfin trouvée ; il sera donc acteur. C'est alors qu'on le vit s'essayer à Montmartre et à Batignolles. Six mois après ses débuts, il jouait déjà les premiers rôles, *Richard d'Arlington* et *Buridan*. Après un court séjour en province, il vint à l'Odéon, à l'ouverture de ce théâtre, comme nous l'avons dit. C'est là qu'on apprit à le connaître comme un artiste actif, intelligent, travailleur, le meilleur camarade du monde. Puis, resté sans engagement, il voulut essayer des lettres ; il fit une pièce, *Sous les arbres,* qui fut représentée sans succès au Vaudeville, pour le bénéfice d'Alex. Munié. Mme Albert, une femme d'un grand talent et d'un grand cœur, était chargée du principal rôle. A cette occasion, elle vit Bignon ; elle apprécia ses rares qualités d'imagination, de courage et de bonté, et, quelques mois après, elle devenait sa femme.

Jamais ménage ne fut mieux assorti ni plus heureux. Mme Albert, après l'avoir fait riche et l'avoir délivré de toutes les horreurs d'une vie d'aventures, savait l'encourager, le guider de ses conseils. L'amie entreprit de dompter par la douceur cette nature toute d'une pièce. Elle voulut en faire un homme du monde, et elle y réussit.

Mais Bignon était pour la lutte ; il fallait une pâture à cette imagination encore vagabonde. C'est alors qu'il comprit que son éducation était à refaire entièrement, et qu'une instruction solide lui était nécessaire pour arriver au but qu'il s'était assigné. Il se jeta dans l'étude avec toute la fougue qu'il avait mise dans le théâtre. A vingt-huit ans, il apprit le latin, le grec, l'histoire; il refit ses premières études. Nous avons tous été étonnés de son instruction. Dans ces derniers temps, Bignon était devenu presque un érudit.

Il aimait toujours son art à la passion, et le cultivait avec ferveur. Chacun de ses rôles montrait un progrès immense. Il étudiait nos grands poètes avec amour, et il les comprenait en grand artiste quand la mort est venue nous le ravir.

J'ai vu Bignon au Théâtre-Historique, aux Français, à la Gaîté, à la Porte-Saint-Martin. Chacune de ses créations était marquée d'un cachet particulier. Il savait créer des types. Nous espérions le voir rentrer en vainqueur au Théâtre-Français, où il a créé avec tant d'honneur le rôle de Danton, dans *Charlotte Corday* de M. Ponsard. Mais la mort était là; c'était à elle à l'emporter, et non plus à la muse.

Maintenant il repose en paix, car la terre recouvre un honnête homme, un vaillant travailleur, un bon cœur.

Bignon a laissé beaucoup de manuscrits; espérons que sa digne veuve les donnera un jour au public. Indépendamment de *Salomon de Caus,* il nous avait annoncé plusieurs drames, qui n'ont sans doute pas été présentés.

Il jouait le rôle de Fontanarès dans la comédie de Balzac *les Ressources de Quinola,* et il s'y faisait remarquer. Il a abordé l'ancien répertoire avec le rôle de don Juan, dans *Don Juan,* de Molière.

En 1846, il avait été choisi par Alexandre Dumas pour

créer, au Théâtre-Historique, le rôle de Coconas dans *la Reine Margot*; il fit successivement à ce théâtre plusieurs créations importantes, parmi lesquelles il faut citer Porthos, de *la Jeunesse des Mousquetaires*, et des rôles principaux dans *le Chevalier de Maison-Rouge* et dans *le Chevalier d'Harmental*.

En 1849, le Théâtre-Français, ayant besoin d'un Danton pour la *Charlotte Corday* de Ponsard, jeta les yeux sur Bignon. Il y fut très convenable, et ne fit point disparate dans la belle scène du quatrième acte, où il figurait à côté de Geffroy. C'est à propos de cette création que Bignon dit ce mot singulier et caractéristique, qui est resté dans le dictionnaire du monde dramatique : « Je crois que je suis entré carrément dans la peau du bonhomme. »

On retrouve l'artiste à la Porte-Saint-Martin, en 1853, dans *Richard III*, à côté de Ligier; puis dans *l'Honneur de la maison*, où il remplissait le principal rôle; dans une reprise de *la Jeunesse des Mousquetaires*; enfin, dans une de ses meilleures créations, Pontis, de *la Belle Gabrielle*.

En 1848, il pérorait dans les clubs avec éloquence. Il avait même posé sa candidature comme représentant de la Seine, mais sans succès.

UN MARIAGE DE FANTAISIE

Dernièrement tout Paris parlait, ou plutôt riait, du mariage de M. le vicomte de X... Le vicomte de X... marié! on n'y voulait pas croire. Lui, le roué, l'homme blasé, qui semblait, à son dire, avoir voué une haine éternelle au beau sexe en général et aux Parisiennes en particulier! Avait-il fait des gorges chaudes de la beauté, de la vertu et même des dots de toutes ces pauvres filles d'Ève! Avait-il assez ri de leurs défauts et de leurs qualités! Avait-il été assez sceptique en amour! Les femmes, pour lui, étaient à peine un passe-temps; leurs plus douces conversations ne valaient pas le moment de désœuvrement qu'on passe à les écouter. Et cependant il devait se soumettre au sort général!

Un soir, à une représentation d'*Haydée,* M. X... promenait son binocle sur la foule de beautés qu'avait attirées l'opéra d'Auber, quand, tout à coup, il resta comme magnétisé. Il venait d'apercevoir Mlle Julie Guilbert trônant dans sa jeunesse et sa beauté ; dès ce moment, adieu l'ennui chronique qui le minait, adieu les joyeuses médisances ! M. X... était amoureux, M. X... avait trouvé un but à sa vie. Dorénavant il avait une occupation, charmante occupation, qui était de courir Paris d'un bout à l'autre pour trouver la charmante femme qui avait su le fasciner.

Du matin au soir, et du soir au matin, il passait sa vie à parcourir les promenades, les lieux publics, les salons, les bals, toujours à la recherche de sa beauté. Ce fut vainement ! Mlle Julie Guilbert était devenue introuvable, lorsque, il y a un mois, M. le vicomte X... fut attiré, au coin de la rue Vivienne et du boulevard, par un brillant éclairage ; c'était une façon de tuer son temps. Il se mit à parcourir les splendides magasins de la *Société Européenne ;* mais, toujours préoccupé, il regardait sans voir toutes les merveilles entassées dans cet Eldorado, quand tout à coup ses yeux s'arrêtèrent sur une dame qui essayait un de ces nouveaux vêtements venus d'Amérique, que l'on nomme *punchos.*

Le vicomte de X... n'y peut plus tenir ; il se fait un passage à travers la foule, et, sans prendre garde aux nombreux visiteurs qu'il coudoie, et qui croient avoir affaire à un fou, il jette quelques mots à voix basse à l'oreille de Mlle Julie Guilbert, puis il disparaît comme un insensé.

Quelques jours après, le bonheur de M. le vicomte de X...

était complet; il avait fait agir ses amis et sa famille. Heureux époux, il emportait dans les Vosges Mlle Julie Guilbert, devenue Mme la vicomtesse de X... C'est la délicieuse vallée d'Ajol qui verra la lune de miel de ce couple d'amoureux.

Mais cependant nous ne devons pas finir ces lignes sans un petit reproche à Mme la vicomtesse. Se trouvant à un bal splendide où tout le monde admirait sa beauté et son élégance, on lui demanda de quelle maison venait une sortie de bal dont la richesse et le goût rivalisaient. J'ai entendu avec peine Mme la vicomtesse répondre que ce vêtement avait été dessiné par elle et exécuté par sa femme de chambre. Je relèverai donc cette petite erreur de sa part, et constaterai qu'il sort des magasins de la *Société Européenne*, et le soir même où on lui a demandé sa main.

LETTRES

A MONSIEUR ALEXANDRE DUMAS

Monsieur,

Depuis que j'ai parlé à vos lecteurs des rues tranquilles et de tous leurs inconvénients, j'ai dû faire connaissance avec un nouveau désagrément qui, pour n'être pas moins ennuyeux, est beaucoup plus dangereux.

On assassine fort bien dans les rues paisibles !

Je puis vous certifier qu'il n'est ni agréable ni absolument amusant de recevoir, la nuit, au moment où l'on y pense le moins, un coup d'un instrument aigu, long, tranchant, qui vous pénètre d'un pouce à côté de l'œil gauche, qui peut, deux lignes en avant, faire de vous une manière d'Horatius Coclès... sans le pont, et, deux lignes en arrière, un spectre.

C'est ce qui m'est arrivé ; j'ai été assassiné, du moins l'intention y était.

Samedi, à minuit, je venais de quitter Eugène Wœstyn et Théodore Barrière, je rentrais chez moi, lorsqu'au coin de ma rue, des quidams, qui ne sont nullement de mes amis cependant, se sont chargés de me fournir un complément à mon article.

Ils se tenaient quatre au milieu de la rue, les sentinelles avancées sans doute. Je passais sans faire attention à ce groupe ; mais il m'avait observé, car on me poussa vers un endroit où la rue est obstruée par des planches qui servent à la réparation d'une maison. Là était le gros de l'armée, cinq ou six gredins cachés dans l'ombre. Je fus en un instant entouré, bousculé, harcelé, tiré deci, delà ; aux attaques réitérées qu'ils livraient à mes poches, je me mis à rire : j'avais reconnu à qui j'avais affaire.

Je voulus repousser le corps avancé de ces forbans ; il n'était plus temps ; je venais de voir briller quelque chose, je penchai la tête. C'était, au dire du docteur Morin, qui m'a donné les premiers soins, un coup de tire-point qui m'arrivait dans l'œil ; ce fut la partie antérieure de la tempe qui reçut le coup.

Je ne sais plus ce qui advint ; j'étais aveuglé par le sang. Leur fortune était faite, ils pouvaient fouiller mes poches à leur guise.

Il y a six mois, notre ami Choquart fut attaqué à quelques pas de là ; ce ne peut être que par la même bande de maladroits, de néophytes on ne peut moins physionomistes ; de vieux routiers ne commettraient certainement pas de pareilles bévues. Demander la bourse à des gens qui n'en ont jamais eu, à des gens de lettres ! Vous m'avouerez que c'est plus que de la naïveté, et que, rien que pour cela, ils méritent une punition exemplaire : ce sont des gâte-métier.

Le lendemain seulement, j'ai su que je devais la vie à notre ami Colbrun et à un blanchisseur, qui sont venus courageusement à mon secours.

Depuis ce moment, je suis au lit avec une fièvre de cheval. Ceci prouve une fois de plus la fausseté de l'axiome : « Faites ce que je dis, ne faites pas ce que je fais. »

Cela m'apprendra à habiter une rue tranquille! Recevez, je vous prie, mon admiration sincère.

Alex. Privat d'Anglemont.

Paris, le 4 septembre 1854.

Mon cher Dumas,

J'ai été absent quelques jours ; depuis mon retour, voici la phrase par laquelle mes amis et connaissances m'abordent :

« Vous êtes } donc démissionnaire ?
— Tu es }

— Ah ! et ma démission est-elle acceptée ?
— Certainement.
— Suis-je appelé à d'autres fonctions, ou bien à faire valoir mes droits à la retraite ? »

Telle est la question que je me pose à moi-même. Quelques semaines d'absence auraient-elles fait de moi, à mon insu, un homme important ?

Je donne ma démission, on l'accepte, tout le monde a l'air de s'en préoccuper beaucoup.

Serais-je somnambule? pendant mon sommeil, m'aurait-on nommé à quelque haute fonction? aurais-je, en dépit du proverbe, refusé mon bien en dormant? Pour donner sa démission, il faut être attaché à une place, rivé à une charge; il faut remplir une fonction, avoir un grade, occuper un emploi, posséder quelque chose, ne fût-ce qu'une sinécure. On ne donne sa démission qu'autant qu'on a quelqu'une de ces choses-là. On donne sa démission pour se délivrer, pour reconquérir son indépendance et sa liberté. Le chien gras de La Fontaine pouvait donner sa démission, il avait le monopole des os de dindon et des franches lippées. Il pouvait, en brisant sa chaîne, renoncer à sa position de chien fidèle et bien nourri. Il pouvait faire un coup d'éclat, faire parler de lui dans les journaux, rentrer avec bruit dans la vie privée des chiens libres et se jeter à corps perdu dans l'opposition. Mais le loup maigre, aucune de ces glorioles à bon marché ne lui est permise; il n'a rien, il n'est rien, il ne veut rien être. Il agit à sa guise, joyeux, pauvre et fier de son indépendance et de sa liberté; il n'a jamais été ni assez fou ni assez ambitieux pour renoncer à ces bonnes choses-là. Il fuit l'attache, il a horreur de la contrainte, il vit à sa fantaisie, il est opposant né, il a le bonheur de n'avoir même pas une démission à donner.

Mais moi, c'est différent; il paraît constant que j'ai donné ma démission de rédacteur du *Mousquetaire*.

Je suis, il est vrai, si bien de la race des loups maigres que je ne me soupçonnais pas ce pouvoir. Voyez un peu : je suivais des amis à la chasse ; pendant ce temps, il se passait un grand événement ! je donnais ma démission collective. La majorité faisait des siennes.

Décidément, je serai donc toujours trompé par la majorité ; on ne peut se figurer combien j'ai eu à me plaindre de cette grosse dame-là. Toutes les fois que j'ai eu le malheur de lui accorder ma confiance, elle m'a toujours indignement trahi. Elle n'a respecté ni mes illusions ni mes espérances. J'ai fait toutes ses volontés ! je me suis soumis, je lui ai obéi ; elle m'a battu, chassé, vilipendé, calomnié. Elle m'a craché au visage ; après m'avoir vaincu, terrassé, elle s'est moquée de moi avec une cruauté sans pareille. Ah ! je dois le proclamer tout haut, elle a étrangement abusé de ses forces, de son aplomb et de sa stupidité avec moi.

Je l'ai pourtant bien aimée; je croyais en elle, je la demandais de tous mes vœux. Je croyais que le simple bon sens la mettrait tout de suite en communion d'idées avec moi, et que nous pourrions vivre en bon accord.

J'ai souffert d'abord ses infidélités avec patience, je l'ai même excusée. J'étais comme les amants qui savent parfaitement que leur maîtresse les trompe, qui l'ont surprise vingt fois en flagrant délit de trahison, et qui cependant souffrent tous ses caprices, la reprennent sans cesse, espérant toujours que tôt ou tard elle reviendra à eux. Ils la gardent comme un objet d'étude, ils veulent voir jusqu'où peut aller la perfidie. J'étais le des Grieux de cette affreuse Manon. Enfin, un jour, eux qui avaient tant souffert avec tant de patience, pour une bagatelle ils font un esclandre, ils se fâchent à tout jamais.

Un soir, j'étais fort pressé, j'arrivais au bureau du *Mousquetaire ;* on était en grande discussion : on voulait, disait-on, nous prévenir que notre religion avait été surprise par je ne sais quel collaborateur à venir ; j'ignorais le fait, je n'étais pas au courant de la conversation. Je voulus m'en instruire et placer mon mot; on me dit que j'étais en opposition avec la majorité; je me tus, ne voulant pas me brouiller avec cette perfide...

« Hélas ! Messieurs, insinuai-je timidement, j'ai bien souvent été trompé par la majorité; mais, enfin, je me résigne, je consens encore une fois à lui accorder ma confiance; faites ce que vous voudrez, je serai trompé une fois de plus; adieu, je pars. »

Ce que j'avais prévu arriva : il ne s'agissait que d'une simple observation à vous présenter ; en passant par la bouche de dame majorité, elle devenait protestation, puis démission. On signa pour moi, j'avais ce que je méritais.

Et voilà comme je fus, par décision de la majorité, démissionnaire sans le savoir.

Tout le monde, dans cette affaire, il est vrai, a été plus ou moins dupe de ma vieille ennemie. Vous le premier, vous avez eu du papier timbré, dit-on ; il est vrai que vous lui avez bien rendu la monnaie de sa pièce, en publiant l'article premier sujet de la discussion. Je parie que la majorité des lecteurs a cru saluer un talent nouveau, en voyant le nom du signataire, sans soupçonner le bon tour que vous lui jouiez. C'est une consolation à mes nombreuses tribulations. Mais elle ne me suffit pas; je me révolte à la fin, et je ne vous écris cette longue lettre que pour vous instruire que je brise à jamais avec toutes les majorités. C'est assez d'écoles comme cela. Je reprends mon indépendance, toutes les majorités du monde auront beau faire loi tant qu'elles voudront, je ne serai plus là pour leur obéir.

Pourquoi m'ont-elles associé à une chose ridicule ? Qu'est-ce que cette démission? pourquoi tout ce bruit? pourquoi mettre le public dans sa confidence? Si nous l'amusions, il nous regrettera et nous oubliera; si nous l'ennuyions, il nous a déjà oubliés, ou plutôt il ne nous a jamais regrettés.

Je ne comprends donc pas ce qu'on m'a fait signer. Si un journal ne me convient pas, je cesse d'y écrire, c'est la meilleure démission que je puisse donner.

Ainsi donc, mon cher Dumas, je vous prie de ne considérer mon nom placé sur cette liste de démissionnaires que comme une des nombreuses mystifications que m'a fait subir la majorité depuis nombre d'années. Je proteste en vous envoyant un article; puisse la *majorité* des lecteurs me donner une compensation bien due, hélas! en le lisant avec plaisir! Dans le cas contraire, j'en appelle à la minorité.

Je vous serre la main.

ALEX. PRIVAT D'ANGLEMONT.

A MONSIEUR HAVIN

21 novembre 1855.

Monsieur,

C'est encore moi qui viens vous donner de tristes nouvelles. J'en suis à la période inflammatoire; les souffrances ont beaucoup augmenté. Le médecin dit tant mieux! moi, je dis tant pis! car je me sens tellement faible que je suis incapable de toute espèce de labeur. Enfin, la religieuse me dit qu'avec de la patience et l'aide de Dieu, je serai guéri. Mais cet espoir me semble assez vague, car il me faudrait un peu pratiquer pour donner un peu de courage et de bonne volonté à la Providence, qui, à ce qu'il paraît, ne fait assez généralement rien pour rien. Voilà le difficile; je ne me sens pas encore assez ermite pour me faire vieux.

Tout cela n'est pas très amusant, comme vous voyez, et ne promet rien de bon à votre pauvre

Et tout dévoué,

ALEX. PRIVAT D'ANGLEMONT.

Monsieur,

L'abbé *** est venu me voir; il a voulu me convertir; il était réellement amusant dans son rôle; il a été jusqu'à me dire que cela ferait plaisir à une grande dame dont il est le chapelain. Je ne sais pourquoi cette personne s'intéresse à mon salut; mais, en tout cas, elle devrait choisir des convertisseurs plus spirituels et surtout plus instruits, car son envoyé n'est réellement pas fort. Il va sans dire que je suis resté plus que jamais fidèle à Voltaire et à l'Encyclopédie. Le brave homme en a pleuré, c'est drôle!

Avez-vous vu le citoyen Serrur? Sa famille le fait chercher partout.

J'ai l'honneur d'être votre très humble,

ALEX. PRIVAT D'ANGLEMONT.

Lundi, 13 février 1856.

1858.

Ce n'est pas mille, c'est un, deux, trois, vingt millions de fois que je vous remercie, mon très cher rédacteur en chef, pour le mot tout charmant que vous avez eu la bonté de m'écrire. Je n'en suis pas surpris; il était impossible d'attendre autre chose de vous, qui avez toujours été admirable pour moi et même trop bon. Enfin, je ne vous reproche pas ces qualités-là, soyez-en certain; mais je ne puis trop vous remercier, car un des plus grands plaisirs qu'on puisse éprouver est de savoir qu'on pense à vous, quand on est dans une position comme la mienne. Et puis, il y a tant de gens qui vous abandonnent qu'on ne peut avoir trop de reconnaissance pour les personnes qui vous témoignent un intérêt aussi grand que celui que vous montrez à votre pauvre

ALEX. PRIVAT D'ANGLEMONT.

Encore merci mille fois.

P.-S. Parlez, s'il vous plaît, à Desnoyers pour une nouvelle qu'il a à moi, et vous me comblerez.

―――

Vers la fin de 1858, Privat-d'Anglemont avait présenté à M. Philibert Audebrand, rédacteur en chef de la *Gazette de Paris*, une espèce d'autobiographie intitulée : *Histoire d'une chemise*. Il y avait, comme il paraît, une assez forte dose d'originalité dans cet article, mais aussi trop de licence pour qu'on pût décemment le publier dans un journal.

Cependant, l'*Histoire d'une chemise* ayant été imprimée *sur épreuves*, le rédacteur avait fait l'auteur juge lui-même de la difficulté. Privat lui répondit par ce bout de lettre :

Paris, 10 novembre 1858.

Mon cher Philibert,

Je viens de lire les épreuves de l'article sur ma chemise. Ah çà! pourquoi ça t'offusque-t-il? Il y a peut-être bien de quoi faire pousser quelques *hélas!* à des bégueules, mais tu ne dois pas en être. N'aie donc pas peur, insère-moi donc cela tout net. Quant à moi, parole d'honneur! je le donnerais à lire à un pensionnat de jeunes demoiselles.

Après ça, vous êtes comme ça dix ou douze qui vous imaginez que le public n'aime pas les choses décolletées; c'est un tort... Enfin, si tu y tiens, pratique des coupures; je t'y autorise.

Tu vas me répondre que tu avais donné l'article à l'imprimerie sans le lire, et que, si tu devais le couper sous le rapport des mœurs, il n'en resterait rien; c'est vrai. Crois-moi, ne sois pas si *bégueule*. Aujourd'hui, dans notre métier, il n'y a que ceux qui *se moquent* du public qui réussissent.

A la rigueur, mon quaker, si tu ne peux pas mettre l'*Histoire de ma chemise,* je te donnerai autre chose.

Tout à toi,

Alex. Privat d'Anglemont.

Décembre 1858.

Mon cher Philibert,

Le présent billet te sera remis par un garçon de restaurant (Maison d'or). Je suis retenu par une carte de 16 fr. 50. De plus, j'ai presque crevé un œil à un cousin de M. de Rotschild, qui *m'embêtait*. Tu comprends que je ne peux pas rester en prison dans un cabinet pour un peu moins d'un louis. Arrange donc ça avec la caisse du journal; je te rembourserai en copie. J'irai t'expliquer tout ça.

Adieu, et mes compliments.

ALEX. PRIVAT D'ANGLEMONT.

Sans date.

Mon domicile actuel est l'hôpital Lariboisière, où l'on m'a conduit après un accident : j'ai été échaudé. Sans un interne de l'endroit je serais mort.

Viens, ou envoie me voir.

ALEX. PRIVAT D'ANGLEMONT.

POÉSIES — SONNETS

A MADAME DU BARRY

Vous étiez du bon temps des robes à paniers,
Des bichons, des manchons, des abbés, des rocailles,
Des gens spirituels, polis et cancaniers,
Des filles, des marquis, des soupers, des ripailles.

Moutons poudrés et blancs, poètes familiers,
Vieux sèvres et biscuits, charmantes antiquailles,
Amours dodus, pompons de rubans printaniers,
Meubles en bois de rose et caprices d'écailles,

Le peuple a tout brisé, dans sa juste fureur;
Vous seule avez pleuré, vous seule avez eu peur,
Vous seule avez trahi votre fraîche noblesse.

Les autres souriaient sur les noirs tombereaux,
Et, tués sans colère, ils mouraient sans faiblesse :
Car vous seule étiez femme, en ce temps de héros.

A MADAME JOSÉPHINE DE FER...

La Muse est de retour, la campagne s'allume ;
Partez, ma fantaisie, errez parmi les prés.
Voici le soleil d'or et les cieux sidérés ;
La nature s'éveille, et le bois se parfume.

Le printemps, jeune oiseau, vêt sa première plume ;
Avril vient, en chantant dans les prés diaprés,
Ouvrir sous un baiser les bourgeons empourprés,
Et la terre en moiteur s'enveloppe de brume.

Le printemps engloutit la neige et les chagrins,
Et dispense à chacun des jours purs et sereins.
Vous, dont les rigueurs font que sur ma tête il neige,

N'êtes-vous pas d'avis, belle, qui dès longtemps
De me faire mourir avez le privilège,
Qu'il serait sage et bon d'imiter le printemps ?

ÉCRIT SUR L'ALBUM D'UNE DAME INCONNUE

Vos cheveux sont-ils blonds et vos lèvres humides ?
Avez-vous de grands yeux à ravir l'univers ?
Sont-ils doux et cruels ? sont-ils fiers ou timides ?
Méritez-vous enfin que je fasse des vers ?

Drapez-vous galamment vos châles en chlamydes?
Portez-vous un blason de gueules ou de vairs?
Savez-vous le secret des hautaines Armides?
Ou bien soupirez-vous sous les feuillages verts?

Si votre corps poli se tord comme un jeune arbre,
Et si le lourd damas, sur votre sein de marbre,
Comme un fleuve en courroux ruisselle en flots mouvants;

Si toutes vos bontés valent qu'on s'inquiète,
Ne laissez plus courir mon rêve à tous les vents;
Belle, venez poser devant votre poète.

A MADAME ANNA B...

Quand la brise d'avril a chassé les autans
    Et doré toutes choses,
Anna, vous revenez avec le doux printemps
    Qui fait les fleurs écloses.

Vous voyant si charmante, on croirait que le temps
    En ses métamorphoses
A, pour vous embellir, dans les prés éclatants
    Pris la pourpre des roses.

Puisque nous vous avons, que nous fait le soleil
Aux rayons d'or, les fleurs au calice vermeil?
    Votre joue est plus belle!

Pourquoi donc imiter, à l'hiver pluvieux,
    La sauvage hirondelle,
Et nous priver ainsi de l'éclat de vos yeux?

A YVONNE PEN-MOOR

Te souvient-il, enfant, des jours de ta jeunesse
Et des grandes forêts où tu courais pieds nus,
Rêveuse et vagabonde, oubliant ta détresse
Et laissant le zéphyr baiser tes bras charnus?

Tes cheveux crêpelés, ta peau de mulâtresse,
Rendaient plus attrayants tes charmes ingénus.
Telle, avant ses amours, Diane chasseresse
Courait dans la bruyère et sur les monts chenus.

Il ne reste plus rien de ta beauté sauvage ;
Le flot ne mordra plus tes pieds sur le rivage,
Et l'herbe a recouvert l'empreinte de tes pas.

Paris t'a faite riche ; entre les plus hautaines,
Tes frères, les chasseurs, ne reconnaîtraient pas
Leur sœur, qui dans ses mains buvait l'eau des fontaines.

LA CLOSERIE DES LILAS

QUADRILLE EN PROSE

PAR

ALEXANDRE PRIVAT D'ANGLEMONT

EN PLACE !

A M. E. V. D.

Très cher,

Tout ce que vous lirez de moi d'ici à une année, ce petit livre compris, feuilletons, nouvelles, articles, romans, pièces de théâtre, sont les œuvres posthumes de ma jeunesse. J'aime à les voir et à les lire, parce qu'elles me rappellent un temps où j'étais presque heureux. Elles me ramènent à des idées que je n'ai plus, et dont la ressouvenance me fait plaisir.

Puissent-elles, comme moi, vous reporter à vingt ans!

Parmi les cent mille choses ridicules que je connais, il en est une cent fois plus ridicule que toutes les autres à la fois : c'est la moderne invention de littérature facile et difficile, d'art noble et d'art badin.

En faisant ce petit livre, je n'ai, je le jure, jamais eu la moindre intention de commenter Descartes. La morale d'Aristote m'est restée parfaitement indifférente.

J'ai fait ce bouquin parce qu'il m'était utile de le faire, et parce qu'il n'est pas de livre inutile. Cela fait toujours vivre les compositeurs, les marchands de papier, les brocheurs, les libraires et quelquefois les auteurs. Ce qui est fort respectable.

Je le signe, parce que je crois d'abord que c'est une bonne réclame pour faire connaître mon nom, et puis parce que mon avis est que, dans toute œuvre, un auteur met assez de sa vie, de sa pensée, de sa forme, même lorsque son livre est négligé, pour qu'il doive toujours le signer; sans cela il commet une mauvaise action, et, qui plus est, une action honteuse. Et, en méprisant son œuvre, il s'expose à voir le public le mépriser lui-même.

Et puis enfin, il vaut toujours mieux agir ouvertement, au grand jour, que ténébreusement. Je méprise tout ce qui se fait sous le manteau comme tout ce qui se dit derrière moi.

Si quelqu'un avait la fantaisie de comparer ceci à l'ILIADE, ou bien aux MÉDITATIONS de M. de Lamartine, je le préviens charitablement que c'est inférieur même au DISCOURS SUR L'HISTOIRE UNIVERSELLE, et comme style, et comme pensée.

Si cela vous amuse, si vous le lisez d'un bout à l'autre, tous mes vœux seront comblés.

A. P. D.

LA
CLOSERIE DES LILAS

QUADRILLE EN PROSE

I

CHASSÉS-CROISÉS

SUNT LACRIMÆ RERUM

C'EST une chose réellement curieuse à suivre que la lutte incessante de la religion et du plaisir depuis cinquante ans. Aussitôt qu'une ville quelconque prend assez d'importance pour pouvoir décemment exiger une troupe de comédiens, vite elle se fait bâtir une salle de spectacle : et que choisit-elle ordinairement pour cela ? Quelque ancienne église ou quelque couvent abandonné.

A Paris même, plusieurs monuments religieux ont été transformés en salles de spectacle. Le ci-devant du Panthéon était jadis l'église Saint-Benoist. La salle des Variétés amusantes, ancien théâtre de la Cité, fut bâtie sur l'emplacement de l'église Saint-Barthélemy, et sert maintenant de salons de danse au Prado d'hiver. Dans la rue du Bac, ce que nous connaissons maintenant sous le nom de Salon de Mars était, sous la Révolution, le Théâtre des Victoires, et avant, dans le bon vieux temps, sous l'ancien régime, c'était encore une église de je ne sais plus quoi.

Et le théâtre des Théatins, bâti sur l'emplacement et avec les pierres du couvent du même nom, et tant d'autres qu'il serait trop long de citer ici, la nouvelle salle de pantomime du faubourg Saint-Marcel entre autres.

Il est vrai de dire aussi qu'aussitôt que le clergé trouve le moyen de s'emparer d'un de ces lieux, pour le ramener à sa première destination, il ne perd jamais l'occasion, il la saisit avec empressement, et l'on voit refleurir le culte du vrai Dieu là où, quelques jours avant, on ne sacrifiait qu'aux neuf Sœurs. Les images de saintes viennent reprendre leurs places, et chassent ignominieusement les muses. Le paradis remplace l'Olympe. Et les pauvres bonnes déesses, si joyeuses et si braves filles, se trouvent privées de leurs adorateurs.

La closerie des Lilas, dont nous allons nous occuper ici, était naguère connue sous le nom de bal et jardin de la Grande-Chartreuse. C'était un honnête endroit très peu décoré d'une immense tente, que M. Carnaud aîné, l'ancien propriétaire, avait pompeusement nommée la Tente marocaine, après la célèbre victoire d'Isly.

Cela servit d'avant-propos à la Chaumière et au Prado. Les jeunes dames que la modestie de leur toilette empêchait de se produire dans ces deux eldorados tant rêvés des grisettes venaient s'y essayer au noble art de la danse. Elles commençaient à y balbutier le cancan, et, quand elles se sentaient solides sur leurs jarrets, qu'elles avaient bien étudié le fameux coup de pied télégraphique, qu'elles levaient la jambe à la hauteur du menton, et surtout qu'elles avaient pu, par la générosité de quelque Cujas en herbe ou d'un Hippocrate en germe, se procurer la mise décente qui est tant de rigueur dans ces deux célèbres temples, elles se lançaient.

Ce jour-là était jour de fête pour elles. Munies de leurs frais atours, elles parcouraient le quartier latin en tous les sens, et elles disaient, le bonheur sur les lèvres, la joie dans le cœur, à tous ceux qu'elles rencontraient :

« Ce soir je vais au Prado : je t'y verrai, n'est-ce pas ? »

C'est que ce simple mot, Prado, leur apparaissait gros de chapeaux roses, de robes de soie changeante, d'écharpes bleues, de châles Biétry et de bottines pelure d'oignon. Elles se regardaient dans toutes les glaces des boutiques devant lesquelles elles passaient, et se comparaient mentalement à telles ou telles qui sont bien mises, qui depuis longtemps déjà vont au Prado, et qui certes..... Il n'est pas besoin d'achever, pour dire que la comparaison était tout à leur avantage, et comme beauté et comme âge.

L'imagination de Perrette, la laitière du pot au lait, n'est qu'une paresseuse auprès de celle de la moindre grisette du quartier latin. Avec cette première robe et cette entrée triomphante qu'elles devaient faire le soir dans le domaine du père

Bullier, elles voyaient tous les lions des rues Saint-Jacques et de La Harpe attelés à leur char. Leurs rêves ne s'arrêtaient pas là, elles osaient prétendre aux œillades d'un des beaux des rues Mazarine ou de l'Ancienne-Comédie. C'est à peine si leurs prétentions ne les conduisaient point jusqu'aux millionnaires de la place de l'Odéon ou de l'hôtel de Corneille.

On a souvent parlé des douces émotions que cause le premier rendez-vous d'amour. Hélas! qu'est-ce que cela auprès du bonheur extrême que procure la première paire de bottes aux hommes, ou la première robe de soie aux femmes?

La Chartreuse était ainsi nommée parce qu'elle était située sur l'emplacement des jardins de l'ancienne Chartreuse de la rue d'Enfer. Le terrain était beaucoup plus bas que celui de la chaussée du Luxembourg, de la rue de l'Est, de l'Observatoire et du boulevard Montparnasse, de façon qu'on était obligé de descendre une espèce de rampe assez raide et couverte de planches disjointes pour arriver à la tente marocaine ou salle de danse.

L'orchestre était placé à l'extrémité gauche en entrant, devant un rajouté qui servait de café. Cette salle était vaste, aussi peu décorée que possible. Des statues en plâtre ayant la prétention de représenter les neuf Muses servaient d'ornements : elles joignaient l'utile à l'agréable, car on avait si bien disposé leurs bras qu'on leur faisait supporter les lampes Carcel qui servaient pour éclairer le lieu.

Là, la mise décente n'était pas du tout de rigueur, on y venait comme on voulait, ou plutôt comme on pouvait : les femmes en bonnet ou coiffées en cheveux faute d'autres atours, et les hommes en vareuse. C'était bien, par ma foi, le bal le plus original de Paris. Il avait une physionomie à lui, physionomie étrange, bizarre et même un peu burlesque, mais enfin elle existait. Sa population ne se voyait nulle autre part, elle semblait n'exister qu'à la Chartreuse et pour la Chartreuse. Depuis que ce bal a disparu, sa population est devenue introuvable, on ne la rencontre plus. Elle est sans doute ensevelie sous les décombres de la fameuse tente, elle a expiré avec le dernier soupir de l'orchestre de Carnaud.

Tout y était original : la musique, les musiciens, les instruments de l'orchestre, le père Carnaud lui-même, et jusqu'aux beaux yeux et au charmant sourire de la toute jolie Mme Carnaud.

Les danses qui se donnaient là étaient uniques; les toilettes des femmes ne se rencontraient nulle autre part, et les airs des quadrilles étaient particuliers. L'orchestration ne ressemblait à aucune orchestration connue. Tout y devenait instrument de musique : les sacs d'écus, les coups de pistolet, de fusil, les rangées de capsules fulminantes, les enclumes, les plaques de tôle sur lesquelles on frappait, le cri des animaux. Un homme, dont le nom était en grosses lettres sur l'affiche, y faisait tous les solos, depuis le mirliton, le tambour et l'enclume, jusqu'au cri du lion, du tigre, ou au sac d'écus.

Toute cette musique baroque, étrange, exotique, inconnue, était de la composition de Carnaud, l'homme factotum, propriétaire de l'endroit. Il remplaçait à lui seul tout un bataillon d'employés. Il était chef d'orchestre, premier violon, restaurateur, cafetier, compositeur, et de plus littérateur. Oui, littérateur, car il faisait des affiches comme on n'en a jamais vu et comme on n'en verra jamais. Il avait des mots à lui, il avait inventé un lexique inconnu de l'Académie. A chaque fête nouvelle, et les fêtes étaient nombreuses avec lui, il y avait un quadrille nouveau, et un nouveau mot toujours de plus en plus supercoquencieux. Tantôt c'était « la fête des vendanges », un quadrille déchirancochicandard, ou « l'hôtel des Haricots » avec accompagnement de chaînes et de bruits de clefs sur l'air : *Je n'aime pas les-z-haricots,* grand quadrille exhilarandeliranchocnosophe. Et mille autres encore plus ébouriffants les uns que les autres, que jamais Théophile Gautier lui-même n'aurait pu trouver.

Et maintenant cette Chartreuse, où ont commencé Rigolette, Marie Delille, Cécile, Maria, et toutes les grandes drôlesses en réputation, est, hélas! bien loin de nous; elle est allée où vont toutes choses ici-bas! on ne sait où. Carnaud, son orchestre, ses quadrilles, seront bientôt oubliés, comme M. Thiers et le feu d'artifice de l'an dernier.

II

L'ÉTÉ

PAYSAGE

Les choses changent, mais les idées ne meurent jamais. Elles sont plus fortes, plus puissantes et plus solides que l'airain. Elles résistent à tout; les révolutions ne font que les montrer plus brillantes, plus superbes, plus jeunes.

Quand une fois elles sont lancées, rien n'interrompt leur cours, il faut qu'elles marchent en avant, et toujours en avant, sans s'inquiéter de ce qu'il advient.

La Chartreuse est morte, vive la Closerie des lilas ! Carnaud avait eu une idée ; il l'a exploitée, il a préparé les voies, il a fait connaître le chemin, et un jour un spéculateur plus habile est venu, et il a fait tourner à son profit les efforts de Carnaud.

Ainsi va le monde, toujours le jeu d'enfants, le roi détrôné, ôte-toi de là que je m'y mette ! Mais qu'y faire ? Subissons notre sort jusqu'à ce qu'un meilleur ordre de choses vienne et laisse chacun à la place que lui fait son travail. Temps désiré, temps impatiemment attendu ! reluiras-tu bientôt pour le bonheur de l'humanité ?

C'est là le grand problème, la réponse impossible. En attendant, travaillons et souffrons en silence.

En changeant de nom et d'administration, la Chartreuse ne pouvait pas rester telle qu'elle était. Il lui fallait faire peau neuve et se mettre au goût du jour. Il lui fallait le luxe qu'étalent tous les jardins dansants ; il lui fallait des lumières à éblouir tous les yeux, des gerbes de gaz et des girandoles de verres de couleurs. Il lui fallait la décoration orientale tant à la mode aujourd'hui, et les peintures criardes qu'un farceur a nommées genre Alhambra. Il lui fallait des bosquets touffus et des allées sombres où l'amour peut soupirer à son aise. Il lui fallait des plantations nouvelles pour justifier son nouveau titre. Et c'est ce qu'a admirablement bien compris le père Bullier, le nouveau grand prêtre du temple.

Il a changé toute l'ancienne disposition du terrain et toutes les fabriques. Au lieu de la rampe raide qu'on descendait jadis, on arrive maintenant à la salle de danse par un double perron tapissé de verdure, de fleurs et de pampres de vigne.

L'entrée a été changée aussi : elle n'est plus maintenant reléguée dans un des coins de l'établissement; elle est placée au milieu du mur de façade. Une porte, toujours dans le style Alhambra, a été pratiquée dans le mur; elle est couronnée d'une guirlande de petits jets de gaz et accostée par deux gros becs qui jettent une lumière éblouissante sous les quinconces du carrefour de l'Observatoire. Cette porte, quoique arabe, est d'une structure légère et agréable; elle est bien encadrée par les ornements; et le vestibule, où sont placés les bureaux du contrôle et celui des cannes et parapluies, est élégant et se présente bien. Les deux portes d'entrée sont percées de façon à présenter, au premier coup d'œil, le jardin sous son point de vue le plus agréable et le plus avantageux.

A gauche est la salle où l'on danse à couvert en cas de mauvais temps. L'architecte y a déployé tout son savoir-faire oriental : rien n'y manque, ni les filigranes bleus et rouges, ni même les ogives arrondies du style sarrazinois. Il est vrai qu'il n'y a pas de minaret, mais patience; la salle doit être agrandie pour la prochaine saison, et nous n'y perdrons rien pour avoir attendu, nous aurons notre petit minaret. Et puis, d'ailleurs, l'espèce de fronton arrondi qui couronne le bâtiment au-dessus de l'orchestre pourrait en servir au besoin.

Devant les yeux se présente tout d'abord le camp de la danse. Là se trouve réuni tout le gros luminaire. Des centaines de becs de gaz inondent de torrents de lumière, comme on disait sous la Restauration, ou éclairent à giorno, comme on dit à présent, les frais visages, les fraîches toilettes des dames et les figures barbues et le triste costume des hommes. C'est l'arène, c'est là que se livrent les combats de jetés battus et les assauts de coups de pied aériens. Là, les Hercules du quadrille, les Samsons de la polka et les milords de la danse joutent à armes courtoises et à contorsions excentriques. Ils sont d'ailleurs bien secondés par ces dames, qui ne leur cèdent en rien, ni en gestes hétéroclites, ni en passes hasardeuses.

A droite est un vaste terrain émaillé de tables à l'usage de messieurs les consommateurs amateurs du frais et de la belle étoile. C'est là généralement, entre un verre de mêlé et une chope de bière, que s'ébauchent ces charmantes amours qui n'ont pas même la durée des roses, l'espace d'un matin. Elles commencent et finissent avec une nuit. Les professeurs matineux des facultés de médecine et de droit y ont mis bon ordre en commençant leurs cours à huit heures du matin.

Derrière ces tables bruyantes sont des allées sombres, mystérieuses, éclairées seulement pour l'œil moralisateur du sergent de ville. C'est le repos. Les bruits du bal y arrivent à peine, on y entend par quelques échappées les sons harmonieux de l'archet enivrant de M. Pilodo, on y est mollement bercé par ces accords enchanteurs, et les douces phrases d'amour, cette musique du cœur, y semblent accompagnées par des harpes invisibles. Que de tours et de détours n'y fait-on pas pour obtenir un aveu ! Que de mots charmants, que de douces réticences, que d'agréables promesses, que de délicieux rendez-vous, les lilas qui bordent ces allées n'ont-ils pas dû entendre ! Oh ! s'ils n'étaient pas si discrets, s'ils ressemblaient tant soit peu aux roseaux du roi Midas, que de jolies choses ne révéleraient-ils pas !

C'est là, loin des regards de la foule, dans l'ombre, qu'on ose demander à voix basse, avec des mots entrecoupés par des soupirs, le premier baiser, ce baiser sincère qui doit servir de gage à un amour éternel. C'est là que, la poitrine haletante, les yeux animés, les joues enflammées par l'espoir, on accorde le premier rendez-vous, qui promet le bonheur.

Mon Dieu ! que c'est donc une belle chose que la jeunesse, et combien ne doit-on pas la regretter ! Que je plains les gens graves à dix-huit ans, ces gens qui n'ont jamais connu les douces et saintes émotions de l'amour pur et naïf, ces gens qui n'ont jamais été trompés, qui n'ont jamais eu assez d'imagination pour résoudre cet admirable problème : trouver une duchesse charmante de grâce et d'esprit, de goût et d'atticisme, une grisette danseuse d'un bal public étant donnée.

Ces gens-là manquent de poésie : car la vraie, la grande, l'adorable poésie, c'est celle qui consiste à faire monter tout ce qui nous approche au niveau de nos rêves, à jasper de fleurs de beauté et de fleurs d'amour tous les chemins de notre vie.

Les gens graves dont je parle sont tous lauréats de collège ; ils portent des habits noirs et des cravates blanches en tout temps. A trente-cinq ans, ils adoptent les pantalons de nankin trop courts, les escarpins et les bas blancs ; ils se couvrent de flanelle, mettent des bonnets de soie noire, admirent les vers et les tragédies de l'école du bon sens, lisent le cours de littérature de M. de La Harpe, et trouvent que personne n'a de talent dans l'école moderne ; ils traitent nos grands poètes de jeunes gens, et ils trouvent les feuilletons de Théophile Gautier folichons et amusants.

Et cela ose s'intituler des hommes, et cela croit vivre ! Et cela n'a jamais ni pleuré, ni ri, ni joui ! Et l'on en ferait de si excellents professeurs d'écriture !

Grâce au Ciel, on n'en rencontre pas de cette espèce-là à la Closerie. Tout ce qui y vient est jeune, plein d'entrain, aime le plaisir, et prend joyeusement la vie comme elle vient.

Enfin, finissons-en avec la description que nous avons laissée plus haut. Tout autour des murs de clôture règne un grand berceau tapissé de vigne. C'étaient les raisins que produit cette tonnelle qui avaient donné à Carnaud l'idée de la fête des vendanges commençant à deux heures et finissant à minuit.

Ainsi donc, cher lecteur, vous avez une idée exacte du jardin Bullier ou Closerie des lilas. Vous avez lu ma description. Et, d'ailleurs, si elle ne rend pas bien le paysage, je vous offre un excellent moyen d'en vérifier l'exactitude : venez à la Closerie, vous vous amuserez, et vous me remercierez un jour.

III

LA POULE

INTÉRIEUR

La salle de danse est bornée à l'est par le salon des jeux.

Cette salle est vaste, bien éclairée, décorée avec goût; elle contient, outre deux billards ordinaires, que les amateurs disent fort bons, un autre petit, intitulé, je ne sais trop pourquoi, *Billard égyptien,* qui sert à jouer aux quilles, et sur lequel les habiles gagnent des bouquets et des boîtes de bonbons, qui centuplent leur galanterie naturelle et les moyens de séduction dont la nature les a doués; et un tir à l'arbalète, qui sert à prouver l'adresse desdits galants et à forcer les adroits à offrir des sucres de pomme à leurs belles.

Sous le vestibule est un autre billard, vulgairement nommé *Billard champêtre*. Ce jeu consiste à faire vingt-cinq points avec sept boules, en les plaçant dans des casiers sur lesquels sont inscrits des numéros 1. Ce jeu-là me semble tenir un peu de la magie, car je n'ai jamais pu concevoir que 7 fois 1 pussent faire 25. Mais il paraît qu'il se trouve des gens qui le conçoivent, puisqu'il y en a qui y jouent.

Enfin, dans le fond, est un tir au pistolet Monte-Cristo. Cela est spécialement réservé aux millionnaires. On y casse force poupées, pas mal d'œufs, et on y perce beaucoup de cartons. Ce jeu ne doit pas laisser d'être fort amusant pour ceux qui aiment le carnage.

A l'ouest, la borne naturelle est un petit comptoir et le cellier à la bière. Dans ce comptoir est une brave et bonne dame que tous les habitués estiment fort à cause de sa douceur et de sa politesse. C'est elle qui reçoit les comptes des garçons. Un peu plus loin, sous un espalier, adossée à un mur de gazon, est une longue table : c'est la table des anciens, et elle mérite à elle seule presque un chapitre.

Mais il me semble assez que je remplis là les fonctions d'un tabellion de village inventoriant. Enfin, qu'importe? tout n'est pas roses dans la vie, et tout ne peut pas être amusant, même dans un livre!

Le nord est tenu tout entier par les deux cafés, séparés par le comptoir où trône Mme Bullier en personne, aidée dans ses fonctions par sa toute jolie nièce, nouvellement attachée par les liens de l'hymen. Outre une multitude de glaces immenses et des peintures de filigranes style Alhambra, ces cafés sont décorés de deux immenses tableaux faits à la détrempe et représentant des scènes orientales, des cavaliers maures et des odalisques nues, dont les formes charnues semblent faire envie à toutes les danseuses.

Le sud-est est occupé par l'orchestre et par le tertre de la danse, qui est séparé de la salle par une rangée de bancs rustiques, où les beautés de la génération précédente et quelques dames du quartier viennent gravement faire tapisserie, envier le bonheur des belles du jour, dénigrer les beautés du présent et regretter celles du temps passé. Elles trouvent les jeunes gens d'à présent mal élevés, grossiers, sans aucune galanterie. « Ah! s'écrient-elles, ce n'était pas comme cela il y a dix ans! »

Pardieu ! nous le croyons bien : il y a dix ans, vous étiez jeunes et jolies ; il y a dix ans, vous aviez tous les goûts qu'ont celles d'aujourd'hui ; il y a dix ans, on vous disait les mêmes choses qu'on leur répète à toutes les heures du jour ; et vous les trouviez charmantes, ces choses que vous dites aujourd'hui si niaises ; mais elles vous étaient adressées, mais elles étaient dites à votre louange. Hélas ! mes pauvres braves dames, vous voyez tout changer autour de vous, et seules vous croyez rester immuables, seules vous croyez rester toujours les mêmes.

Permettez-moi de vous le dire, ne m'accusez pas trop fort d'hérésie ; mais soyez-en persuadées, vous commettez une grosse erreur, et, qui plus est, une erreur à votre désavantage : car il est cent fois plus désagréable de paraître l'âge que l'on ne se donne pas en plus que de ne pas paraître en moins celui qu'on a en réalité.

La disposition générale est fort agréablement ménagée, tout cela se tord gracieusement en dédales bizarres. Les grands et vieux arbres qui se massent dans le fond ajoutent un agrément de plus aux féeries orientales de cet Alhambra digne de nos houris polkantes.

Vous avez sans doute lu ce charmant petit livre, pétillant de verve et d'esprit, qu'on nomme *le Prado :* c'est moi qui l'ai fait. J'y ai donné à peu près tous les détails possibles sur le personnel de ce bal, qui est le même ici, à quelques rares exceptions près. C'est toujours l'archet frémissant du célèbre Pilodo qui conduit l'orchestre. Ses fameuses lunettes bleues ne l'ont pas plus quitté que son visage couturé, preuve certaine du mépris de sa famille pour l'admirable découverte de Jenner.

Voici toujours la face réjouie et chanoinesque de ce bon père Bullier. Un accident récent a manqué faire de lui la paire du brave général Daumesnil, dit *la Jambe-de-bois*. Mais rassurez-vous, cœurs sensibles : le père Bullier, quoique boitant un tantinet, est encore ingambe ; il traverse courageusement les quadrilles les plus échevelés, pour venir se présenter partout où il voit paraître le danger, commencer la bagarre, et briller, aux mille jets de son gaz, le casque de la morale municipale.

Et, d'ailleurs, n'a-t-il pas là auprès de lui son lieutenant, son premier aide de camp, son *alter ego*, le beau-frère? Celui-là est la bonne jambe, le père Rit-toujours, comme disent ces dames. C'est l'arrangeur d'affaires, le parlementaire des cas difficiles : c'est lui qui s'interpose entre la morale et les gestes par trop télégraphiques. Il a su, par sa douceur et son esprit enjoué, se conquérir l'estime générale, et se faire respecter par sa tenue ferme et presque grave. Par son amabilité et sa galanterie toute française, il a, l'heureux coquin, conquis le cœur d'une femme charmante, et lui, le beau blond, le papillon au chapeau gris, il a coupé ses ailes, et s'est joyeusement livré cet été aux chaînes de l'hyménée.

Et lui, le neveu, le brave lieutenant, superbe dans son habit bleu tout neuf, et profitant adroitement de ses dix-huit ans, de son amour tout jeune, de sa face réjouie et de son air naïf, pour jeter le trouble dans les amours les mieux consolidées. Il vaut à lui seul un régiment de Faublas, une armée de Lovelaces et un peuple de Don Juans. Comme il sait bien ménager ses œillades et les adresser à qui peut y répondre ! On a beau dire, il n'est rien comme la jeunesse pour juger du premier coup d'œil et savoir deviner ce qui peut plaire. Demandez plutôt au neveu !

Ce sont toujours les mêmes hommes actifs, servant dix tables à la fois, Gérard, Gustin, Dubois. Ils connaissent tous les habitués et habituées par leurs noms ; ils ont des mémoires à faire rougir les plus féroces improvisateurs et des jambes à faire envie aux coureurs les plus déterminés.

Mais qu'a-t-on fait de mon Coquelin ? Rendez-moi mon Coquelin ! il me manque.

IV

CAVALIER SEUL

Depuis que la grande race universitaire est morte et qu'il n'y a plus d'étudiants, le quartier Latin a perdu toute sa physionomie. Et combien n'est-il pas à regretter, pour tout et pour tous, ce temps déjà si loin de nous ! Il y a bien encore des jeunes gens qui prennent des inscriptions aux Facultés. Mais, hélas ! sont-ce là des étudiants ?

Je rencontre des lions, des fashionables dignes de figurer au balcon de l'Opéra, ou bien au perron de Tortoni, des jeunes gens mis avec un soin à faire envie aux clients de l'inimitable Dusautoy, ayant plus de bottes vernies et de gilets blancs que tous les commis d'agents de change à la fois ; mais je ne vois plus d'étudiants.

Je ne vois plus cette brave et ardente jeunesse toujours à l'affût de toutes les idées, de tous les progrès, inquiète, chercheuse, pleine de verve, d'entrain, d'humeur primesautière, indépendante et originale avant tout.

Je ne trouve plus nulle part ces hautes discussions scientifiques, sociales, politiques, morales, qui faisaient des fils de l'Université de Paris un corps, et presque une puissance, dans la grande capitale.

J'entends de profonds raisonnements sur la supériorité de la bière de telle brasserie sur telle autre, on parle de la coupe des habits de Dusautoy, bien autrement *chiquée* que la confection de la *Belle-Jardinière*.

Il y a encore des partisans de la danse de Mabille, et des admirateurs de l'entrechat de Mlle Marie Delille; mais, hélas! il n'y a plus rien là, pas plus qu'ailleurs. L'indifférence a tout tué.

Cette jeunesse jadis si ardente, cette fine fleur de l'opposition, ces orateurs de tous les banquets patriotiques, ces opposants à toutes les velléités rétrogrades, ne sont plus. Leurs successeurs se contentent de laisser faire. Ils n'ont plus d'amour que pour leur pipe culottée et leur chope! Ils sont devenus sceptiques, ennuyés, indifférents comme des vieillards. Ils ne croient plus à rien, pas même à l'amour, pas même au courage, pas même à la patrie.

Que leur importent la gloire, la poésie, l'art? Cela donne-t-il plus d'argent que le bonhomme de père n'en envoie?

L'argent, rien que l'argent, ils ne pensent plus qu'à cela, ils n'ont de fibres dans le cœur que pour cela. Adieu cette bonne et douce fraternité d'études, qui formait de si solides et si durables amitiés. Adieu cette charmante indulgence, ce mutuel secours, qui faisaient de tous les enfants du quartier Latin une même famille.

Maintenant c'est l'égoïsme qui règne. Chacun pour soi, arrive que pourra! Et de tout cela, de cet isolement complet, que sortira-t-il? Cette race des petits jeunes gens, à petits chapeaux, à petits habits, à petites pensées, semble avoir été faite pour danser la polka et défier mesdames les polkeuses. Elle n'est bonne qu'à cela; elle le sait bien, car elle ne s'occupe que de cela. Elle a soigneusement fermé sa porte à tout ce qui est grand, bon et généreux. Elle ne lit plus, elle est incapable de juger, elle est bourgeoise et arriérée comme des habitants de petite ville. Elle repousse tout ce qui lui semble marcher en avant. Elle ne vit plus, elle végète.

Aujourd'hui ce sont les ouvriers et les travailleurs qui ont pris le rôle que remplissaient jadis les étudiants. Ce sont eux qui, les yeux tournés vers l'Université et ne voyant rien venir, se sont décidés à marcher en avant, seuls, abandonnant leurs anciens chefs de file, et les laissant croupir dans leur indifférence, leur paresse et leur égoïsme.

Allons, jeunes gens, relevez-vous, le temps est propice : entendez de tous côtés ces cris de délivrance et de liberté, mêlez vos voix à celle des peuples qui souffrent, et prouvez au monde que vous êtes encore les dignes fils de ces hommes qui ont brisé la tyrannie, conquis l'Europe, et donné à l'univers le grand et salutaire exemple de deux révolutions.

Un peu de politique ne gâte jamais rien, et n'empêche ni les plaisirs ni les amours ; vos aînés s'amusaient aussi, mais ils pensaient et ils savaient faire penser les autres. On ne les aimait pas, on les craignait. Mais aussi ils étaient des hommes pour tous, et respectés par tous. Demandez-leur si jamais on eût osé les traiter en écoliers mutins comme, chaque jour, vous voyez traiter nos amis!

Allons, il ne s'agit point ici de faire un manifeste, mais de tâcher d'amuser les lecteurs; pour cela le moyen le plus facile est de revenir tout simplement à la Closerie des lilas et à ses habitués.

Allons, Gustin, un moosse, des chopes, à la grande table près de la charmille, voici la société des anciens! Ils sont au complet, le docteur en tête, suivi du grand chef Pignouf, de Crépard, dit Grosse-Tête, du clerc Bruno, qui imite Lepeintre jeune au naturel, depuis son voyage de Belgique. Et le célèbre avocat Potard; il discute entre deux moosses un point de droit avec l'*Ourse du Creusois,* qui le désespère et fait des calembours incompris de toute la bande. Galoupet observe tout et ne dit mot; il pense à ses amours avec Gertrude : il se désespère, elle a vu le bel Alfred, le grand vainqueur des cœurs, le beau blond irrésistible, et déjà elle pense à aller se pendre aux crocs de ses moustaches. Garde à nous! d'Aran est là, il ne veut que de Julia, il ne pense qu'à elle; mais combien, par sa valse méphistophélique, n'a-t-il pas entraîné de jeunes beautés à mal! Il n'y a dans le monde qu'un homme plus à craindre, c'est le terrible Babut au regard assassin. Les feux de sa prunelle ont brûlé le cœur de cette pauvre Joséphine : la voilà haletante, priant son séducteur, que retiennent d'autres conquêtes. Criquet même ne peut plus rien pour elle.

Gustin, courez chez tous les brasseurs des bonnes villes de

Strasbourg et de Lille, vous n'aurez jamais assez de bière ; mon gros cousin a soif. Il a à lui seul avalé en sa vie plus de bière qu'il n'en faudrait pour remplir les grands bassins des Tuileries. Et si l'on réunissait ensemble tout ce qu'a bu la bande entière, la flotte de l'amiral Joinville y pourrait manœuvrer à l'aise. Et à tous ceux-là joignez Porthos, Goliath, Bras-de-fer, tout ce que vous voudrez, l'homme fort, grand comme Charlemagne et brave comme Roland. Et Saint-Gervais, l'homme aux Bobinettes, le mulâtre sans remords.

Si cette bienheureuse société n'existait pas, il faudrait l'inventer, car alors on ne saurait que faire de tout le vin que produisent les coteaux de Champagne et de Bourgogne.

Il est huit heures, ils sont tous réunis. Ils ont leur table réservée rien que pour eux. C'est la plus grande ! Gustin a eu soin de la leur garder. Il a pour cela posé des chopes tout autour, et un moosse s'élève majestueusement au milieu. Pauvre moosse, je ne ferai que passer, et tu ne seras plus, hélas ! en cela pareil au cèdre du Liban. Mais de combien de tes pareils ne seras-tu pas suivi ! Ces hommes-là ont des soifs qui ne s'étanchent jamais. Ils ont tous une éponge dans l'estomac, ils ne peuvent être comparés qu'à des trous faits dans le sable.

Voici, là, au milieu des charmilles, une table isolée : on y a de l'esprit à en céder à tous les feuilletonistes du monde. On y parle de tout, on discute, la danse n'existe pas pour tous ces commensaux. Ce sont des observateurs. Ils viennent ici en philosophes indulgents.

Mais vous les connaissez. C'est d'abord Henry Murger, le charmant observateur, l'auteur si original des *Scènes de la vie de bohême*. Puis Édouard Plouvier, le poète, l'écrivain spirituel qui vous a si souvent fait soupirer, belles dames! Et Auguste Vitu, dont les articles politiques ont fait penser tous les hommes de ce temps, et dont les silhouettes vous ont tous tant amusés. Et Charles Boverat, et Auguste Supersac, tous deux si spirituellement observateurs, si caustiques, et cependant si indulgents. Enfin c'est Théodore de Banville, le poète à la forme splendide, au vers sculpté, taillé dans le marbre, qui, dans l'âge où les autres essayent encore leurs ailes, vole déjà, au-dessus de tous, vers un avenir magnifique. Et encore Antoine Fauchery, qui commence comme un maître. Mais à quoi bon? vous mettez comme moi tout votre plaisir à les lire, et je suis trop sûr de votre goût, cher lecteur, pour ne pas être certain que vous en pensez cent fois plus de bien que je n'en pourrais jamais dire. Et le célèbre Georges Olivier, feuilletoniste et philosophe, aussi philosophe que feuilletoniste, aussi feuilletoniste que danseur!

Enfin à cette table est tout votre plaisir à venir, tout l'esprit qui se dit à Paris, et toute la jeune littérature, espoir de ceux qui aiment encore l'art.

Gustin a bien assez à faire avec eux; aussi l'autre société, celle des oursiniens, les utiles amis de ces dames, ont-ils adopté Dabis. Tous ses soins sont pour eux; ce sont de si bonnes pratiques que messieurs les internes des hôpitaux! Ils ont tant de fois recommandé la diète à leurs malades qu'ils ont fini par la prendre en horreur, et tant qu'ils peuvent ils protestent contre elle.

Où diable ce petit bonhomme blond comme Sminthée, jeune comme Achille, peut-il mettre tout ce qu'il boit? Je crois qu'il en arrose l'épaisse barbe de son ami le sceptique ; c'est sans doute pour cela qu'elle a si bien poussé. Et l'autre, le gros conquérant, l'enfant chéri des dames, la terreur des maris du douzième, l'homme qui occupe le plus le malheureux maire du treizième. Pourquoi si joyeux ? C'est qu'aujourd'hui c'est jeudi, qu'il a signé l'exeat à toute une rangée de lits femelles dans son service, et ce soir il y aura fête chez ce pacha.

Amusez-vous, docteurs en herbe, oubliez un moment toutes les douleurs que demain vous aurez sous les yeux, et surtout soignez bien toutes ces malheureuses quand elles viendront vous demander un lit d'hôpital, car elles portent avec elles la santé publique.

N'oublions pas les deux grands compositeurs : Didier, dit *Bibi,* l'infatigable danseur, le musicien populaire, célèbre au quartier latin, et que la renommée attend de l'autre côté des ponts ; et Rendu, aussi savant que Berlioz et mélodieux comme Auber. Leur jour viendra, et je serai fier d'avoir été le premier à les élever au monde.

V

LA CHAINE DES DAMES

Toutes les femmes se ressemblent, a dit je ne sais où ce gaillard de Michel Montaigne. Oh ! combien il se trompait, ce grand homme, tout philosophe qu'il était !

Les femmes se ressemblent toutes ? Allons donc !

Le bon Dieu a fait un monde, l'homme d'après son image ; prenons pour type moral le Français, né si malin, à ce qu'il fait croire ; nous sommes obligés d'avouer que cet Allah, ce Jupiter, cet Osiris, ce God, ce Christ, ce Wisnou, ce Brama, ce... etc., etc., etc., tout ce que vous voudrez, même Teutatès, n'était pas des plus spirituels : car, parlons sans fard, nous n'avons pas inventé la poudre.

Pour ce qui est de la beauté physique, on dit que les Géorgiens sont tout ce qu'on peut rêver de plus parfait... J'en ai vu, moi, de ces gaillards-là, et si l'infini, le tout, l'éternel, le culminant, l'immuable, le roi des rois, le mot de toutes choses, et puis encore bien d'autres qualifications, ressemble à ces gens-là ! je vous confierai bien bas, de peur qu'on ne l'entende, que cet être-là n'était pas magnifique. Pour ma part, je gagerais que l'Antinoüs rendrait diablement des points de beauté à tous les Géorgiens possibles. Et cependant l'Antinoüs n'est pas, selon les érudits, le prototype de la forme humaine.

A trente ans, tous les hommes se ressemblent physiquement : allez plutôt à l'école de natation, et vous jugerez. Tandis que les femmes ! mais il y a autant de genres de femmes que d'individualités. Il y en a autant de races qu'il y a de races de chiens. Si jamais le boule-dogue a ressemblé au king Charles, je consens à me faire pharmacien. Et si jamais la nature fine, charmante, élancée, aristocratique d'Adèle (elle est cependant grêlée), a ressemblé à la plupart des femmes bourgeoises, je veux être propriétaire.

Amusez-vous, un soir que vous serez en belle humeur d'observation, à regarder toutes celles qui passent et repassent sans cesse devant vos yeux, et vous croirez regarder dans un kaléidoscope, tant le spectacle changera souvent. Rien ne ressemble moins à une femme qu'une autre femme ; et cependant rien n'est si parfaitement semblable.

Cela vous paraîtra étonnant, vous allez crier au paradoxe parce que c'est une vérité. Celui qui règne dans les cieux, de qui dépend toute la nature, à qui seul appartient la gloire... Non ! non, Bossuet me trompe, — à qui seul appartient, quoi donc ? le pouvoir de former des êtres, celui-là a fait la loi au monde, et a donné à l'homme une laideur assez générale, mais il lui a fait don d'esprit, d'originalité intellectuelle. Jamais on n'a pu réaliser ce phénomène extraordinaire de trouver deux hommes qui pensassent de même, comme on n'a jamais trouvé deux femmes qui se ressemblassent physiquement. Quant au moral, toutes les femmes sont identiques, elles sont copiées les unes sur les autres, elles se calquent entre elles.

Prenez la duchesse et la grisette, mettez-les trois mois ensemble, et vous verrez si la grisette ne devient pas aussi duchesse que la duchesse au bout de ce laps.

C'est que le bon Dieu a fait l'homme à son image, à ce que dit ce vieux législateur de Moïse, tandis qu'il n'a fait la femme à l'image de rien. Il n'y avait alors que des anges fidèles qu'il n'a pas pris pour modèles.

Jadis, mes bons amis, je vous ai parlé des femmes du Prado, et je vous en ai assez bien parlé, à ce que vous avez dit. C'est qu'alors j'écrivais avec connaissance de cause. J'étais jeune, on m'avait dit qu'on m'aimait, je le croyais. Je ne nomme personne. Mais aujourd'hui je ne parle que d'après les dires d'un ami qui me sert de cicerone. Je ne vois plus ces dames. J'ai clos ma liste, ou plutôt on ne veut plus de moi.

Prenons d'abord nos anciennes amies : car il y en a qui vivent encore, qui, après avoir donné leur jeunesse et leur beauté au quartier, n'ont pas été vendre leurs restes aux beaux de la rive droite. Elles nous sont restées fidèles, à nous les exilés de Paris, à nous les habitants d'un pays impossible.

Je vous oubliais, Palmyre, vous qui toujours avez été si bon camarade pour tous ; vous qui savez si bien aimer, par commisération, pendant votre court séjour chez les heureux de ce monde : vous nous avez tant regrettés ! Si j'avais pensé à la beauté, à la gaieté, certes non, je ne vous eusse pas oubliée !

Venez, Alexandrine, étalez à nos yeux émerveillés votre lourde chevelure d'or, et dites-nous ces charmants vers qu'un poète aujourd'hui connu vous a faits un jour que vous lui étiez infidèle :

> J'aime ses grands yeux bleus, sa chevelure ardente
>   Aux étranges senteurs,
> Son beau corps blanc et rose, et sa santé puissante
>   Digne des vieux jouteurs.

> J'aime son air superbe et sa robe indécente
>   Laissant voir les rondeurs
> De sa gorge charnue à la forme abondante,
>   Qu'admirent les sculpteurs.

> J'aime son mauvais goût, sa jupe bigarrée,
> Son grand châle boiteux, sa parole égarée
>   Et son front rétréci.

> Je l'aime ainsi, tant pis ! Cette fille des rues
> M'enivre et me fascine avec ses beautés crues.
> Tant pis, je l'aime ainsi.

Et vous avez retenu ce sonnet depuis l'an 43, c'est admirable. Vous étiez bien digne d'être aimée par un poète.

Et vous, Clara, montrez donc vos mains si royales et si pures, faites envie aux duchesses, et laissez là vos suaves paroles d'amour pour un autre moment. Je sais que vous êtes comme Pauline, que vous préférez l'esprit à l'argent, mais prenez-y garde ! Vous n'êtes pas de votre temps; avec ce vice-là, on court tout droit à la robe d'indienne, au châle de bouracan. Vous aimez, dites-vous, les hommes pour la conversation ; et Pauline aussi. Mais c'est un mauvais goût qu'elle a pris dans les ateliers. Croyez-moi, ne l'imitez pas, vous pourriez vous tromper.

Apparaissez, groupe charmant, aussi poétique qu'Éléonore, Béatrix et Laure, Andréanne, Ursule et Virginie. Combien de beaux vers n'avez-vous pas fait éclore sous la chaude haleine de vos amours ! Vous n'avez ni cachemire ni velours ; mais vous avez eu plus que tout cela, vous avez eu à vous partager la pensée de bien des poètes. Vous serez immortelles comme leurs œuvres, car ils vous ont, dans leurs vers, bâti un monument éternel, ils pourront

> Assouplir votre nom à toute mélodie,
> Et, comme a fait jadis Horace pour Lydie,
> Vous montrer aux regards de la postérité
> Comme des marbres grecs dans leur austérité.

Il ne leur faut pour cela que du travail et votre amour.

Maintenant, à vous les inconnues.

> Si toutes vos beautés valent qu'on s'inquiète,
> Ne laissez pas courir mon rêve à tous les vents,
> Belles, venez poser devant votre poète !

Annette, pourquoi donc vous donne-t-on le même surnom qu'à Jeanne d'Arc ? Est-ce parce que vous êtes belle et grande comme devait être la libératrice, ou parce que, comme elle, nul homme ne vous a approchée ? Mais non, dans un jour de belle humeur, quelque merveilleux de la Sorbonne vous aura ainsi nommée par antiphrase. C'est un mot grec. Ou serait-ce votre cruauté qui vous aurait valu ce sobriquet ? Ah bah ! vos beaux grands yeux ne disent pourtant rien de cela.

Et vous, toute charmante petite fille, qui avez un si joli nom de roman extra-romantique, Amélina. Est-ce que l'on n'a pas dit que, de même qu'Annette et la si jolie Augustine, si poétiquement blonde, vous vouliez monter sur les planches d'un théâtre ? Courage, enfant, je serais bien étonné, je l'avoue, si, avec une beauté si parfaite, vous ne trouviez pas indulgence devant les Spartiates du parterre.

Pourquoi ne voulez-vous pas, Lise, qu'il soit ici parlé de vous ? Est-ce que vous redoutez quelque indiscrétion ? Ou serait-ce pour nous mettre au défi ? Si cependant je ne m'occupais que de votre taille élancée et de votre bouche adorable ! mais cela vous ferait de la peine, et je craindrais trop de faire rougir par des larmes vos grands yeux bleus. Ainsi je ne m'occuperai pas de vous, pas plus que de Pauline et de ses amies, qui imitent si bien le télégraphe de Saint-Sulpice avec leurs jambes. Pas plus que je ne vous entretiendrai d'Aimée, de sa mine éveillée, de ses yeux de souris en éveil et de sa danse si originale.

Esther, vous vous rangez, vous êtes trop retenue, je vous ai connue jadis plus gaie, plus folâtre, plus adorable, en un mot. C'est que, dans ce temps-là, vous n'aviez pas d'amour au cœur, vous n'étiez pas gardée à vue par un féroce geôlier. Vous batifoliez, vous étiez peut-être plus heureuse.

Louise, et Marie Delille, et Adèle, où sont-elles? Est-ce que vous pouvez vivre sans elles? Je vous vois toujours siamoisées ensemble; où donc sont vos amants?

Puisqu'il me faut garder tout ce qu'il y a de plus joli pour la fin, et faire, sans calembour, comme font les enfants, une bouchée de roi, je vais vous décrire Séraphine et sa petite sœur Jeannette. Ce sont des Marix, c'est-à-dire les plus beaux modèles des ateliers de Paris. Peintres et sculpteurs, vous avez trouvé votre rêve dans les formes exquises de ces deux admirables jeunes filles, et votre écueil dans la transparence des tons de leur peau. Figurez-vous, lecteurs, le plus beau type juif qui se puisse voir, des yeux pleins d'ardeur et de rêves impossibles, des cheveux à faire blanchir le fameux noir aile de corbeau, le nez pur, des lèvres, des bras, des pieds, des mains d'une finesse biblique à désespérer tous les poètes objectifs et tous les peintres coloristes. En un mot, si vous voulez voir le beau, mais le vrai beau, le type oriental dans sa pureté, prenez les Marix, et les plus délicieuses créations des peintres de la Judée s'animeront devant vos yeux.

Et cependant Maria, celle que l'on nomme Maria les yeux bleus, est encore plus charmante : c'est qu'il y a dans ses yeux d'immenses profondeurs azurées, qui font rêver l'amour pur. C'est qu'elle joint à l'ardeur méridionale le flou, la poésie, l'éthéré, la blancheur, la santé et la morbidesse des femmes du Nord. Elle semble sortie vivante d'une page de Goethe, comme jadis Minerve s'est élancée armée du cerveau de Jupiter.

Encore un mot pour Victorine, si jeune et si nouvellement apparue. C'est là la véritable gentillesse française, la mine chiffonnée, l'œil bleu, fripon, vif, provoquant, le nez retroussé, mobile, insolent ; le sourire entr'ouvre toujours ses lèvres désireuses, rouges carmin et fortes, et laisse coquettement admirer ses dents blanches, attrayantes.

> Elle vient du pays latin,
> Elle est souple et docile,
> Et sa beauté facile
> Plaît jusqu'au lendemain
> Matin !

C'est une servante de Molière, c'est Mme Grégoire, c'est Mimi Pinson, c'est Frétillon, c'est tout ce qui est bonne fille, gaie, rieuse, sans soucis et un tant soit peu coquette. C'est ce qu'on appelait jadis une femme aimable, et ce qu'on nomme aujourd'hui en tout point désirable. Jolis pieds, jolies mains, peau blanche, épaules larges, embonpoint mitigé, telle est la femme.

Et vous, mes pauvres bonnes amies, Olympe et Clara, l'une modèle parfait de l'Erigone antique, et l'autre petite rondelette, aux yeux chatoyants comme des diamants. Vous ne voyez pas vos artistes chéris, l'été les a emmenés vers le soleil ; mais bientôt ils vous reviendront riches d'amour et d'étranges histoires. Vous les retiendrez fidèlement, et par une de ces soirées d'hiver, quand vous serez en verve, vous viendrez dans un des ateliers voisins nous les conter et jouir de vos grands succès de rire.

Et celle-ci, elle en vaut la peine, c'est l'orateur des révolutions qui passe devant nous. C'est cette toute petite femme, ce scrupule, qui harangue, qui gesticule, qui fait rire le sergent de ville et le municipal, c'est un père Duchesne en cotillon ; elle sait tout, attaque tout le monde, et parle plus à elle seule que dix avocats. Personne ne l'écoute, elle parle encore. La voilà qui prend à partie un garçon, il lui faut un écouteur. Elle a le plus drôle de nom qui se puisse inventer : Joséphine Pochardinette. Sa réputation est faite ; mais elle en veut une autre, l'ambitieuse, elle aspire à devenir un Boissy femelle.

Et vous, Hortense, les roses et les lis semblent impertinents quand on les approche de votre teint, et l'ébène lui-même est bien osé de se faire comparer à vos bandeaux roulés sur votre front plus beau que celui de Marie Stuart dont vous avez adopté la coiffure. Mais pourquoi me regardez-vous avec vos grands yeux superbes en me montrant vos dents si excitantes ? Pourquoi semblez-vous si rêveuse ?

« Combien dureront nos amours ? »
Dit la pucelle au clair de lune.
L'amoureux répond : « O ma brune,
Toujours ! toujours ! »

Quand tout sommeille aux alentours,
Hortense, se tortillant d'aise,
Dit qu'elle veut que je lui plaise
Toujours ! toujours !

> Moi, je dis, pour charmer mes jours
> Et le souvenir de mes peines :
> « Bouteilles, que n'êtes-vous pleines
> Toujours ! toujours ! »
>
> Car le plus chaste des amours,
> Le galant le plus intrépide,
> Comme un flacon s'use et se vide
> Toujours ! toujours !

Mon cher Alfred, arrêtez-vous, je ne veux pas faire un volume in-octavo. Et il me faudrait au moins un in-folio si je devais parler de toutes les Louise, Marie de toutes espèces, Clémence, Joséphine, Émilie, que vous me montrez. Si ces dames sont jolies, tant mieux pour elles, mais je n'en ai remarqué que deux, dans tout cet immense pêle-mêle.

Elles sont si jeunes et si jolies, elles vous ont des airs si naïvement timides, qu'à peine y avez-vous pris garde. Voyez plutôt. Vous m'avez dit qu'elles ont nom Gabrielle et Marie, je ne m'étonne pas qu'elles soient déplacées ici ; que voulez-vous que fassent ces deux habitants des cieux au milieu de cet enfer ?

VI

GRAND GALOP

Deux ou trois hommes d'esprit et un nombre égal de poètes, ne sachant que faire un matin, se sont imaginé de faire des réputations d'esprit à une douzaine de drôlesses plus laides et plus stupides que toutes les Furies de la Mythologie.

Et vous, bon public, vous qui payez partout où ces gens-là entrent pour rien, vous êtes accouru vers ces merveilles du jour, vous les avez vues, et vous vous êtes retiré fort désappointé.

La mode est venue chez les marchands de faire écrire de petits livres par des littérateurs pour glorifier leur marchandise.

Et vous qui croyez tout ce qu'on vous dit, vous avez acheté les petits livres, vous les avez lus, et vous avez été chez ces marchands. Ils ont fait fortune, les littérateurs sont restés aussi gueux qu'avant, et vous, vous avez trouvé que vos fournisseurs ordinaires faisaient aussi bon et vendaient moins cher que ces messieurs les lettrés.

Eh bien! moi, j'ai fait une brochure, je vous ai dit la vérité, et cela m'a encore plus ennuyé de corriger mes épreuves. C'est pour cela qu'il y a tant de fautes d'impression dans ce volume.

Mais, avant de vous quitter, je veux vous dire une grande et suprême vérité.

C'est que n'importe quelle femme, n'importe quelle jeune fille du monde, aussi naïve que vous voudrez, est cent fois, mille fois, autant de fois qu'il vous plaira, plus spirituelle et plus amusante que toutes ces coquines.

Cependant elles ont sans doute un attrait immense, car, partout où elles se réunissent, elles attirent la foule.

Serait-ce parce que le vice est si rare en ce monde qu'on aime à le voir quelquefois de près?

Non, puisqu'il nous coudoie à chaque pas dans cette bonne ville.

Pourquoi donc, alors?

C'est que la civilisation nous a fait une vie si rétrécie, si esclave des préjugés, que nous aimons à nous tromper l'un l'autre. Cela nous donne bonne idée de nous-mêmes. Et quand par hasard ces friponnes nous distinguent pour un moment, nous sommes certains d'avoir trompé au moins vingt-cinq de nos concitoyens, et nous sommes heureux.

Et puis, c'est que partout où elles vont nous trouvons un arrière-goût de cette liberté que nous chérissons tous, et que nous regrettons tous le jour où M. le Maire nous en a privés.

C'est là qu'est tout le succès des bals publics.

Bonsoir, pensez à cela, et vous verrez que j'ai raison. Je suis le seul qui ne vous ait pas trompé. Car je ne leur ai donné aucune qualité, je n'ai parlé que de ce que tout le monde peut voir, de leur beauté; quant à l'esprit, en ont-elles?

FIN

TABLE DES MATIÈRES

	Pages
Alexandre Privat d'Anglemont, étude par M. Alfred Delvau.	1
Fragment d'un article publié par M. Victor Cochinat, aussitôt après l'enterrement de Privat d'Anglemont.	15
Portraits et Caractères.	21
Le Cloître Saint-Jean de Latran	38
Le Camp des barbares de Paris.	51
Rues Traversine et Clos-Bruneau.	63

PARIS EN VILLAGES

Coup d'œil général.	77
Un Quartier calomnié.	85
Le Calme et la Tranquillité	92
Urbs Latina.	102
L'Air et le Genre	110
De l'apparence et de l'assimilation.	118

Pages

PEINTURES D'HISTOIRE, PORTRAITS ET PAYSAGES

Le Faubourg Saint-Jacques.	129
L'Épicerie et le Théâtre.	138
La Légende de l'épicier auteur dramatique.	149
Un Parfait Épicier.	155
Le Cultivateur en chambre.	161

ESQUISSES PARISIENNES

Le Marché aux journaux. — Les Crieurs (Souvenirs de 1848).	171
Un Ami trop bon enfant.	182
L'Œil sans paupières et la Langue des on.	193

NOUVELLES

Histoire d'une chemise.	203
Les Singes de Dieu et les Hommes du diable (légende sénégambienne).	217

THÉATRE

Monsieur Poupard, vaudeville en un acte.	229

ARTICLES DIVERS

Musée national de l'hôtel de Cluny et des Thermes.	269
Réparation des peintures du palais de Fontainebleau.	279
Le Manuel de la charité, par l'abbé Mullois.	284
Augustin Bignon, artiste dramatique.	293
Un Mariage de fantaisie.	299

LETTRES

A M. Alexandre Dumas, à propos de Paris en villages.	302
Autre au même.	304
Autres à M. Havin.	308
Autres à M. Ph. Audebrand.	311

POÉSIES — SONNETS

A madame du Barry. 313
A madame Joséphine de Fer... 314
A une inconnue. 314
A madame Anna B... 315
A Yvonne Pen-Moor. 316

La Closerie des Lilas. . . . .

PARIS

IMPRIMERIE JOUAUST ET SIGAUX

Rue Saint-Honoré, 338

EN VENTE A LA MÊME LIBRAIRIE

A. PRIVAT D'ANGLEMONT

PARIS ANECDOTE

LES INDUSTRIES INCONNUES — LA CHILDEBERT — LES OISEAUX DE NUIT
LA VILLA DES CHIFFONNIERS — VOYAGE DE DÉCOUVERTE DU BOULEVARD A LA COURTILLE
PAR LE FAUBOURG DU TEMPLE

Avec une Préface et des Notes

PAR

CHARLES MONSELET

ÉDITION ILLUSTRÉE DE CINQUANTE DESSINS A LA PLUME
Par J. BELON

ET D'UN BEAU PORTRAIT DE PRIVAT D'ANGLEMONT

Dessiné et gravé à l'eau-forte

PAR

R. DE LOS RIOS

Un magnifique vol. grand in-8 raisin, imprimé en caractères neufs par JOUAUST, sur beau pap. vélin fort, avec une jolie couverture illustrée tirée en couleur
PRIX . . . . **12 francs**

Nous avons fait faire un tirage spécial à *cinquante exemplaires* tous numérotés sur papier impérial du Japon, avec les figures tirées dans le texte et hors texte
Prix de l'exemplaire . . . . **30 francs**

13381. — Paris, Imp. A. Lahure, 9, rue de Fleurus.

www.ingramcontent.com/pod-product-compliance
Lightning Source LLC
Chambersburg PA
CBHW070903170426
43202CB00012B/2175